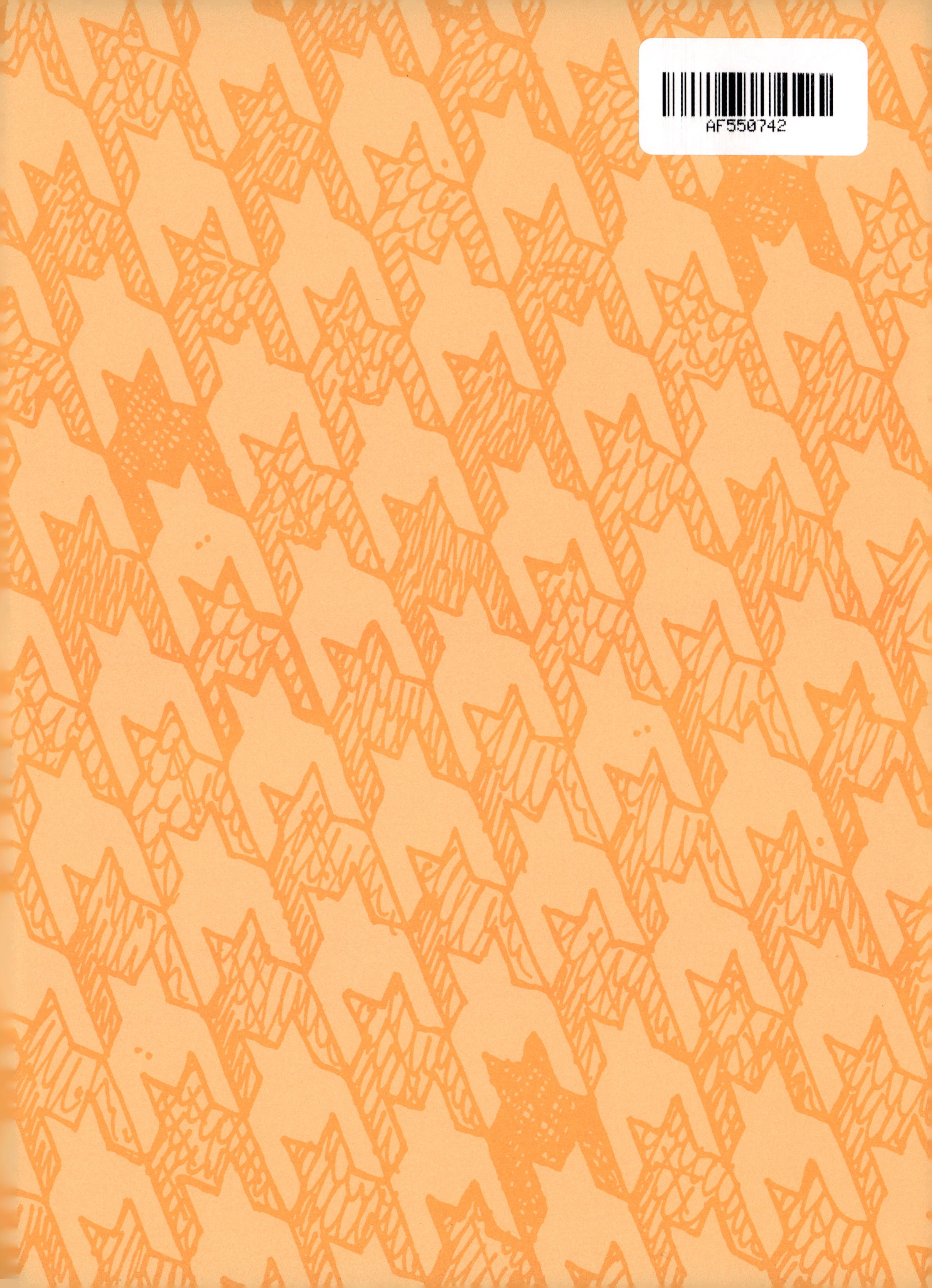

KERAMISCHE OBER- FLÄCHEN

– graphisch gestaltet und bedruckt

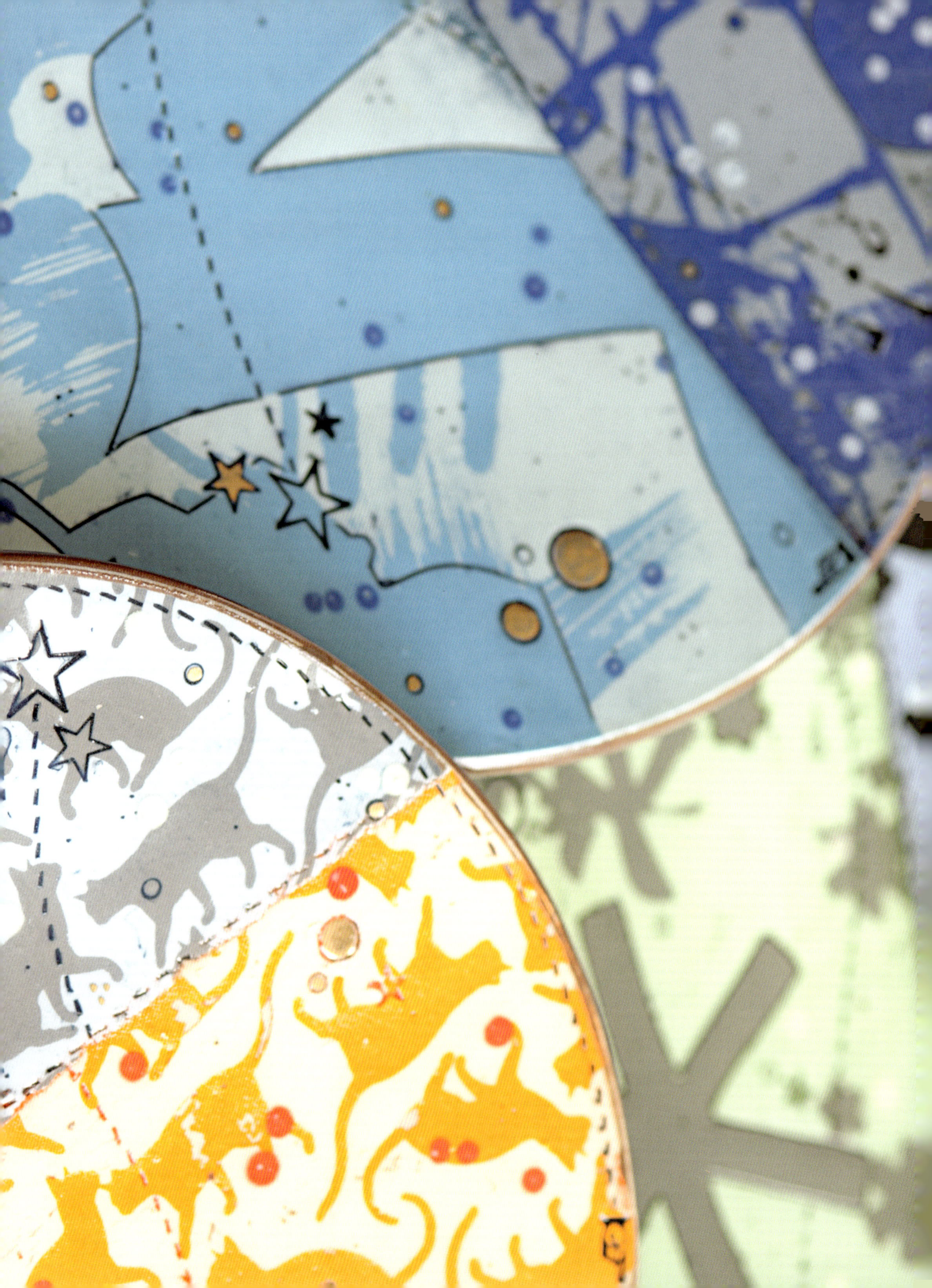

Jason Bige Burnett

KERAMISCHE OBERFLÄCHEN

– graphisch gestaltet und bedruckt

Aus dem Englischen von Rita Kloosterziel

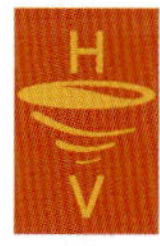

Die amerikanische Originalausgabe erschien 2015 unter dem Titel
GRAPHIC CLAY bei Lark, einem Imprint der Sterling Publishing Co., Inc.

Deutsche Ausgabe mit freundlicher Genehmigung der Sterling Publishing Co., Inc.,
1166 Avenue of the Americas, New York, NY, USA, 10036.

Lektorat: Wolf Matthes
Satz: Martin Kring, Lahnstein
Druck: Printed in China

Jason Bige Burnett
Keramische Oberflächen – graphisch gestaltet und bedruckt
Aus dem Englischen übersetzt von Rita Kloosterziel

Hanusch Verlag
Zeppelinstraße 11
56075 Koblenz
Internet: www.hanusch-verlag.de
e-mail: info@hanusch-verlag.de

ISBN 978-3-936489-54-5

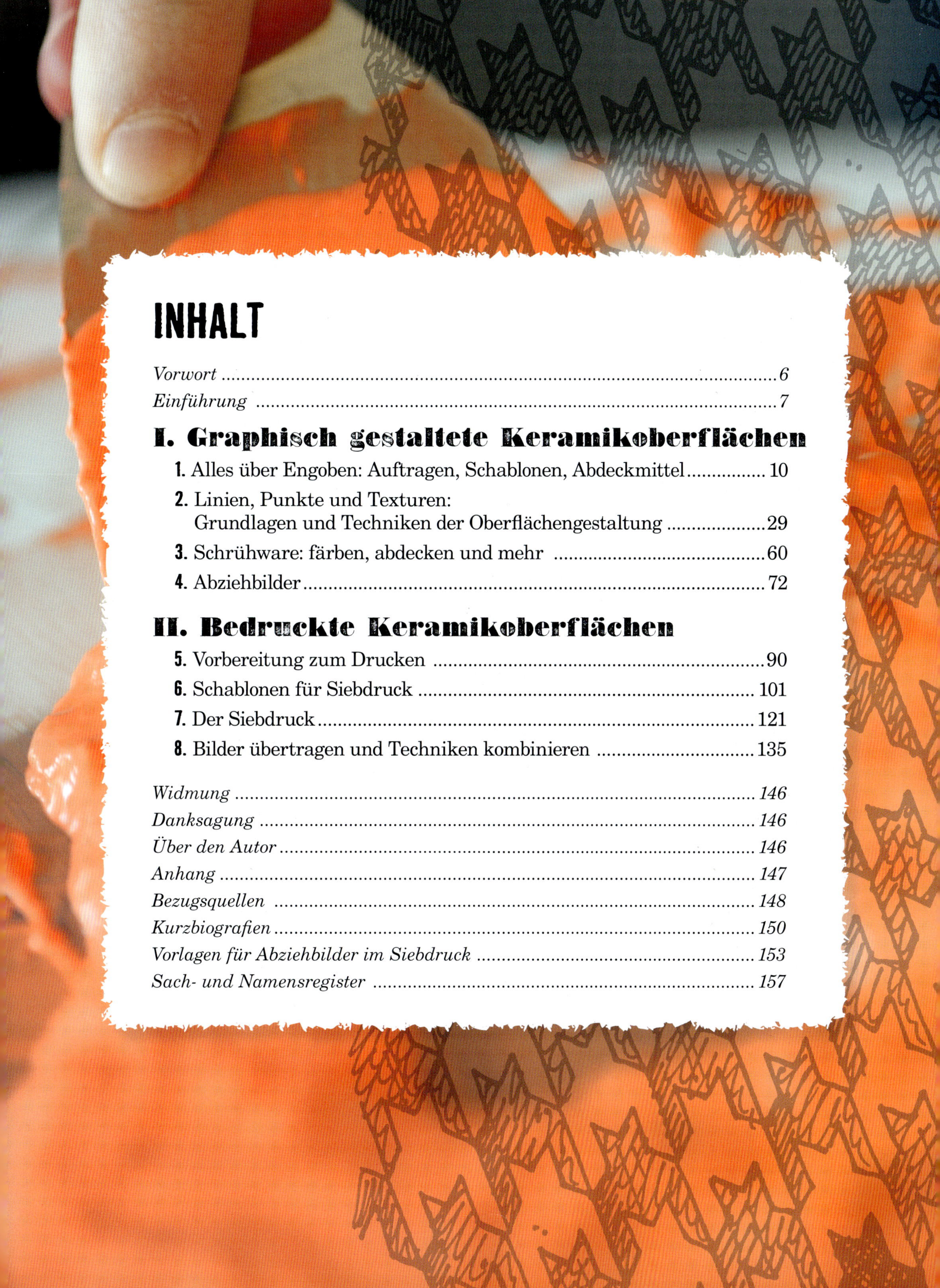

INHALT

VORWORT

Die vergangenen Jahrzehnte zeigen einen Wandel in der Oberflächengestaltung zeitgenössischer Keramik: von einfacher Dekoration zur Betonung der Form zu den komplexen Ausdrucksmöglichkeiten von heute. Bilder auf keramischen Oberflächen reflektieren inzwischen eine Vielzahl von Stimmen – die des Malers, des Druckers, des Graphikdesigners und des Illustrators. In meiner Studienzeit begegnete ich in den Arbeiten von Robert Arneson, Mark Burns, Matt Nolen und George Bowles dem eher konzeptionell ausgerichteten Einsatz von Bildern bei Skulpturen und Gebrauchskeramik. Eine disziplinübergreifende Kombination aus Druck und Keramik zeigte sich bald bei Les Lawrence, Paul Scott, Warren Mather und später bei Paul Andrew Wandless. Eine neue Generation von Keramikkünstlern, zu denen auch Jason Bige Burnett gehört, hat eindeutig von der vorangegangenen profitiert – nicht zuletzt in ihrer Neugier und der Fähigkeit, die traditionelle Vorstellung von keramischer Kunst infrage zu stellen.

Mit seinen klar strukturierten Informationen ist *Keramische Oberflächen – graphisch gestaltet und bedruckt* bestens geeignet, das Zusammenspiel von Oberflächengestaltung und Ton zu erkunden. Zugleich eröffnet das Buch vielfältige künstlerische Perspektiven: Jason Burnett lässt uns einen Blick auf die Entwicklung talentierter Künstler werfen, von denen sich einige bereits etabliert haben, während andere sich gerade einen Namen machen, und die ihr Talent großzügig mit uns zu teilen.

Kathy King, didaktische Leiterin des Fachbereichs Keramik der Kunstfakultät, Harvard

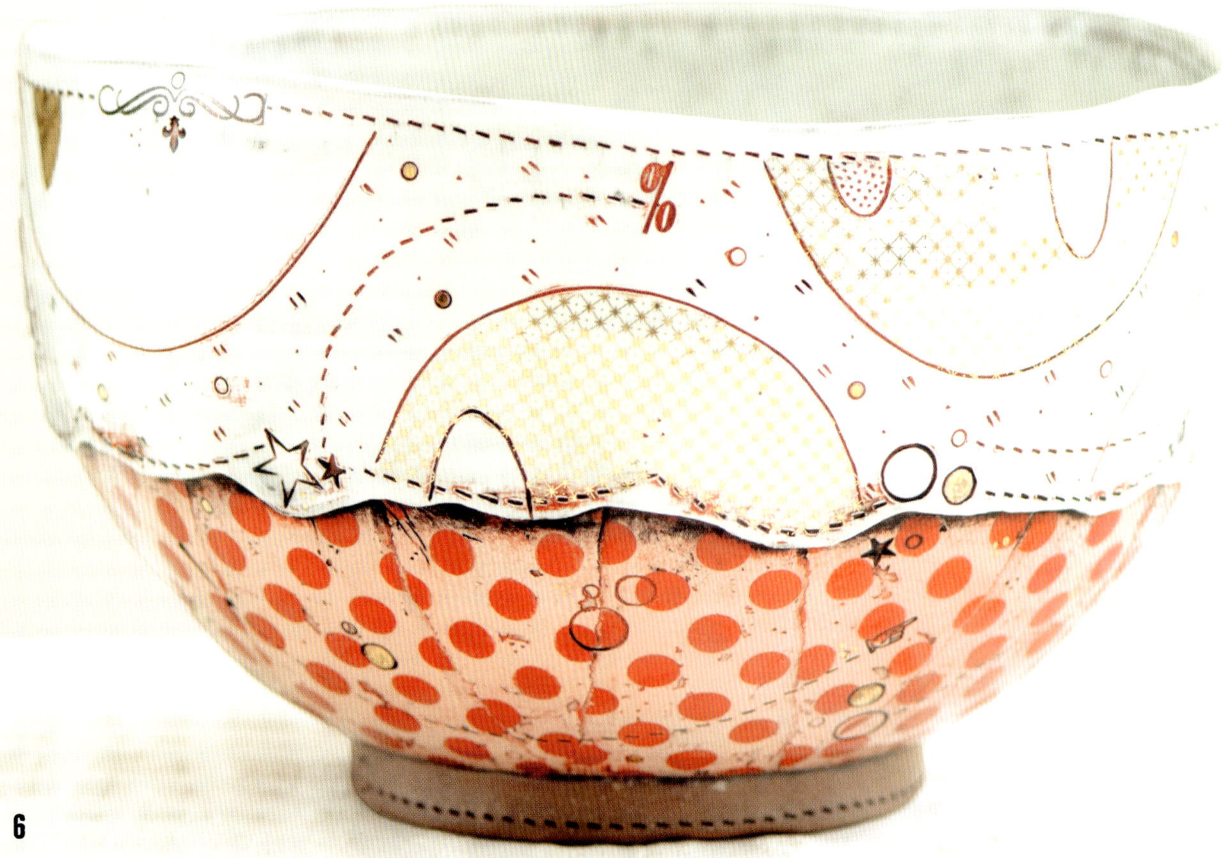

EINFÜHRUNG

Das vorliegende Buch ist als Anleitung und Inspirationsquelle für Keramikkünstler, Produktions- und Hobbytöpfer, Lernende, Lehrende und alle gedacht, die sich für Ton interessieren. Über die Geschichte der Keramik, Glasurformeln oder Formtechniken werden Sie hier kaum etwas finden (im Anhang sind jedoch Buchtipps zu weiterführenden Informationen). Ich möchte viele der Möglichkeiten der Oberflächengestaltung in der Keramik vorstellen und Sie gleichzeitig mit Ideen und Übungen ermuntern, sich weiterzuentwickeln und ein Gespür für Muster und Farben zu bekommen. Im Laufe der Jahre habe ich mich in Workshops und Kursen mit Themen wie Ton, Buchdruck, Pop-up-Bücher, zeitgenössische Quilts sowie Zeichnen und Malen beschäftigt. Sie waren für meine künstlerische Entwicklung sehr wertvoll und viele der Techniken, die ich dort gelernt habe, finden sich in der einen oder anderen Form in diesem Buch wieder. Ich hoffe, dass Sie meine Anleitungen und Übungen als Sprungbrett nutzen, um Ihre eigene Sichtweise zu erkunden. Nehmen Sie sich die Zeit zu experimentieren und dabei so viele Methoden wie möglich anzuwenden. Erlauben Sie sich, sie mit Techniken zu kombinieren, die Sie bereits kennen. Benutzen Sie all Ihre Werkzeuge und stellen Sie sich selbst vor Herausforderungen. Und das Wichtigste: Nehmen Sie sich die Zeit, Fehler zu machen. So finden Sie heraus, was funktioniert.

Nachdem ich selbst viele Workshops geleitet habe, weiß ich, dass die Teilnehmer oft möglichst viele Techniken lernen möchten, ohne zu wissen, wie sie sie anwenden wollen. Das Wichtigste, das Sie in der Werkstatt lernen können, ist, Dinge infrage zu stellen – stellen Sie sich und Ihre Denkprozesse infrage und finden Sie heraus, weshalb sie so sind, wie sie sind. Wie schaffen Sie es, ein Stück zu fertigen, das Sie selbst repräsentiert und nicht nur die Künstler nachahmt, die Sie inspirieren? Nichts gegen Inspiration – im Gegenteil: Ich möchte Sie ermuntern, sich die Arbeiten, die Sie beeinflussen, genau anzusehen, sie wertzuschätzen und von ihren Techniken zu lernen. Doch lassen Sie alles weg, das nicht persönlich ist. Es ist wesentlich, dass Sie auf Ihre kreative Stimme hören und Ihrer Intuition folgen!

Zwischen Anleitungen und Übungen finden Sie viele Gespräche mit Künstlern über ihren Weg zu ihren charakteristischen Techniken und Methoden und zu ihrer ganz eigenen kreativen Sichtweise. Was Paul Scott in einem dieser Gespräche sagt, trifft die Essenz dieses Buches am besten: „Es geht nicht nur um Techniken, sondern um das, was Sie damit machen."
Viel Spaß!

Jason Bige Burnett

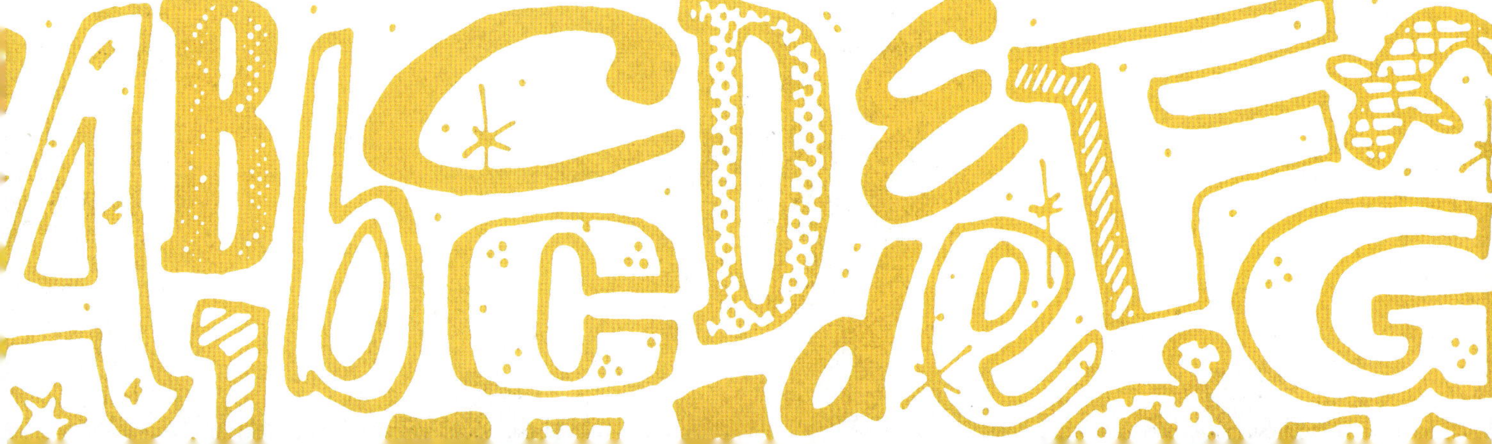

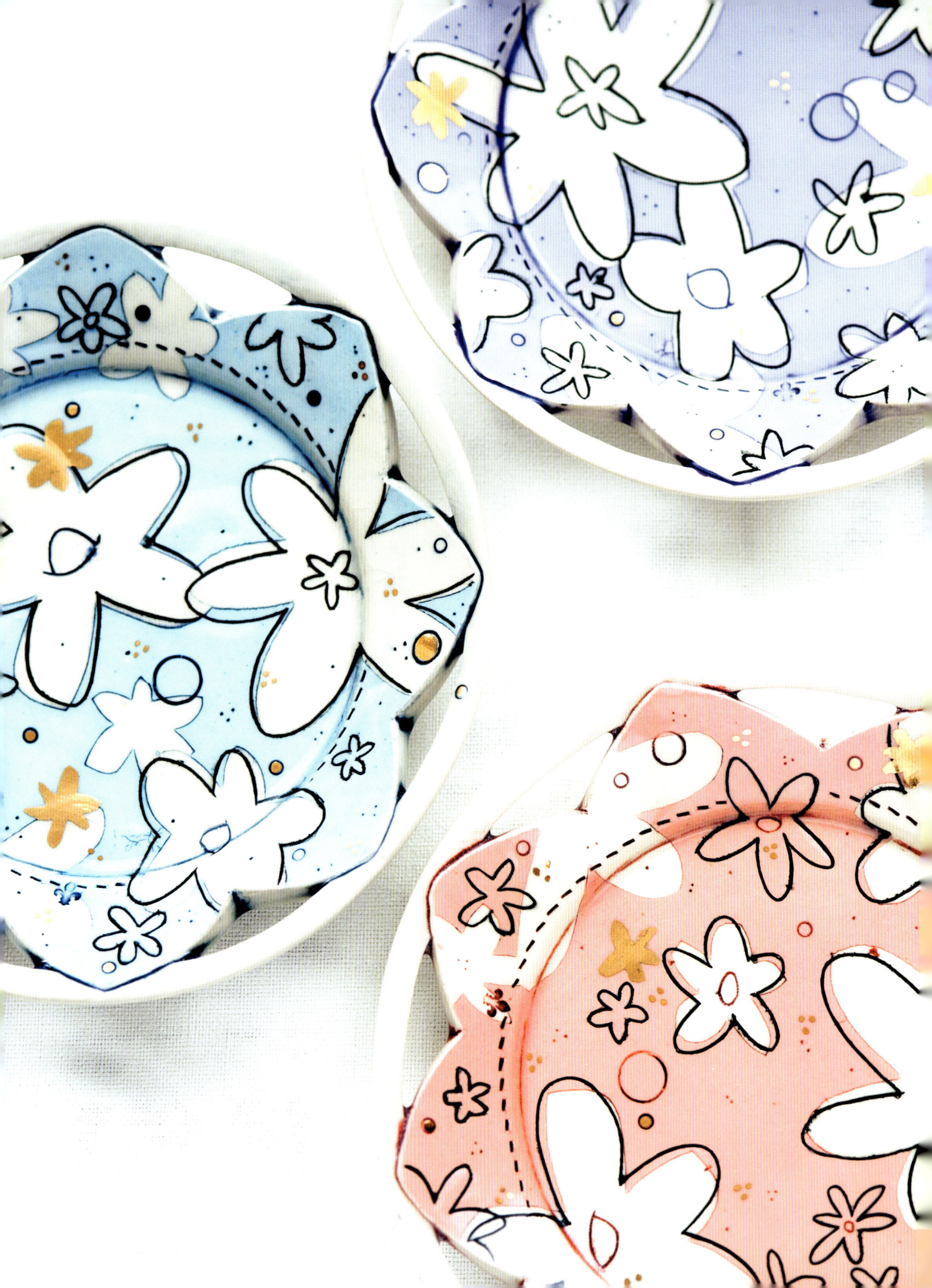

Teil I

GRAPHISCH GESTALTETE KERAMIK-OBERFLÄCHEN

Dieses Buch besteht aus zwei Teilen. Teil I stellt Methoden der graphischen Gestaltung von Oberflächen mit einfachen, aber vielfältigen Mitteln wie Papiermasken und flüssigen Aussparmitteln, Farben, Glasuren und Abzieh- oder Schiebebildern vor. Teil II beschäftigt sich vor allem mit dem Siebdruckverfahren: wie man interessante Bilder aus keramischem Material herstellt, druckt und auf Ton überträgt und wie sich diese Drucke mit den Techniken aus Teil I kombinieren und zu unendlichen Variationen erweitern lassen. In beiden Teilen kommen immer wieder Künstler zu Wort, berichten über den Stil ihrer Arbeiten und zeigen, wie sich die vorgestellten Methoden in ihren Werken spiegeln.

Kapitel 1

ALLES ÜBER ENGOBEN

Einfache Muster, Schablonen, Abdeckmittel

Fangen wir ganz am Anfang an. Schließlich ist der Anfang immer ein guter Ausgangspunkt. Nicht alle Techniken, die hier vorstellt werden, verwenden Engoben. Die meisten tun es jedoch und es lohnt sich, die Eigenschaften von Engoben kennenzulernen, bevor man sich in den späteren Kapiteln mit gedruckten Abziehbildern befasst. Sehen wir uns zunächst die wichtigsten Werkzeuge und Materialien an, die man braucht, um Engoben auf unterschiedliche Weise aufzutragen.

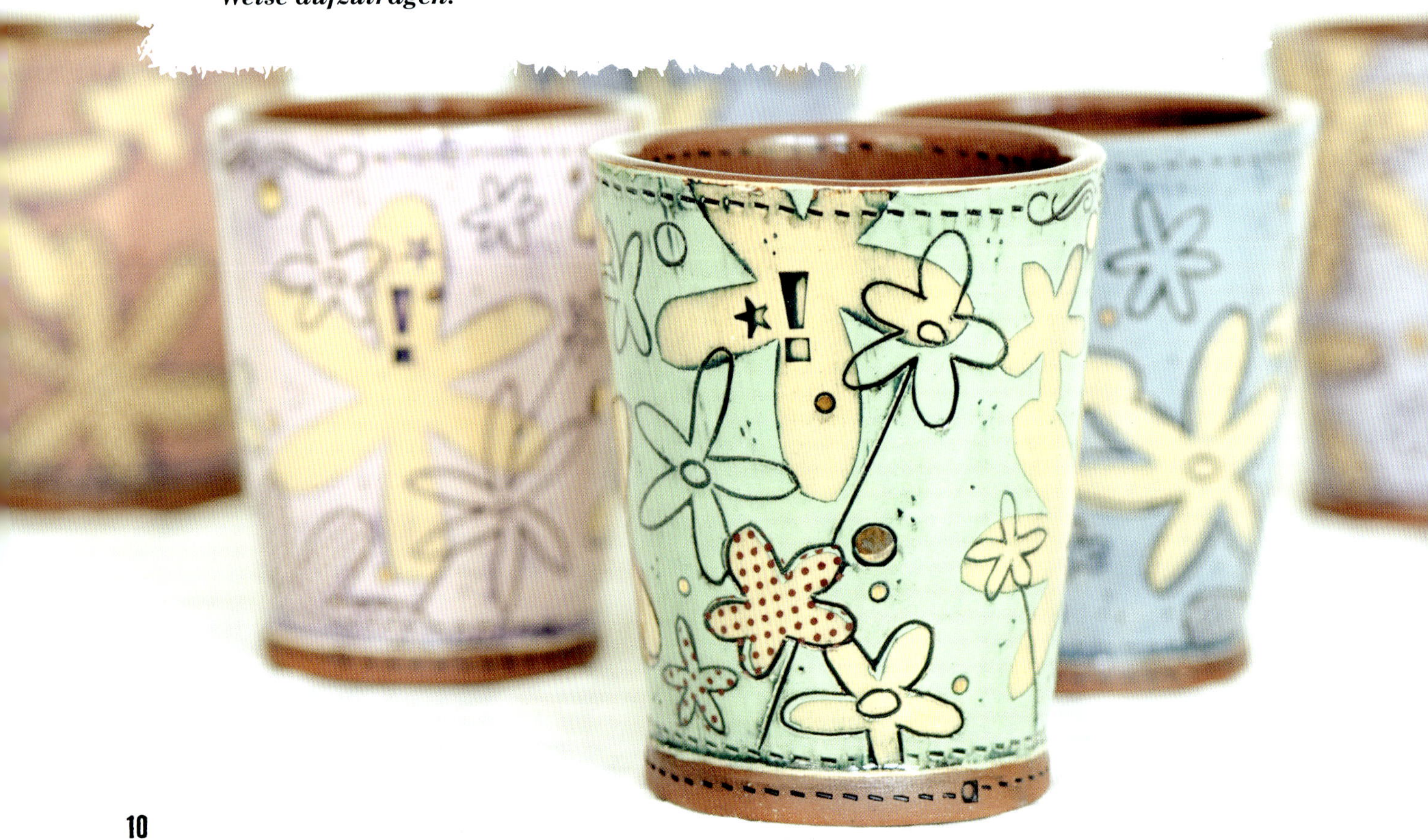

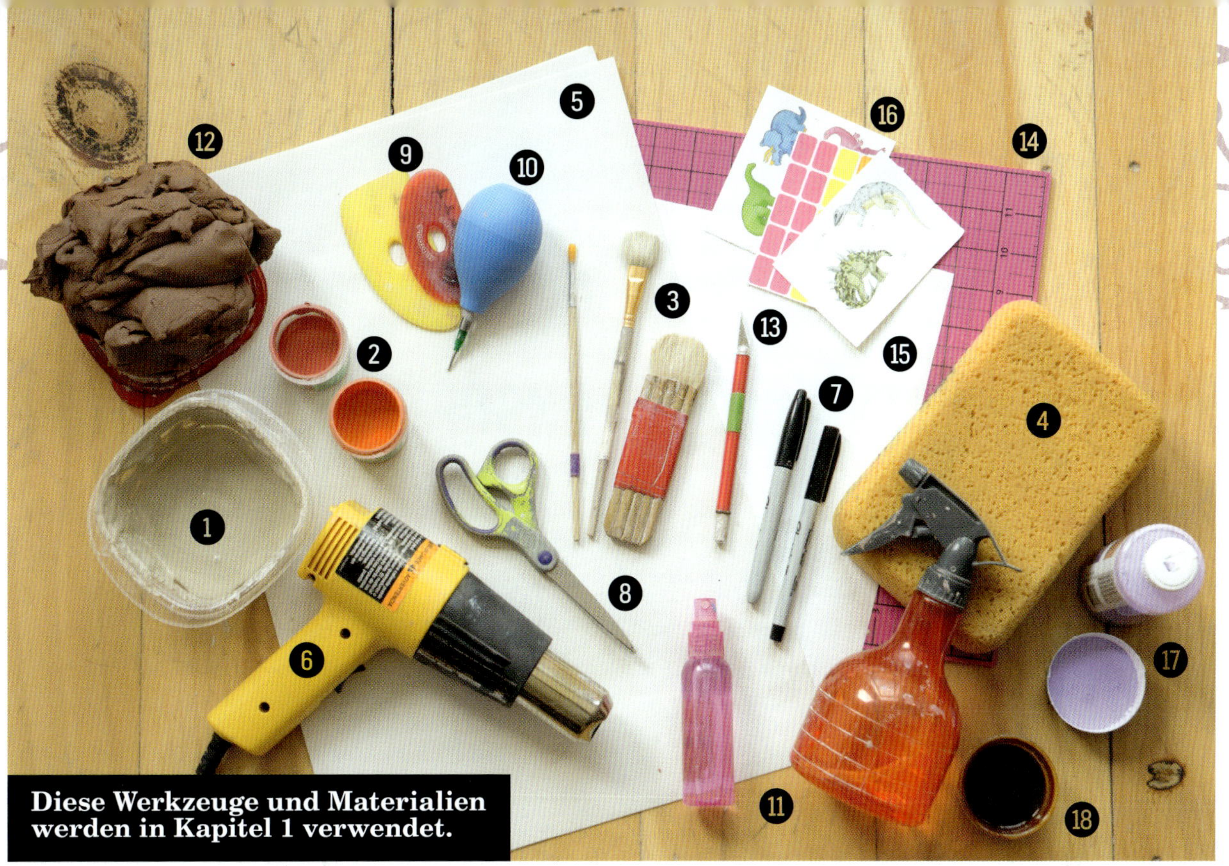

Diese Werkzeuge und Materialien werden in Kapitel 1 verwendet.

❶ **WEISSE ALLZWECKENGOBE:** Für Engoben gibt es die unterschiedlichsten Rezepte: Manche bestehen nur aus Wasser und aufbereitetem Ton, man kann sie fertig kaufen oder in der eigenen Werkstatt aus trockenen Zutaten mischen. In diesem Buch arbeiten wir mit selbst gemachter Engobe. Für die Techniken, die ich Ihnen zeigen werde, empfehle ich eine weiße Allzweckengobe, kurz AZ-Engobe (Rezept und weitere Informationen auf S. 147). Das Rezept für die AZ-Engobe ist mein Goldstandard. Wie Sie sehen werden, eignet sie sich für unterschiedliche Anwendungen wie Siebdrucktransfer, ist aber auch recht opak, sodass sie gut deckt. Außerdem lässt sie sich mit handelsüblichen Farbkörpern und Oxiden verarbeiten.

❷ **UNTERGLASURFARBE:** Unterglasurfarbe ist meist feine Engobe aus Ton, Fritte und handelsüblichen Farbkörpern. Sie wird vor der eigentlichen Glasur auf rohem oder geschrühtem Ton aufgetragen. Es gibt sie von einigen Herstellern in unterschiedlichen Farbtönen. Sie können sie zwar auch selbst mischen, doch ich verwende hier flüssige Unterglasurfarbe aus dem Handel.

❸ **PINSEL:** Die Engobe wird mit unterschiedlichen Pinseln aufgetragen. Weiche Flachpinsel wie die der Fa. Hake nehmen viel Material auf, was das Auftragen vereinfacht.

❹ **GROSSE MEHRZWECKSCHWÄMME:** Ich benutze große rechteckige Schwämme, die man normalerweise für die Autowäsche nimmt. Sie finden sie in Baumärkten oder Kaufhäusern in der Autopflegeabteilung. Sie sind nützlich beim Saubermachen und lassen sich außerdem zu Stempeln zurechtschneiden, mit denen man Engobe auftragen kann.

❺ **UNBEDRUCKTES ZEITUNGSPAPIER:** Sie können natürlich ganz normales Zeitungspapier benutzen, doch es reißt leicht, wenn Sie darüberreiben, und außerdem stören Text und Bilder. Am besten gönnen Sie sich einen Packen Druckausschusspapier, wie unbedrucktes Zeitungspapier auch genannt wird. Nehmen Sie einen großen Zuschnitt (50 x 75 cm). Den Grund dafür erfahren Sie im zweiten Teil des Buches. Ich nenne dieses Papier von jetzt an einfach *Zeitungspapier*.

❻ **FÖN ODER HEISSLUFTPISTOLE:** Sie verkürzen die Trockenzeit, doch bei Heißluftpistolen ist Vorsicht geboten: Bei unsachgemäßem Umgang bestehen Verletzungs- und Brandgefahr!

❼ **PERMANENTMARKER:** Permanentmarker mit feiner oder extrafeiner Mine sind bestens geeignet, um Umrisse auf Schwämme (zum Drucken) oder Zeitungspapier (für Abziehbilder) oder um Muster auf Siebdruckfolien zu zeichnen oder zu ergänzen.

❽ **SCHEREN:** Scharfe Scheren brauchen Sie, um Schwämme oder Zeitungspapier zuzuschneiden.

❾ **GUMMINIEREN:** Nehmen Sie weiche oder sehr weiche Gumminieren. Sie sind am besten geeignet, um über Zeitungspapier zu reiben.

❿ **ENGOBENMALSPRITZE:** Kleine Plastikflasche oder Gummiballon mit unterschiedlichen Pipetten für detaillierte Muster mit Engoben und anderen Flüssigmaterialien.

⓫ **SPRÜHFLASCHE UND/ODER ZERSTÄUBER:** Gut geeignet, um lederharten Ton oder Papier anzufeuchten. Ich benutze am liebsten einen nachfüllbaren Haarspraybehälter ohne Treibgas.

⓬ **TON:** Nehmen Sie den Ton, mit dem Sie gerne arbeiten. Probieren Sie aus, wie sich Irdenware-, Steinzeugton und Porzellanmasse bei den hier vorgestellten Techniken verhalten.

⓭ **SKALPELL** (Seite 20)

⓮ **SELBSTHEILENDE SCHNEIDEUNTERLAGE** (Seite 20)

⓯ **TYVEK®-PAPIER** (Seite 21)

⓰ **AUFKLEBER (ABDECKMATERIAL)** (Seite 21)

⓱ **KALTWACHS (ABDECKMATERIAL)** (Seite 24)

⓲ **SCHELLACK** (Seite 25)

ENGOBEN AUFTRAGEN

In diesem Abschnitt zeige ich Ihnen einige Möglichkeiten, die AZ-Engobe aufzutragen. Wer schon etwas Erfahrung hat, kann sie auch mit Materialien wie Terra sigillata, Engoben oder Unterglasurfarben umsetzen.

Die hier vorgestellten Methoden der Oberflächengestaltung greifen Techniken auf, die Sie bereits anwenden. Sie eignen sich vor allem für einfache Zeichnungen, Bilder und graphische Muster. Das Zeichnen war nie meine Stärke, daher suchte ich Möglichkeiten, meine Fähigkeiten zu trainieren. Viele dieser Techniken stärken Ihr Vertrauen in Ihre eigenen Entwürfe.

In diesem Kapitel geht es vor allem darum, wie man Engoben mit Pinseln, Schwämmen und Zeitungspapier auf Oberflächen aufbringt. Manche Gestaltungsmöglichkeiten mit Engoben wie das Gießen und Tauchen kennen Sie schon.

Legen Sie sich die folgenden Materialien und Utensilien zurecht:

- **AZ-Engobe, weiß und/oder in einer Farbe Ihrer Wahl**
- **Auswahl an Pinseln, nach Bedarf**
- **Nach Belieben zugeschnittene Stempel aus Mehrzweckschwämmen**
- **Zeitungspapier in der gewünschten Größe**
- **Eimer mit Wasser**
- **Weiche und sehr weiche Gumminieren**
- **Schwarzer Permanentmarker, fein**

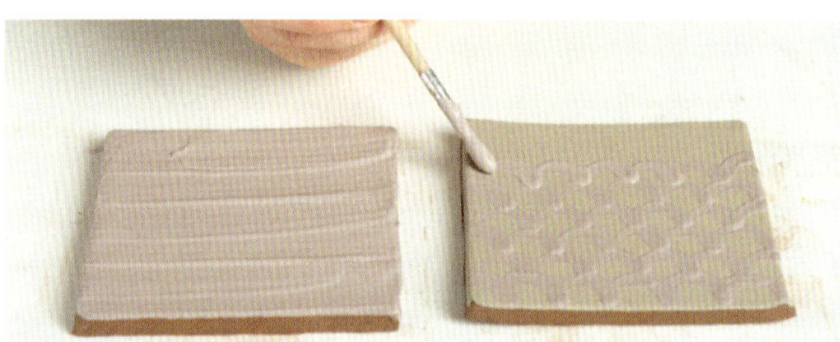

Probieren Sie den Pinselstrich und die Viskosität und Deckkraft der Engobe an Mustern auf Probefliesen aus.

MIT DEM PINSEL

Bevor Sie Ihre Keramikarbeiten dekorieren, sollten Sie durch Versuche mit Ihrer selbst hergestellten Engobe auf einigen Testfliesen Informationen sammeln. Dabei stellen Sie z.B. die Deckkraft Ihrer Engobe fest oder finden heraus, wie sie nach dem Schrühen und Glasieren aussieht, falls Sie ihr keramische Farbkörper und Oxide zusetzen (siehe „Engobe testen“, Seite 14). Ich werde Sie immer wieder zu solchen Versuchen ermuntern.

Verwenden Sie die Engobe wie Farbe und tragen Sie sie mit dem Pinsel auf den Ton auf. Experimentieren Sie mit der Dicke des Auftrags, bestreichen Sie eine Fliese mit nur einer Farbe, malen Sie ein Muster, eine Landschaft oder ein Portrait oder tupfen Sie mit dem Pinsel auf die Oberfläche.

MIT DEM SCHWAMM

1. Zeichnen Sie mit einem Permanentmarker einen Umriss auf den Schwamm. Es sollte eine einfache Form sein, denn komplexe Muster sind schwierig auszuschneiden (Foto A).

2. Schneiden Sie das Muster vorsichtig mit der Schere aus (Foto B).

3. Tunken Sie die Oberseite Ihres Schwammstempels in die Engobe (Foto C).

4. Machen Sie einen Probeabdruck auf Zeitungspapier, um sich mit den texturierten Mustern vertraut zu machen, die entstehen. Je nachdem, wie viel Druck Sie ausüben, können Sie mit einer „Engobenladung“ mehrere Abdrücke machen. Jeder Abdruck ist dabei anders texturiert und geformt.

5. Drucken Sie dann auf Ton. Diese Technik wirkt möglicherweise sehr einfach, doch sie lässt sich hervorragend mit anderen Techniken in diesem Buch kombinieren (Foto D).

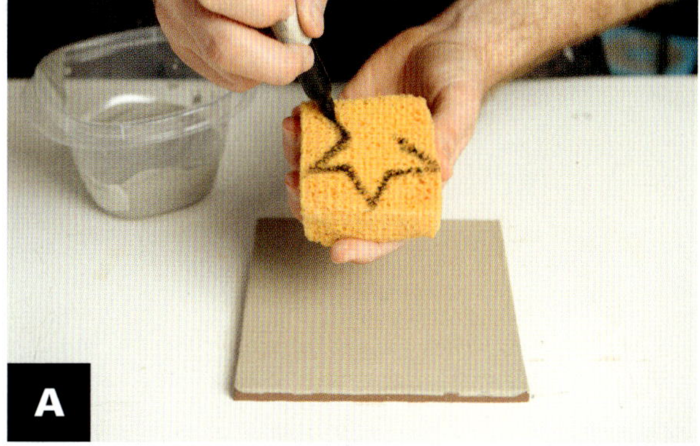
A

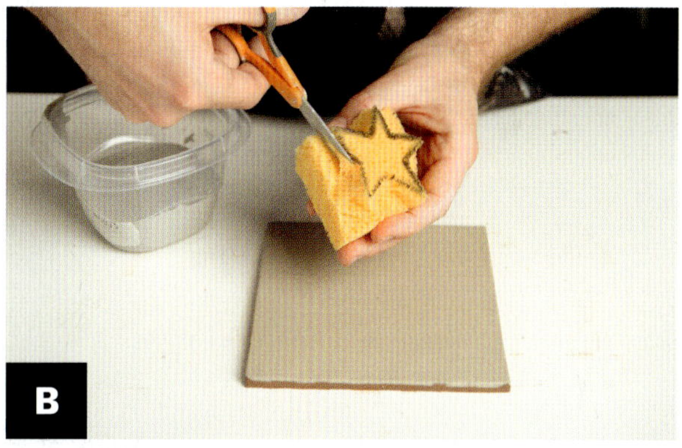
B

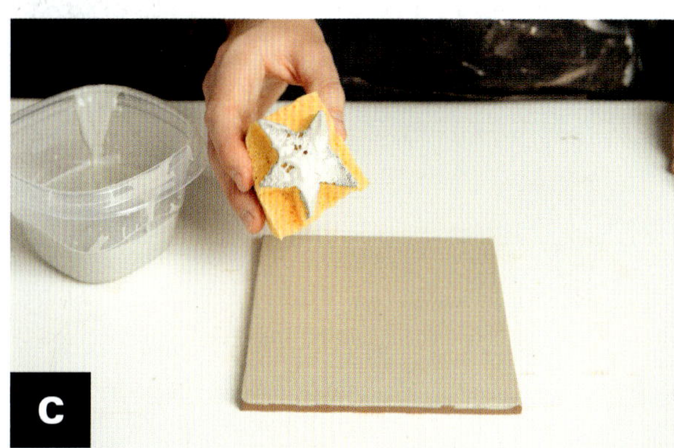
C

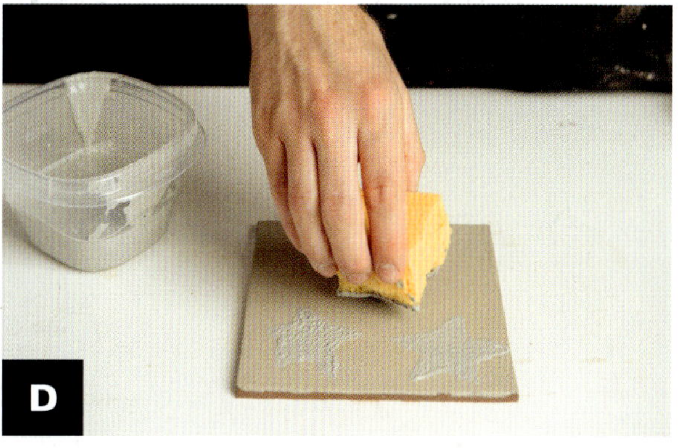
D

ENGOBE TESTEN

Gewöhnen Sie sich an, jede neu angemischte Charge mit Engoben zu testen, bevor Sie sie für eine Serie von Arbeiten einplanen. Es ist wichtig, Deckkraft und Farben auf Testfliesen auszuprobieren, damit Sie wissen, wie dick der Auftrag auf die Oberfläche sein sollte und wie die Farbe bei unterschiedlichen Brenntemperaturen reagiert. Ich rate Ihnen, Testfliesen mit der weißen Engobe und allen Farben zu brennen, die Sie mischen. Sie müssen wissen, wie ein, zwei oder drei Pinselstriche aussehen, um eine sachkundige Entscheidung über den Auftrag und die Farbe nach dem Glasurbrand treffen zu können.

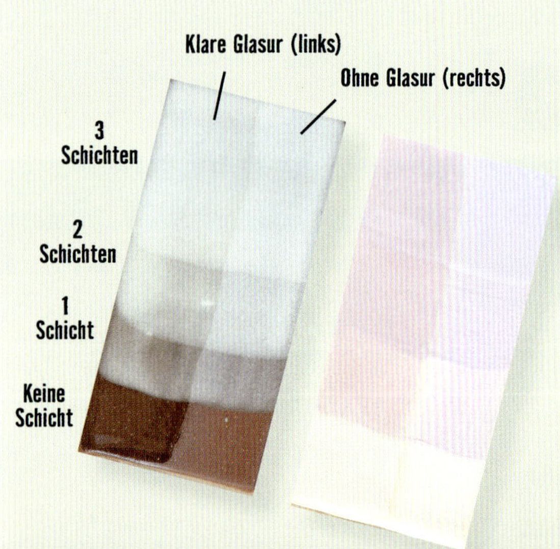

Die Testfliesen auf dem Foto zeigen dicke und dünne Engobeschichten sowohl auf dunklem als auch auf hellem Ton. Weiße Engobe wurde auf einen dunklen roten Ton aufgetragen (links) und farbige Engobe auf einen hellen Ton (rechts), von einer Farbschicht am unteren Ende bis zu drei Farbschichten oben. Jeweils die linke Hälfte der Fliesen wurde mit klarer Glasur bestrichen, um zu zeigen, wie sich Glasur auf die Oberfläche auswirkt.

MIT ZEITUNGSPAPIER

Egal, ob Sie das *Wall Street Journal* oder unbedrucktes Zeitungspapier von der Rolle, als Zuschnitt oder vom Block nehmen: Zeitungspapier ist ein überraschend kreatives Material. Wir beschäftigen uns später noch ausführlicher damit. Hier geht es zunächst um die Grundlagen.

ABZIEHBILDER MIT ENGOBE UND ZEITUNGSPAPIER:

Da Sie die Engobe nicht direkt auf die Tonoberfläche, sondern erst auf Papier auftragen und das Papier dann auf den Ton drücken, nenne ich diese Bilder Abziehbilder. Sie führen zu schönen Oberflächen, die an abblätternde Farbe und verwitterte Tapeten erinnern, und eignen sich sehr gut für Irdenware, Steinzeug und Porzellan.

1. Schneiden Sie Zeitungspapier zu und streichen Sie es mit reichlich Engobe ein. Warten Sie ein, zwei Minuten, bis die Engobe nicht mehr hochglänzend ist, aber noch feucht schimmert. Je dicker der Engobenauftrag, desto länger müssen Sie warten (Foto A).

2. Legen Sie das Zeitungspapier mit der mit Engobe bestrichenen Seite auf lederharten Ton. Klopfen Sie es fest und fahren Sie vorsichtig mit einer Gumminiere darüber (Foto B).

3. Ziehen Sie das Zeitungspapier behutsam ab, sodass die Oberfläche des Tons sichtbar wird. Wenn Sie jedoch ungeduldig sind und es abziehen, sobald Sie es auf den Ton gelegt haben, sieht die Oberfläche aus wie abblätternde Farbe. Wenn Sie sich jedoch die Zeit nehmen, darüberzureiben, nachdem die Engobe absorbiert wurde, bekommen Sie meist einen sauberen und leicht texturierten Abdruck (Foto C).

Achten Sie darauf, dass Sie das Papier langsam abziehen und dabei die Tonoberfläche im Auge behalten. Wenn die Engobe nicht vollständig auf dem Ton haftet, legen Sie das Papier wieder an und reiben darüber. Dann versuchen Sie erneut, das Papier abzuziehen. Na bitte! Das sollte nun schon besser aussehen!

***Tipp:** Beobachten Sie das Zeitungspapier. Mit Wasser und Engobe getränktes Zeitungspapier ist nass und fühlt sich schlüpfrig an. Je mehr es trocknet, desto mehr kehrt das Papier zu seinem trockenen Aussehen zurück. Wenn das Papier anfängt, seine ursprüngliche Farbe anzunehmen, reibe ich gerne noch einmal darüber, ehe ich es vom Ton abziehe. Allerdings sollten Sie das Papier nicht zu früh auf den Ton legen oder eine zu dicke Engobenschicht auftragen. Unter der angetrockneten Oberfläche kann die Engobe noch feucht sein. Reiben Sie erst, wenn sie sich gesetzt hat und etwas stabiler ist.*

MONOTYPIEN: Die Abziehbild-Methode mit Zeitungspapier eignet sich auch für komplexere Bilder mit weiteren Engobenfarben, die man Monotypien oder Einzeldrucke nennt. Eine Monotypie ist ein Bild, das mit Tinte oder Farbe auf Glas gemalt und dann als nicht wiederholbarer Druck auf Papier übertragen wird. In unserem Fall wird ein einzelnes Bild aus farbigen Engoben auf die Tonoberfläche übertragen. Dabei ist die unterste Engobenschicht im Vordergrund, die oberste im Hintergrund: Auf dem Ton erscheint Ihr Bild also umgekehrt.

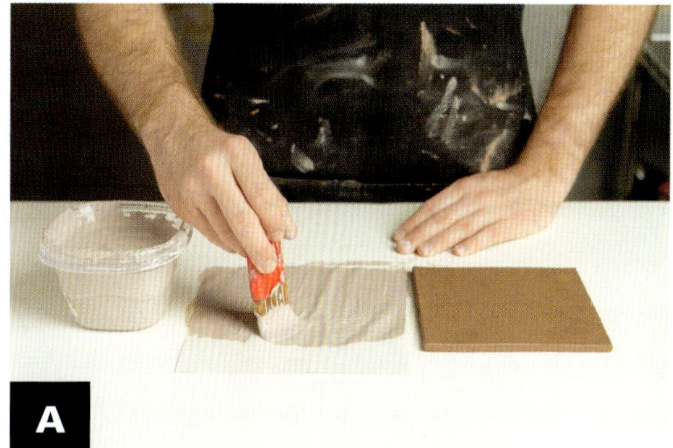

A

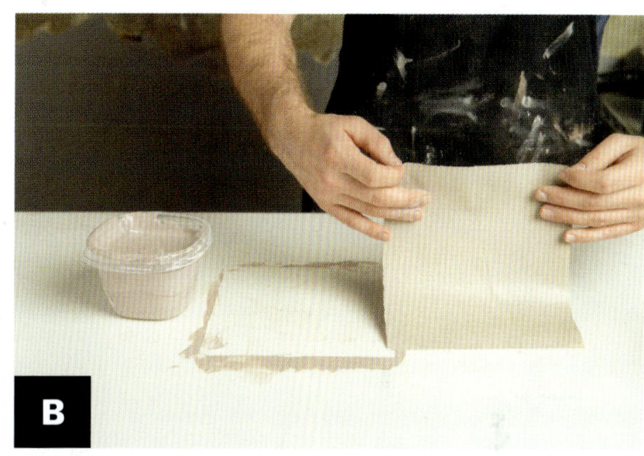

B

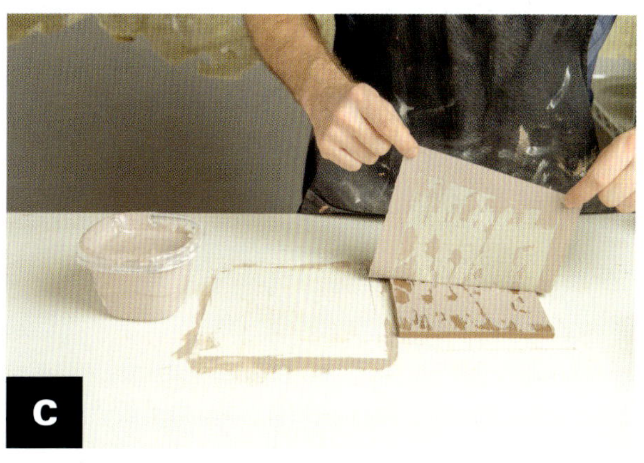

C

Mit der Engobenmalspritze habe ich drei Sterne mit einer rötlichen Engobe aufgemalt. Nun male ich mit weißer Engobe bis an den inneren Rand des Umrisses (rechts), innerhalb des Umrisses und auf die Umrisslinie (Mitte) und über den ganzen Stern (links).

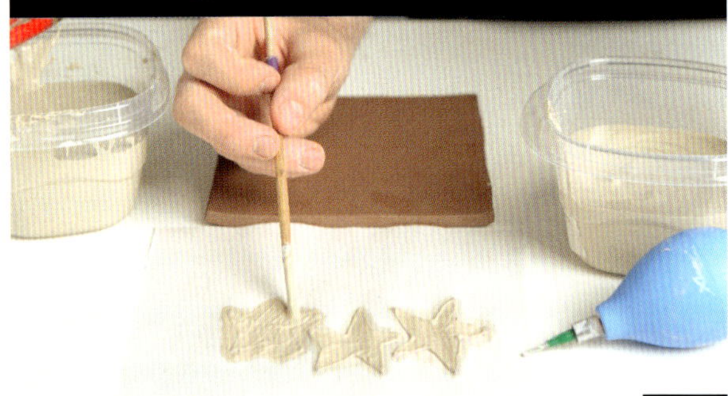

A

Mit gelber Engobe male ich einen gelben Hintergrund für die aufgemalten Sterne über das ganze Bild.

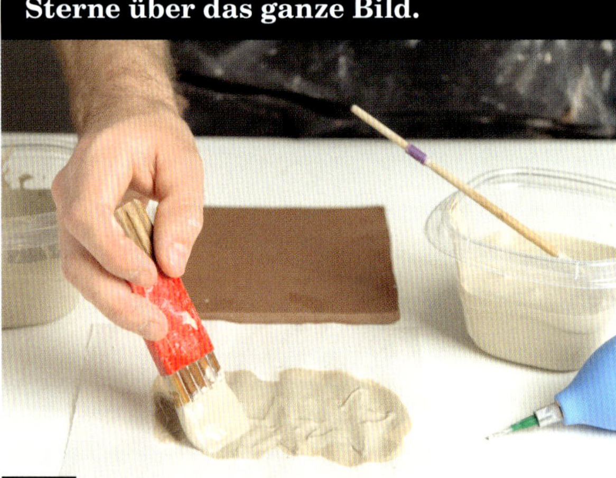

B

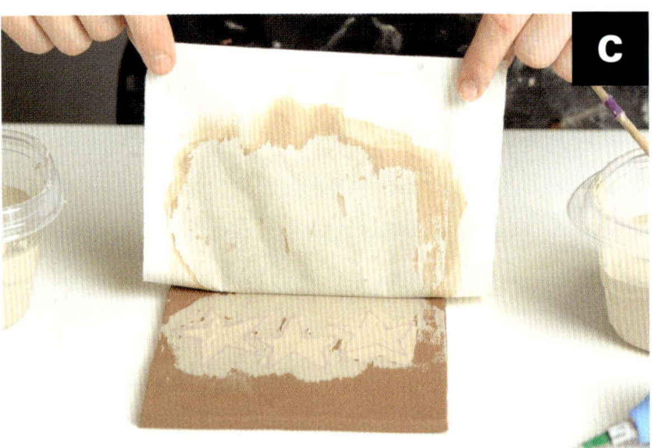

C

Eine Monotypie im Antiklook auf Ton. Zusätzliches Reiben hätte verhindern können, dass die Engobe an dem Zeitungspapier haftet, während ich es vom Ton abziehe.

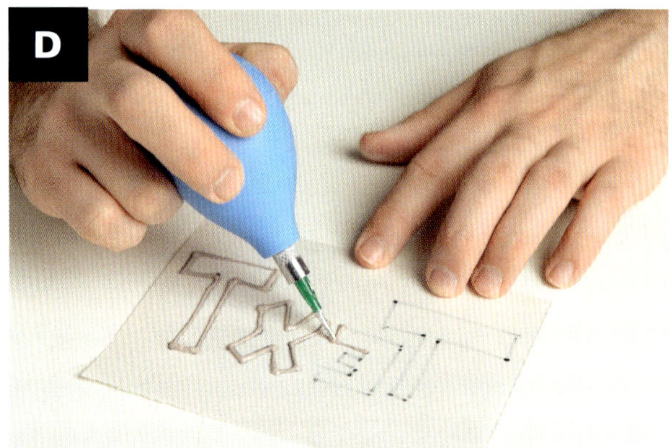

D

Mit der Malspritze zeichne ich den Durchschlag der Markerlinien auf der Papierrückseite nach und kann den spiegelverkehrten Text nun auf Ton übertragen.

1. Malen Sie mit der Malspritze einen fünfzackigen Stern auf das Zeitungspapier. Sie könnten das Bild nun auf Ihren Ton übertragen, doch wir wollen ja noch ein paar Farben hinzufügen.

2. Wenn die aufgemalten Engobenlinien nicht mehr satt glänzen, malen Sie Teile des Musters mit farbiger Engobe aus. Da der Umriss des Sterns den Vordergrund bildet, wird die nächste Schicht teilsweise von den Linien des ursprünglichen Musters überlagert. Malen Sie innerhalb des Umrisses, auf den Umrisslinien und außerhalb der Linien und vergleichen Sie die Ergebnisse (Foto A).

3. Fügen Sie weitere Schichten hinzu (Foto B).

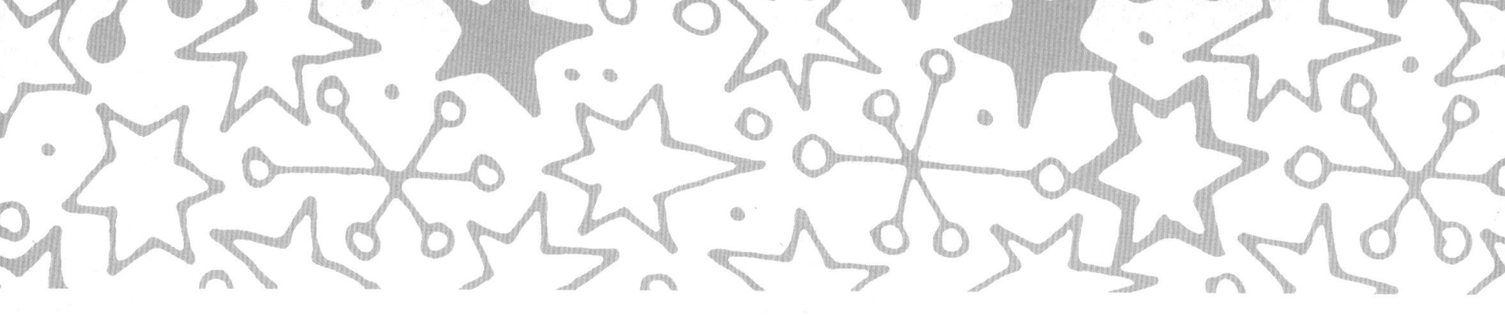

4. Übertragen Sie das Muster vom Zeitungspapier auf den Ton, reiben Sie und ziehen Sie das Papier ab, wie zuvor beschrieben. Aha, eine Monotypie (Foto C)!

Einen Text spiegelverkehrt zu schreiben, kann schwierig sein. Schreiben Sie mit einem schwarzen Permanentmarker Wörter in gewohnter Weise auf Zeitungspapier. Dann drehen Sie das Papier um und zeichnen mit der Malspritze die Linien nach, die von vorne durchschlagen (Foto D). Wenn Sie den Text auf den Ton übertragen, ist er von links nach rechts zu lesen.

ENGOBEN UND UNTERSCHIEDLICHE ABDECKMITTEL

Abdeck- oder Aussparmittel tragen zur Oberflächengestaltung bei, indem sie verhindern, dass ein oder mehrere Materialien aneinander haften. So kann Engobe dort nicht am Ton haften, wo ein Abdeckmittel als Maske aufgetragen wurde. Abdeckmasken aus Papier oder flüssige Abdeckmittel lassen sich auf feuchtem, lederhartem, geschrühtem und glasiertem Ton anwenden. Auch hier ist es eine gute Idee, bei der Planung der Oberflächengestaltung die unterschiedlichen Eigenschaften von flüssigen Masken und Papiermasken in Verbindung mit AZ-Engobe und Ton in Betracht zu ziehen und zu testen.

TIPPS FÜR ENGOBE AUF ZEITUNGSPAPIER

HALTEN Sie das Zeitungspapier immer ein wenig feucht. Trockenes Papier saugt rasch die Feuchtigkeit aus der Engobe und führt dazu, dass dick aufgetragene Engobe abfällt. Andererseits verlaufen Engobe oder Farben, wenn das Papier zu nass ist. Sprühen Sie das Papier mit einem Zerstäuber, z.B. einer Haarsprayflasche ohne Treibmittel leicht ein.

WENN die Monotypie auf dem Papier fertig ist, können Sie Engobe in einer passenden Farbe als Hintergrund auf das Zeitungspapier oder auf den Ton streichen, bevor Sie das Bild auf den Ton übertragen. Wenn Sie mit Irdenware arbeiten, können Sie so die rote oder braune Hintergrundfarbe Ihres Tons ändern.

WENN die Engobe auf Ihrem Zeitungspapier dieselbe Konsistenz hat wie der lederharte Ton, ist die Kombination perfekt und Sie bekommen einen schnellen und sauberen Abdruck. Es macht aber auch Spaß, mit unterschiedlichen Feuchtigkeitsgraden zu experimentieren. Versuchen Sie, ein nasses Bild auf eine nasse Tonoberfläche zu übertragen. Oder übertragen Sie ein lederhartes Bild auf knochentrockenen Ton oder ein lederhartes Bild auf nassen Ton. Vielleicht entdecken Sie eine Textur oder einen Effekt, der Sie anspricht.

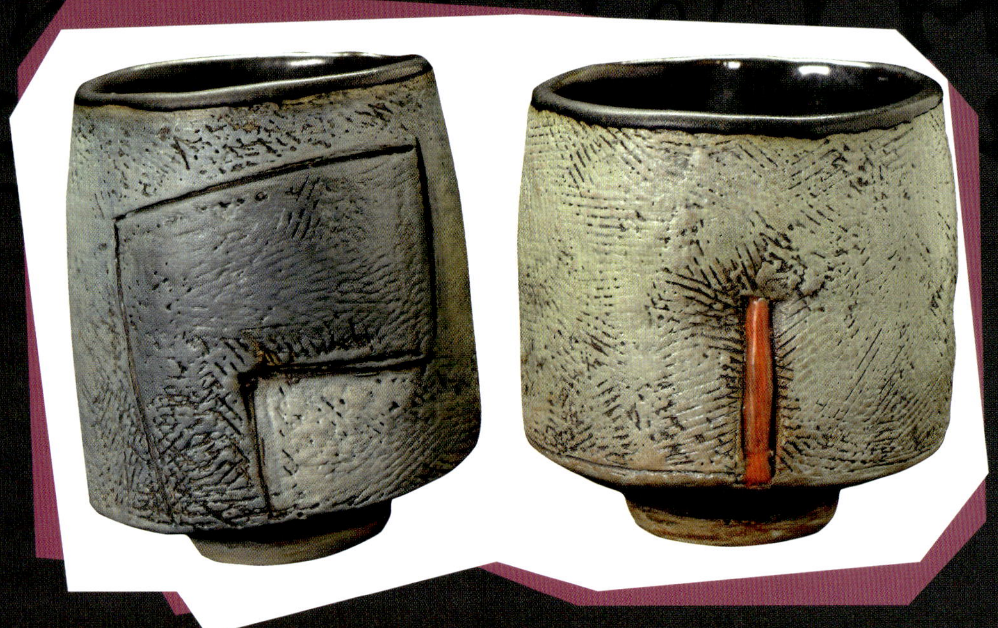

MARY BARRINGER

TWO CUPS (ZWEI BECHER)

2009
10,2 cm
Steinzeug, Aufbautechnik, unterschiedliche Engoben und Glasuren, Kegel 6 im Elektroofen
Foto: Wayne Fleming

WELCHE OBERFLÄCHENTECHNIKEN VERWENDEN SIE UND WIE SETZEN SIE ENGOBEN EIN?

Ich trage zwei Engobenschichten auf lederharten Ton auf. Die erste schmirgle ich, um die Textur zu hervorzuheben, dann folgt die zweite Schicht in einer Kontrastfarbe. Diese Schichten bilden eine farbige Basis, durch sie entwickle ich meine Vorstellung von der Rolle, die Farbe und Komposition beim fertigen Stück spielen. Ich benutze Engoben statt Farbkörper oder Oxide, weil sie Volumen und eine eigene Textur haben.

WIE KOMMEN KOMPOSITION/DESIGN IM ZUSAMMENSPIEL VON FORM UND OBERFLÄCHE ZUSTANDE?

Ich lege eine bestimmtes Maß an Textur an, bevor die Form ausgefeilt ist, sodass Form und Oberfläche in einer Wechselbeziehung entstehen. Mein Verständnis von Form – davon, wohin sie sich entwickelt – wird von den rudimentär gezeichneten Texturen beeinflusst, die ich zugrundegelegt habe, die ihrerseits als Reaktion auf die Form verändert, akzentuiert oder gelöscht werden.

WELCHE THEMEN UND MOTIVE ERKUNDEN SIE IM ALLGEMEINEN UND WARUM?

Mir ist es lieber, wenn ein Betrachter meine Arbeiten im Kontext seiner eigenen Assoziationen sieht.

WELCHE BRENNTECHNIK(EN) VERWENDEN SIE?

Ich brenne bis Kegel 6 in einem Elektroofen, nach einem Kegel 6 Schrühbrand.

WELCHE KÜNSTLER IN KERAMIK UND GRAPHIK INSPIRIEREN SIE?

Ich mag Arbeiten, die mir Freude machen, mich inspirieren oder mir ein Gefühl für die Möglichkeiten vermitteln. Ich kann zwar nicht alle aufzählen, doch zeitgenössische Beispiele sind Hans Coper, Allison Britton, Steve Heinemann und Jun Kaneko. Zu einer unvollständigen Liste historischer Keramik gehören chinesische Keramik der Jungsteinzeit, klassische Keramik der Maya- und Nazca-Kultur und Gefäße aus Nigeria. Außerdem Zeichnungen aller Art, aus allen Zeitaltern.

PAUL ANDREW WANDLESS

GROUND SHAKER (GROUND SHAKER)

2011
31,8 x 30,5 x 1,3 cm
Niedrigbrennender brauner Ton, Unterglasurfarbe, Glasur, Ton-Monotypie
Foto des Künstlers

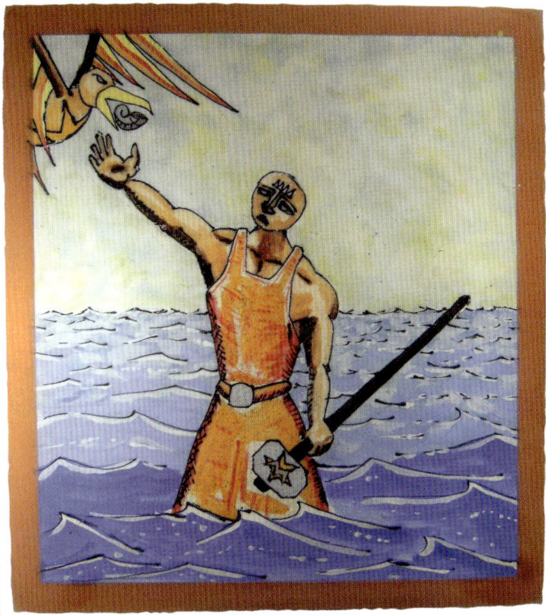

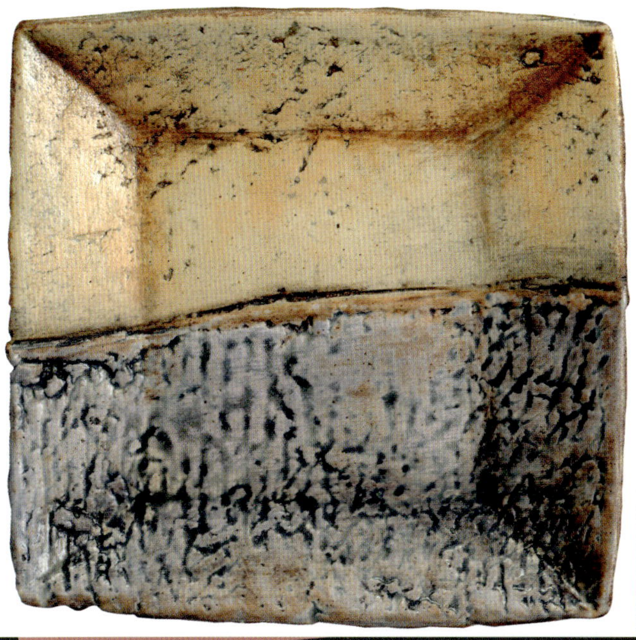

MARY BARRINGER

SQUARE PLATE (QUADRATISCHER TELLER)

2011
12,7 cm
Steinzeug, Aufbautechnik, unterschiedliche Engoben und Glasuren, Kegel 6 im Elektroofen
Foto: Wayne Fleming

LAUREN KARLE

COFFEE CORNER CONNECTIONS (BEGEGNUNGEN IN DER KAFFEE-ECKE)

8,3 x 14 x 10,2 cm
Irdenware, Engobe, verflüssigte Engobe, Engobenüberzug, eingefärbt mit Farbkörpern der Fa. Mason, Unterglasurfarbe, von Hand aufgebaute Schichten von Engobe-Transfers, hinzugefügte Textur, Kegel 03.
Foto der Künstlerin

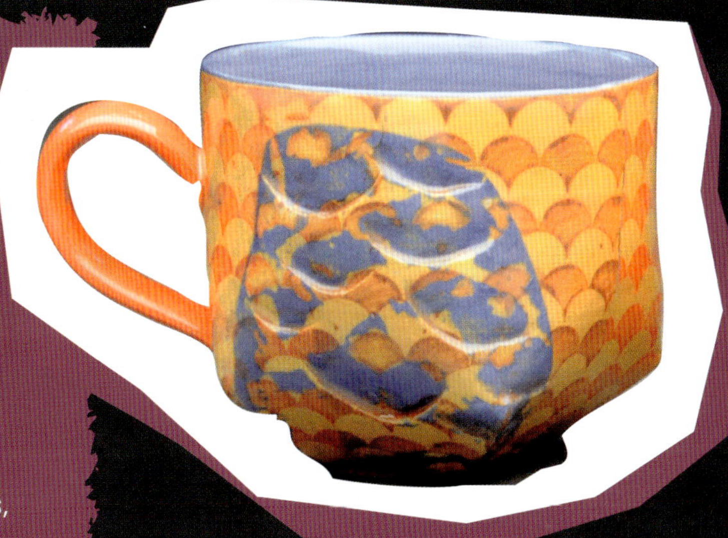

PAPIERMASKEN

Bei der Arbeit mit Schichten von Engoben und Unterglasurfarbe benutze ich oft Aufkleber oder Formen, die ich aus Zeitungspapier oder Tyvek®-Papier ausgeschnitten habe. Sie können Streifen aus Zeitungspapier nehmen, Aufkleber auf der Oberfläche arrangieren oder Tyvek® in Stücke schneiden, um ein Papel-picado-Muster oder ein anderes scharf umrissenes graphisches Grundmuster zu erzielen.

Wenn Sie mit Papiermasken arbeiten wollen, legen Sie sich die folgenden Materialien zurecht:

- **Zeitungspapier/Aufkleber/Tyvek®-Papier**
- **AZ-Engobe, weiß und/oder in einer Farbe Ihrer Wahl**
- **Auswahl an Pinseln, nach Bedarf**
- **Skalpell**
- **Selbstheilende Schneidematte**
- **Mit Engobe vordekorierte lederharte Fliesen (15 x 15 cm groß)**
- **Weiche Gumminieren**
- **Fön oder Heißluftpistole (nicht zwingend)**

1. Schneiden Sie aus einem 15 x 15 cm großen Stück Zeitungspapier einfache Formen aus, z.B. Quadrate oder Sterne. Achten Sie darauf, dass beim Ausschneiden das Papier ringsum intakt bleibt.

2. Auf der ersten Fliese verteilen Sie die ausgeschnittenen Formen. Auf die andere Fliese legen Sie das Papier mit den Ausschnitten. Drücken Sie das Zeitungspapier auf beiden Fliesen leicht an, sodass die Papierränder glatt auf dem Ton liegen.

3. Tragen Sie mit dem Pinsel ein oder zwei Schichten Engobe in einer Farbe Ihrer Wahl auf. Lassen Sie sie ein paar Minuten trocknen. Sie können den Vorgang mit dem Fön beschleunigen.

4. Ziehen Sie bei beiden Fliesen das Papier ab. Nehmen Sie eventuell eine Töpfernadel oder ein Skalpell, um vorsichtig eine Ecke anzuheben und das Papier von dort abzuziehen. Bei einer dicken Engobenschicht werden Ihre Muster ein wenig erhaben sein, was sich auf dem fertigen Stück gut anfühlt.

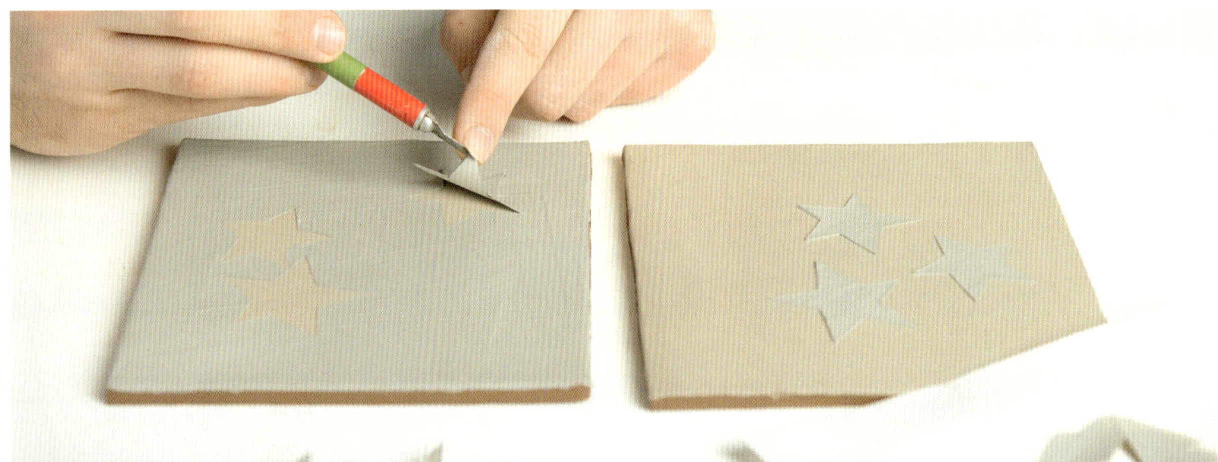

Ich schneide die Formen mit einem Skalpell vorsichtig aus dem Papier aus und kann nun das Papier mit dem Negativraum als Schablone und die ausgeschnittenen Formen als Masken benutzen. Ich hebe die Formen mit der Spitze eines Skalpells aus dem Papier.

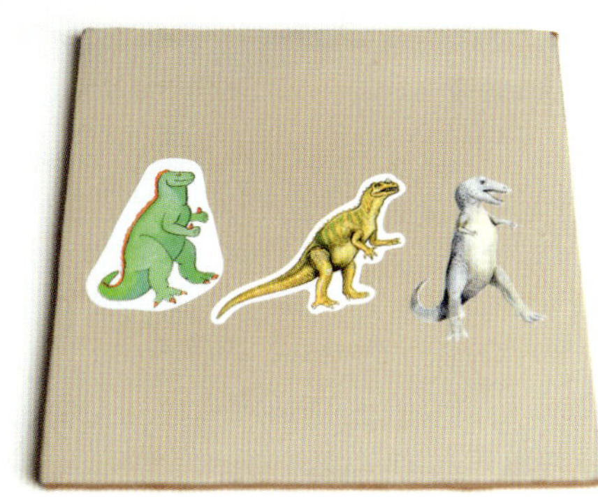

A

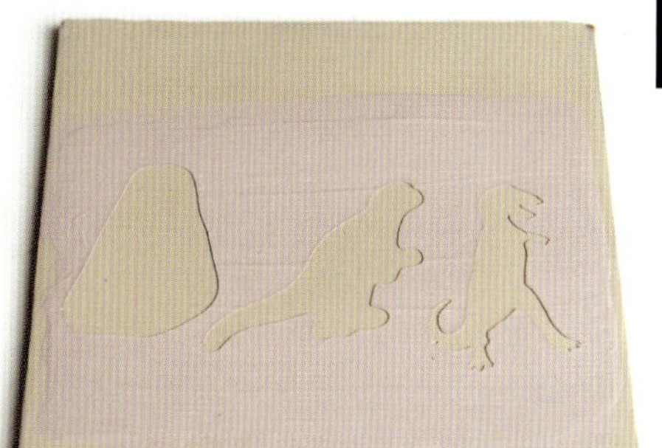

B

C

Ein Muster aus Tyvek®-Papier deckt den Ton gegen lila Engobe ab. Es entsteht ein Kaffeetassenmuster aus weißer Engobe.

AUFKLEBER ALS MASKEN: Auch Aufkleber sind als Masken geeignet. Sie sind bereits fertig ausgeschnitten. Manche sind aus Kunststoff oder Vinyl, daher sollten Sie sie nicht auf dem Ton lassen, um sie im Brennofen auszubrennen.

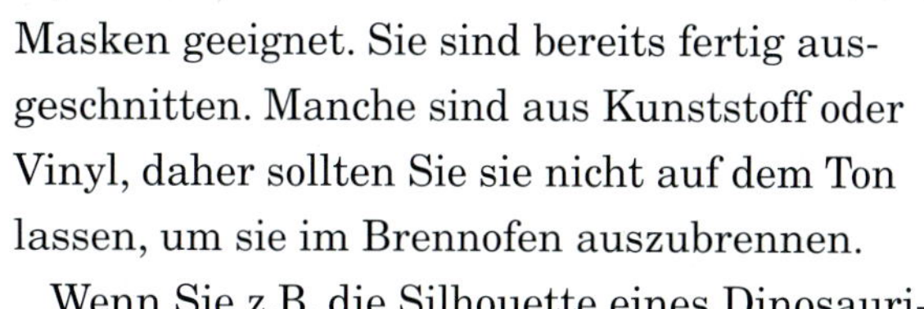

Wenn Sie z.B. die Silhouette eines Dinosauriers als Maske benutzen wollen, vergewissern Sie sich, dass die Form des Aufklebers tatsächlich den Dinosaurier darstellt (Fotos A und B). Wenn das Bild des Dinosaurieres von einer weißen Fläche umgeben ist, entsteht eine amorphe Form. Wenn Sie mögen, können Sie die Umrisse des Tieres mit dem Skalpell ausschneiden.

MASKEN AUS TYVEK®-PAPIER: Wahrscheinlich haben Sie schon mal Tyvek®-Bahnen gesehen, mit denen Hausdächer und -fassaden beim Bau geschützt werden. Dieses Papier ist als Feuchtigkeitssperre gedacht – und daher funktioniert es prima als Maske, durch die die Engobe nicht eindringen kann. Sehen Sie sich das Material genau an: Sie werden feststellen, dass es kein Gewebe ist, sondern aus dicht miteinander verfestigten Fasern besteht. Dadurch ist es möglich, komplexe Muster aus dem Papier auszuschneiden. Außerdem kann man Schablonen aus Tyvek® mehrmals benutzen, wenn man vorsichtig mit ihren umgeht.

TOM BARTEL

FERTILITY FIGURE (FRUCHTBARKEITSFIGUR)

2014
106,7 x 61 x 30,5 cm
Keramik und Holz
Foto: Steve Paszt

WAS HAT SIE ANGEREGT, AUFKLEBER UND PAPIER-MASKEN IN IHRER ARBEIT EINZUSETZEN?

Während meines Studiums fand ich es sehr beeindruckend, Patrick Siler bei der Arbeit zuzusehen. Er kam eines Sommers als Gastkünstler. Er zeichnet seine finsteren Sachen, die irgendwie an Schundromane erinnern, auf große Bögen Einwickelpapier und schneidet dann akribisch mit dem Skalpell die Konturen aus. Diese Schablonen weicht er dann in Wasser ein und legt sie auf die lederharte Engobenoberfläche. Weitere Engobe(n) werden aufgetragen – und dann wird das Ergebnis enthüllt (das ist so befriedigend wie an einer richtig schönen Kruste herumzuknibbeln oder nach einer Operation einen kurzen Blick unter den Verband zu werfen).

Ich habe an der Kent State University bei Kirk Mangus und Eva Kwong studiert. Jahre später, während des Aufbaustudiums, wurde mir klar, dass ihr Einfluss sich endlich in meiner Arbeit zeigte – Kirks Freiheit und Risikobereitschaft und dazu Evas klarer Gebrauch von Mustern.

WAS FINDEN SIE SPANNEND AM KREATIVEN PROZESS?

Ich sehe mich als Überleitung zwischen Idee/Inhalt und Materialien. Doch diese Rolle ist fließend, ich bin bei meiner künstlerischen Tätigkeit recht flexibel. Die „Idee" steht am Anfang. Ich folge den Vorgaben durch Materialien und Methoden und stelle mich gleichzeitig künstlerischen Herausforderungen.

WELCHE GRAPHISCHEN INHALTE UND MUSTER SIND DIE QUELLEN IHRER FIGURATIVEN ARBEITEN?

So bin ich eben gestrickt: Totenköpfe, Mumien, seltsame Musik, Verrücktheiten, Popkultur, alte Spielsachen wegen ihrer Farben, Oberflächen und Einfachheit. Selbst die Klamotten, die ich anhabe … Man hat mir gesagt, ich sei schrullig. Das zeigt sich natürlich in meiner Arbeit.

Im Laufe unseres Lebens verändert sich unser Aussehen unweigerlich, wie man an unserer Haut sieht. Meine abgeschabten keramischen Oberflächen haben für mich dasselbe Potential zum Geschichtenerzählen wie unsere Haut. Muster auf der Oberfläche lassen die Grenze zwischen Kleidung und Haut verschwimmen.

WELCHE BRENNVERFAHREN WENDEN SIE AN?

Kegel 04 bis 02, Mehrfachbrand, Sinterengobe, Metalloxide (als Flussmittel), handelsübliche Unterglasurfarben/Glasuren, Terra sigillata usw.

Die Regeln im technischen Sinne zu durchbrechen ist ein wichtiger Aspekt meiner Arbeit. Ich interessiere mich für Prozesse und auch für Experimente und probiere ständig neue Ansätze aus, die sich manchmal auszahlen.

KIP O'KRONGLY

WIND FARM CHARGER (WINDPARK, PLATTE)

2014
8,3 x 12,7 x 12,7 cm
Irdenware mit Engoben, Unterglasurfarbe, selbst entworfene Schablonen und Terra sigillata, Einbrand bei Kegel 04 in oxidierender Atmosphäre
Foto des Künstlers

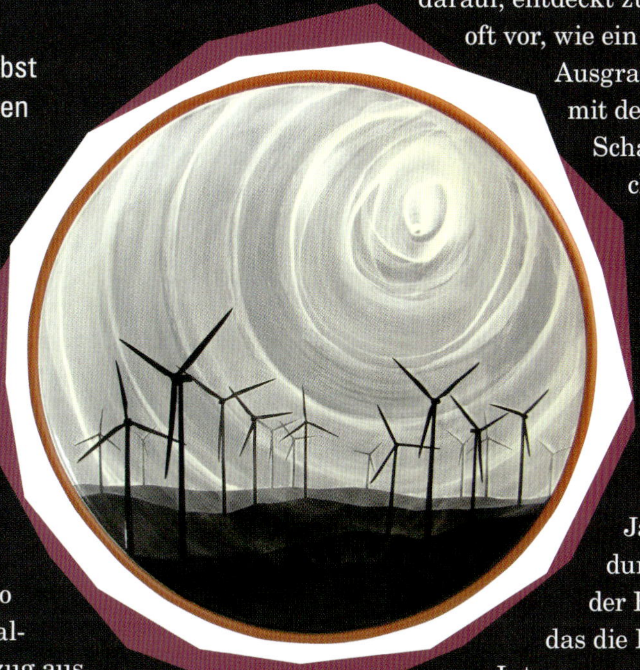

WAS HAT SIE DAZU GEBRACHT, MIT SCHABLONEN ALS AUSSPARMITTEL ZU ARBEITEN?

Anfangs habe ich alles so einfach wie möglich gehalten: roter Ton, ein Überzug aus weißer Engobe und Sgraffito-Techniken zur Oberflächengestaltung. Doch bald fiel mir auf, dass meine Arbeiten durch Abwechslung mit unterschiedlichen Linien und einem Eindruck von Tiefe viel gewannen. Dann sah ich Scherenschnitte von Béatrice Coron und Gefäße von Diana Fayt und erkannte das Potential ihrer Techniken für Ton. Die ersten Schablonen waren aus Kopierpapier, doch dann wurden sie komplexer und ich suchte nach etwas, das ich mehrmals benutzen konnte. Irgendwann zeigte mir ein Kollege in der Werkstatt eine dünne Plastiktischdecke aus dem Billigladen und das war der Anfang einer wunderbaren Beziehung. Das Klare und Plastische der Schablonen im Zusammenspiel mit der feineren Tintenstrichqualität der Sgraffito-Technik gefällt mir immer noch.

WELCHE AUGENBLICKE FINDEN SIE SPANNEND IM KREATIVEN PROZESS?

Wenn alle Schichten angetrocknet sind und ich die Schablonen abziehe, sodass das Bild hervortritt, das ich geschaffen habe. Bis zu diesem Zeitpunkt ist es unter der Engobe verborgen und wartet nur darauf, entdeckt zu werden. Ich stelle mir oft vor, wie ein Archäologe an seiner Ausgrabung arbeitet, wenn ich mit der Pinzette vorsichtig die Schablonen von der Oberfläche hebe.

WOHER KOMMT IHRE INSPIRATION?

Ich bin in Anchorage, Alaska, aufgewachsen, was einen großen Einfluss auf meine Arbeit hat. Als ich mit zehn Jahren die Zerstörung durch das Tankerunglück der Exxon Valdez sah, schuf das die Basis für mein aktuelles Interesse an den Schnittpunkten von Energie, Nahrung und Umwelt. Als ich Michael Pollans Buch *Das Omnivoren-Dilemma* las, bestärkte mich das in meiner Richtung. Nun finde ich überall Inspiration – in den Nachrichten, in Dokumentarfilmen, Büchern, Radiosendungen: Ideen sind überall.

WELCHE HINDERNISSE HABEN SIE BEI DER ARBEIT ALS KERAMIKER ERLEBT?

Mein größtes Problem ist die Zeit. Ich befasse mich gern mit den Details meiner Arbeit, aber oft versuche ich, ein Motiv zu vereinfachen, um bezahlbarere Keramik zu machen. Leider habe ich es noch nicht geschafft, den Tag ein paar Stunden zu verlängern, doch ich halte mir Zeiten ohne Abgabetermine frei, in denen ich einfach in der Werkstatt spielen kann.

FLÜSSIGE AUSSPARMITTEL

Mit Kaltwachs und Schellack lässt sich anders arbeiten als mit Papiermasken. Es handelt sich um zwei durchscheinende Materialien, die wasserabweisende Flächen auf gut lederhartem (fast knochentrockenem) Ton schaffen, wo man sie mit dem Pinsel oder einer Malspritze aufträgt.

KALTWACHS ALS AUSSPARMITTEL: Achten Sie darauf, möglichst kein Wachs auf die Finger zu bekommen. Eine Ränderscheibe ist hilfreich beim Auftragen. Unerwünschte Wachsflecken können schrecklich frustrierend sein und lassen sich erst beim Brennen beseitigen, wenn sie einmal auf der Oberfläche sind.

Was Sie für Kaltwachs oder Schellack als Aussparmittel brauchen:

- **Mit Engobe vorbehandelte lederharte Becher (in unserem Beispiel zwei Becher)**
- **AZ-Engobe, weiß und/oder in einer Farbe Ihrer Wahl**
- **Handelsübliche Unterglasurfarbe, etwas verwässert (optional)**
- **Auswahl an Pinseln zum Auftragen von Wachs und Schellack**
- **Malspritze (optional)**
- **Ränderscheibe**
- **Eimer mit Wasser**
- **Mehrzweckschwamm, 5 cm groß**
- **Kaltwachs**
- **Schellack**

1. Nehmen Sie mit dem Pinsel wenig Kaltwachs auf. Wenn Sie zu viel nehmen, kann das Wachs auf den Ton kleckern. Malen Sie damit auf dem Ton. In meinem Beispiel habe ich mit dem Wachs ein Schuppenmuster aufgemalt (Foto A).

2. Lassen Sie das Wachs vollkommen trocknen. Manche Wachse sind wasserlöslich und brauchen länger zum Aushärten.

3. Nun gießen Sie etwas Unterglasurfarbe in ein kleines Gefäß und geben eine Idee Wasser dazu.

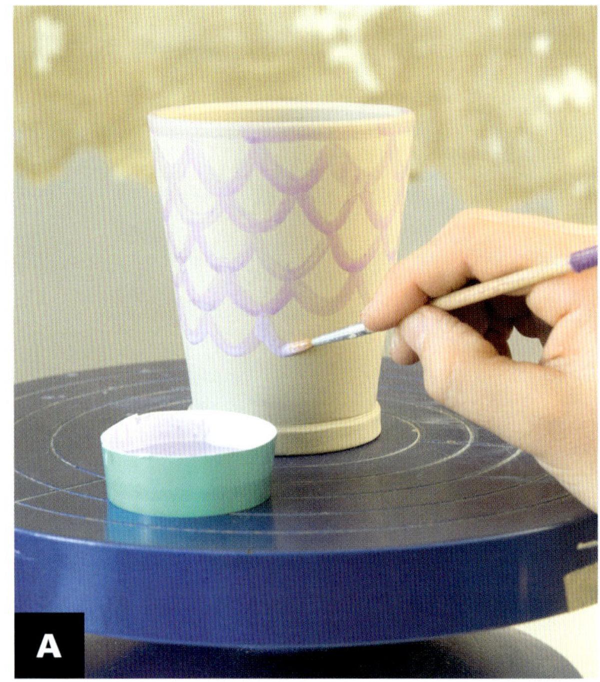

A

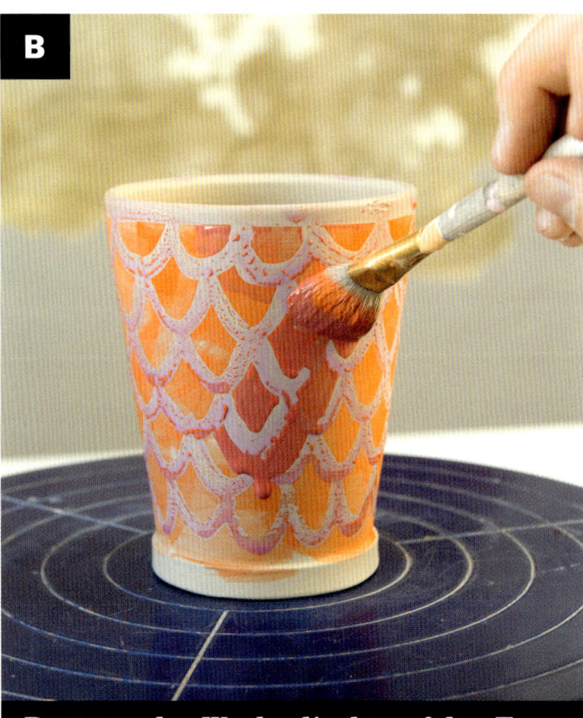

B

Dort, wo das Wachs direkt auf den Ton aufgetragen wurde, kann die rote und orangefarbene Unterglasurfarbe nicht auf dem Ton haften. Das Wachs brennt beim Schrühbrand aus und hinterlässt ein weißes Fischschuppenmuster.

So bekommen Sie einen Überzug aus Unterglasurfarbe, mit dem Sie über Ihre engobierte und mit Wachs bemalte Oberfläche streichen.

4. Bemalen Sie den Becher nach Belieben mit der verdünnten Unterglasurfarbe. Die Farbe perlt von den mit Kaltwachs bemalten Flächen ab (Foto B). Experimentieren Sie: Lassen Sie die Pinselstriche hervortreten oder machen Sie den Auftrag an manchen Stellen heller oder dunkler. Haben Sie keine Angst vor Spielereien und Spontaneität. Versuchen Sie auch, dieses Verfahren mit denen in Kapitel 2 zu kombinieren.

5. Lassen Sie die Arbeit vor dem Schrühbrand ganz trocknen. Das Wachs brennt aus, zurück bleibt das Muster in der Unterglasurfarbe.

Tipp: *Es gibt viele Wachsarten auf dem Markt und manche funktionieren besser als andere. Am besten testen und experimentieren Sie mit verschiedenen Marken. Ich verwende gerne eingefärbtes Wachs, das das Muster sichtbar macht. Die Farbe muss jedoch beim Brennen verschwinden.*

SCHELLACK ALS AUSSPARMITTEL: Auch hier arbeiten Sie auf einer Ränderscheibe, um unerwünschte Schellackflecken zu vermeiden. Nicht alle Schellacksorten sind gleich! Manche trocknen langsamer und brauchen andere Lösemittel. Lesen Sie daher bei jeder neuen Marke die Gebrauchsanweisung. Probieren Sie das Material immer auf Testfliesen aus.

1. Tragen Sie mit Unterglasurfarbe ein beliebiges Muster auf dem lederharten Ton auf.

2. Nehmen Sie etwas Schellack auf den Pinsel und malen Sie ein anderes Muster über die Unterglasurfarbe, z.B. große Punkte mit Tropfnasen wie hier.

3. Lassen Sie den Schellack vollständig trocknen.

4. Wischen Sie mit einem kleinen Allzweckschwamm und sauberem Wasser die Unterglasurfarbe und den Ton vorsichtig von den schellackfreien Flächen. Der Schellack ist wasserabweisend und schützt das leicht erhabene Muster.

5. Lassen Sie die Arbeit trocknen und schrühen Sie sie dann.

Tipp: *Ein Feuchtigkeitsschock kann sich unterschiedlich auf knochentrockenen Ton auswirken. Der Auftrag von flüssigen Aussparmitteln kann den Zustand von Rohware verändern und zu Rissen führen, vor allem, wenn Sie einen nassen Schwamm nehmen. Am besten wenden Sie diese Verfahren auf gut lederharten Stücken an. Sie können den Feuchtigkeitsgrad des Tons leicht prüfen. Drücken Sie ihn leicht an die Wange. Fühlt er sich kühl an, ist noch Flüssigkeit vorhanden. Ist er trocken und zimmerwarm, ist er zu trocken. Auch hier gilt: Immer testen!*

Vorsicht: *Beim Brennen von Kaltwachs und Schellack können unangenehme und gesundheitsgefährdende Dämpfe auftreten. Brennen Sie nur in einer gut belüfteten Werkstatt, am besten im Freien. Beim Elektrobrand lassen Sie den Deckel bis fast 315,6 °C etwa 2,5 cm offen, sodass Rauch und Abbrand entweichen können. Danach schließen Sie den Deckel komplett.*

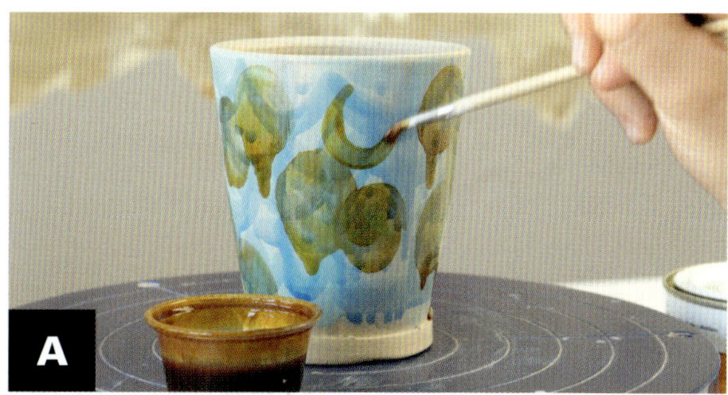

A

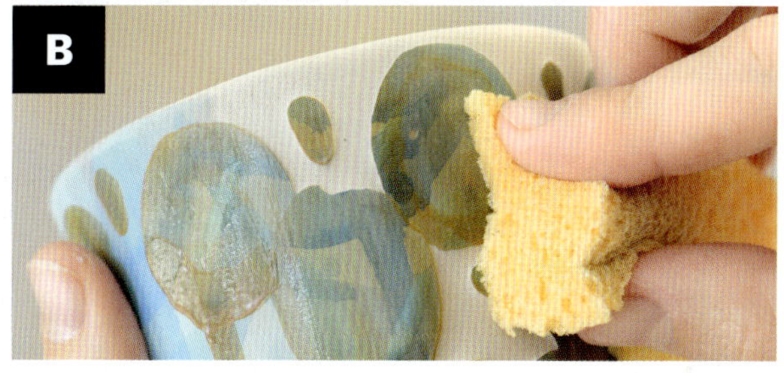

B

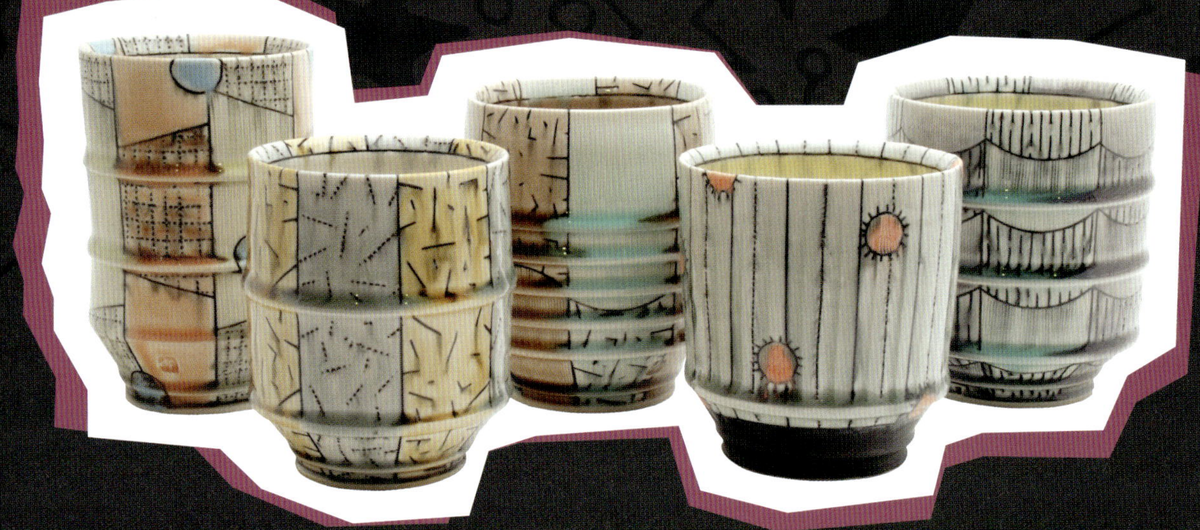

DOUGLAS PELTZMAN

ASSORTED YUNOMI (ALLERLEI YUNOMI)

2013
Glasiertes Porzellan mit eingelegter Engobe, Elektroofen bis Kegel 8
Foto des Künstlers

WIE VERWENDEN SIE DIE MISHIMA-TECHNIK IN IHRER OBERFLÄCHENGESTALTUNG?

Auf diese Möglichkeit bin ich durch Zufall gestoßen. Ich experimentierte viel mit Oberflächenmustern in einer Art Sgraffito-Technik. Dann begann ich, eine Auswaschtechnik anzuwenden. Ich trug Engobe auf, ließ sie lederhart antrocknen und malte dann mit Schellack Muster auf. Als ich das Stück mit dem Schwamm bearbeitete, wirkte der Schellack als Aussparmittel und die schellackfreien Flächen ließen sich wegwischen. Darunter kam das weiße Porzellan zum Vorschein und es entstanden tiefere (mit dem Schwamm bearbeitete) und erhabene (mit Schellack bestrichene) Flächen. Eines Tages ritzte ich mit der Töpfernadel Rillen in die Schellackflächen und füllte sie mit Engobe. Und das war der Anfang des Verfahrens, das inzwischen so wichtig in meiner Arbeit ist. Nun nehme ich Wachs auf allen Flächen, die ich weiter bearbeite. Ich lege die Wachsschicht auf den lederharten Ton auf und lasse sie trocknen. Dann male ich mit der Töpfernadel Linien hinein und fülle sie mit dem Pinsel mit schwarzer Engobe. Ich trage die Engobe recht großzügig auf, weil der Ton durch das Wachs geschützt ist, wenn ich die überschüssige Engobe wegwische. Dadurch bekomme ich klare saubere Linien und die Textur, die vor dem Mishima-Verfahren da war, bleibt erhalten.

WAS INSPIRIERT SIE BEI DER ENTSTEHUNG IHRER GEFÄSSE?

Historische Keramik, vom Negativraum des Griffes bei einem alten Gefäß aus der Jomon-Zeit bis zur kompositorischen Finesse einer Schale der Mimbres. Auch die modernere Keramik bietet reichhaltige Inspiration. So erinnern meine Geschirre an eine Staffordshire-Schale, in der meine Großmutter immer Pfefferminzplätzchen angerichtet hat, als ich ein Kind war.

WELCHE THEMEN UND MOTIVE ERKUNDEN SIE NORMALERWEISE?

Normalerweise verwende ich Linien, Punkte und Textur, um Struktur und Dreidimensionalität zu schaffen. Ich bevorzuge vertraute Formen, Linien und Symbole, die im Betrachter den Wunsch wecken, sie zu berühren. Ich liebe das Rhythmische von Wiederholung, Perfektionierung und erneutem Aufgreifen. Ich breche die Dinge auf das Wesentliche herunter (Linie) und nehme Bezug auf Dinge, die mich inspirieren, wie Regentropfen auf meiner Windschutzscheibe. Sie tauchen in abstrakter Form in einem Linienmotiv auf, das ich immer wieder verwende.

WELCHE ANDEREN KÜNSTLER INSPIRIEREN SIE?

Es gibt so viele gute Arbeiten! Jeff Oestrich, Lisa Orr, Michael Simon, Matt Metz, Marc Digeros, Ken Price, Marc Pharis, Julia Galloway und Chris Staley habe ich immer schon bewundert.

KEITH HERSHBERGER

TRICERATOPS PLATE (TRICERATOPS-TELLER)

2014
20,3 x 20,3 cm
Steinzeug mit Engoben, Holzbrand
Foto des Künstlers

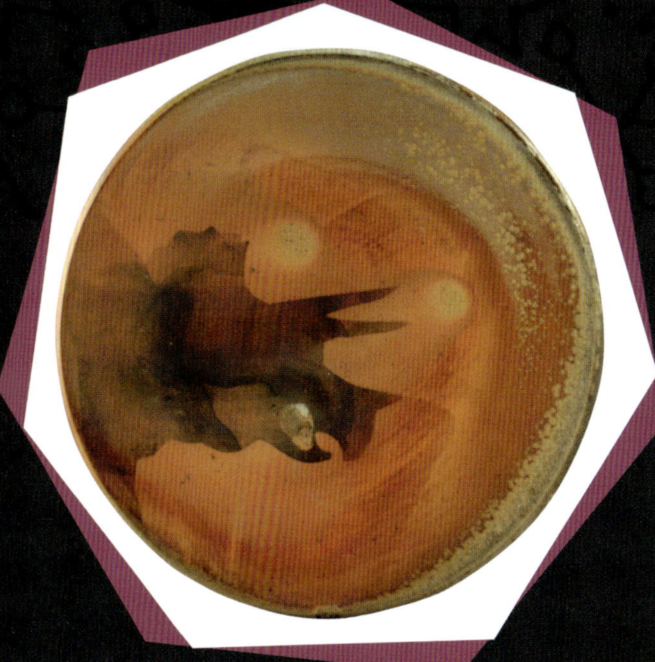

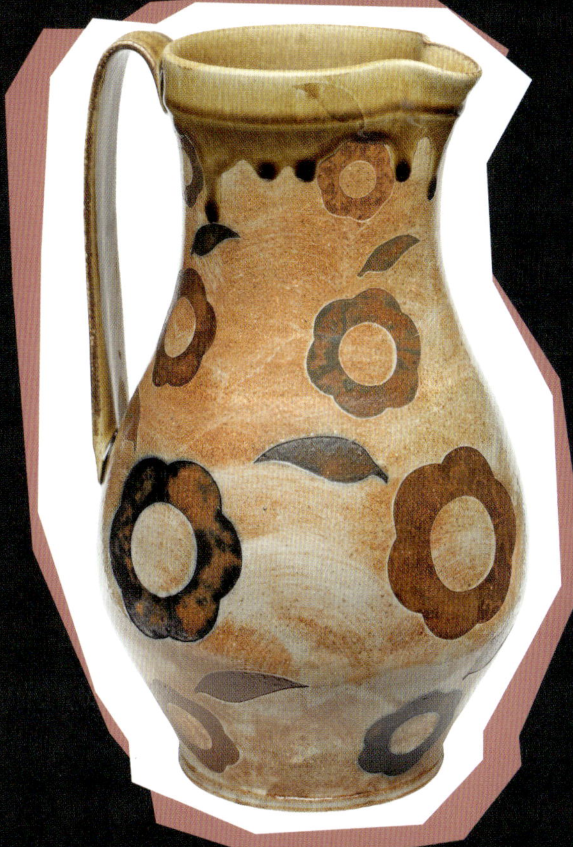

SANAM EMAMI

PITCHER (KRUG)

2014
25,4 x 15,2 x 15, 2 cm
Steinzeug, Engoben, siebgedruckte Abziehbilder, Schablonen
Foto: Peter Lee

SEAN O'CONNELL

DEMITASSE (MOKKATASSE)

2014
8,9 x 10,8 x 10,8 cm
Porzellan, Unterglasurfarbe, Glasur, Lüster, Oxidation bei Kegel 7
Foto des Künstlers

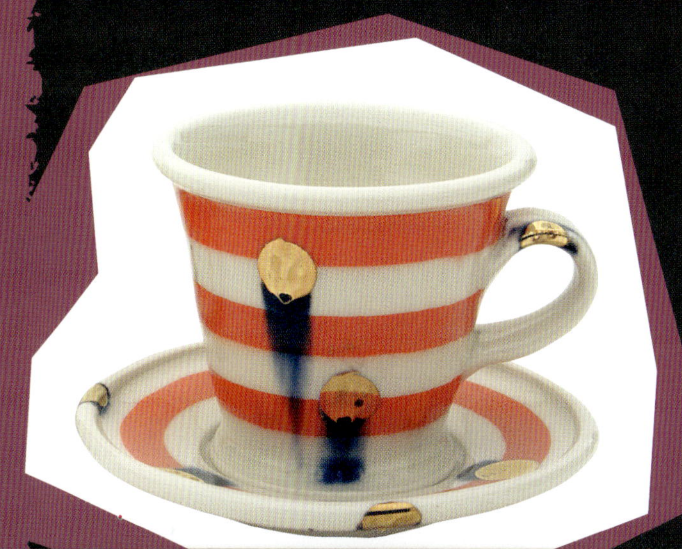

JIM GOTTUSO

BLUEGREEN VASE (BLAUGRÜNE VASE)

2013
20,3 x 14,6 cm
Geätzte Porzellanvase, Ton, Glasur, Terra sigillata
Foto des Künstlers

WAS HAT SIE INSPIRIERT, MIT SCHABLONEN ALS AUSSPARMITTEL ZU ARBEITEN?

Die Bilder auf meinen Arbeiten sollten nicht wie aus Holz geschnitzt, sondern so fließend aussehen wie mit einem Pinsel gemalt. Wachse und Paraffin erwiesen sich auf knochentrockenem Ton als zu klumpig. An den Arbeiten von Arne Åse erkannte ich, dass er ein Aussparmittel entdeckt hat, das besser für filigrane Ränder geeignet war als alle Wachse. Er hat ein Buch über chemische Salze geschrieben (die er mit Schellack als Aussparmittel kombinierte). Es ist vergriffen, aber in einer Bücherei habe ich ein Exemplar gefunden. Tief im Text vergraben war die geheime (jedenfalls für mich) Zutat … Schellack.

WAS NEHMEN SIE ALS AUSSPARMITTEL?

Ich nehme Schellack. Von den Dämpfen der Sorte aus der Farbenabteilung des Eisenwarenladens wurde mir übel. Das war ein echtes Problem, bis ich herausfand, dass ich Schellackflocken (für die Holzbehandlung) mit reinem Spiritus versetzen konnte. Das war die Lösung!

An der Luft wird der Schellack dickflüssiger, daher verdünne ich ihn während des Auftragens einfach mit etwas Spiritus, doch die Konsistenz ermittelt man letztendlich durch Versuch und Irrtum. Der Schellack sollte dünn genug sein, um in den getrockneten Ton einzusickern, aber dick genug, um dem Abrieb standzuhalten, der entsteht, wenn man mit einem nassen Schwamm darüberreibt. Dabei kommt ein klein wenig Tonbrei auf den Schwamm, der wie Sandpapier wirkt und das Aussparmittel abtragen kann.

WIE BRENNEN SIE?

Ich brenne im Oxidationsbrand in einem Elektroofen bis Kegel 6.

WELCHE ANDEREN KERAMIKER UND GRAPHIKER INSPIRIEREN SIE?

Wie ich schon sagte, mag ich die Arbeiten von Arne Åse. Und dann finde ich alte asiatische und Maya-Keramik ganz toll, aber auch die Arbeiten von Tony Laverick, Lucie Rie, Rudy Autio und neuerdings von Jeff Campana. Aber was den gestalterischen Aspekt angeht, so standen mir Maler eigentlich immer näher. Ich liebe Matta. Ich mag de Kooning, Cy Twombly, Mark Tobey und viele andere.

GIBT ES HINDERNISSE, DIE IHNEN ALS KERAMIKER IM WEG STEHEN?

Meine wesentlichen Hindernisse sind Alter, Geld (oder eher Mangel an Geld) und die Tatsache, dass ich scheinbar nicht in der Lage bin, immer wieder dasselbe zu machen. Ich habe mit der Töpferei erst angefangen, als ich sechsundvierzig war, und es ist nicht einfach, in diesem Alter eine körperlich anstrengende Arbeit zu machen. Und das Geld? Nun, ich kann nur versuchen, weiterhin die besten Gefäße zu machen, die ich machen kann. Ich überwinde meine Unfähigkeit, immer wieder dasselbe zu machen, einfach dadurch, dass ich nicht immer wieder dasselbe mache. Aber manchmal muss man eben einfach weitermachen. In meinem Fall heißt das: weiter schellacken.

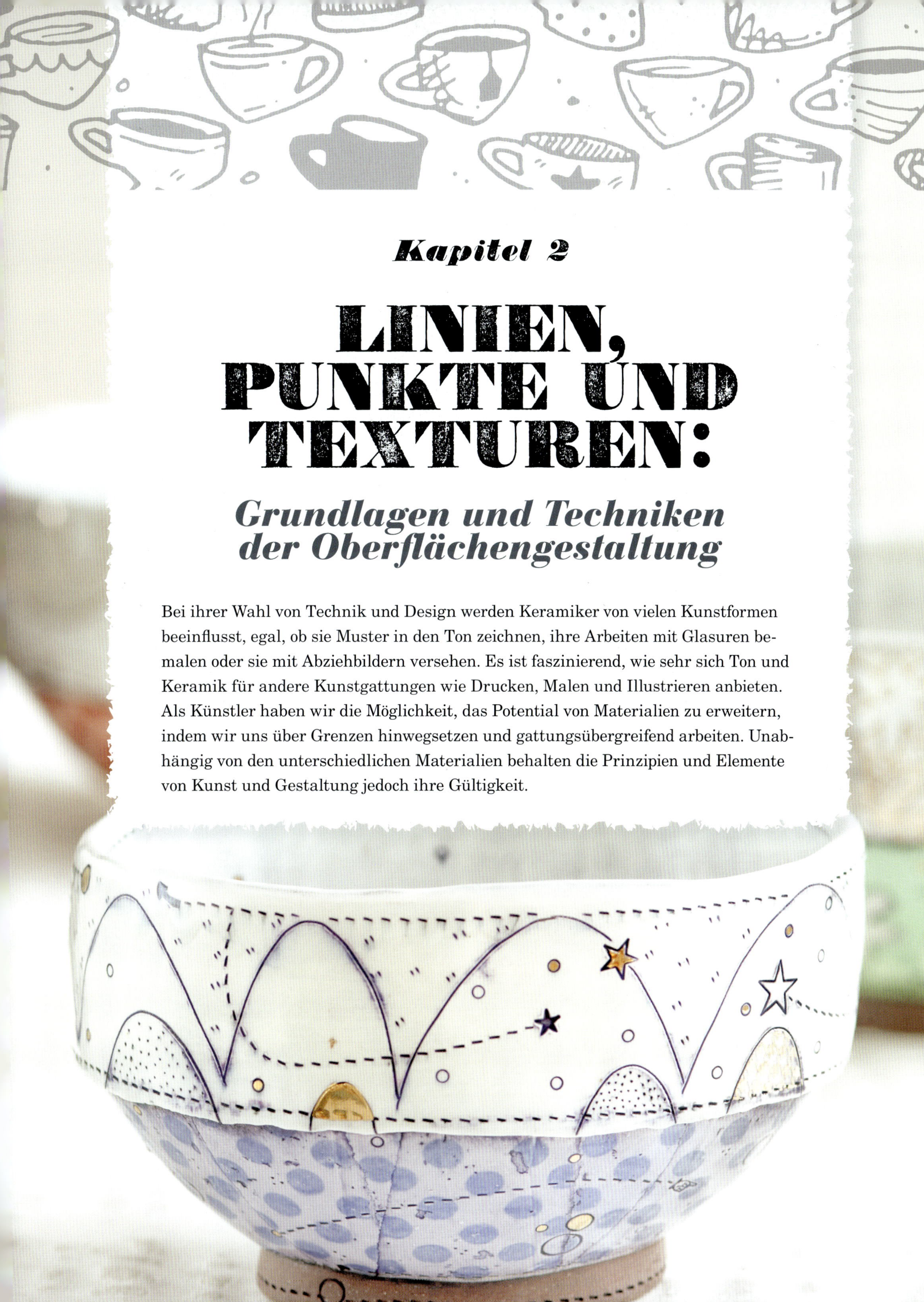

Kapitel 2

LINIEN, PUNKTE UND TEXTUREN:

Grundlagen und Techniken der Oberflächengestaltung

Bei ihrer Wahl von Technik und Design werden Keramiker von vielen Kunstformen beeinflusst, egal, ob sie Muster in den Ton zeichnen, ihre Arbeiten mit Glasuren bemalen oder sie mit Abziehbildern versehen. Es ist faszinierend, wie sehr sich Ton und Keramik für andere Kunstgattungen wie Drucken, Malen und Illustrieren anbieten. Als Künstler haben wir die Möglichkeit, das Potential von Materialien zu erweitern, indem wir uns über Grenzen hinwegsetzen und gattungsübergreifend arbeiten. Unabhängig von den unterschiedlichen Materialien behalten die Prinzipien und Elemente von Kunst und Gestaltung jedoch ihre Gültigkeit.

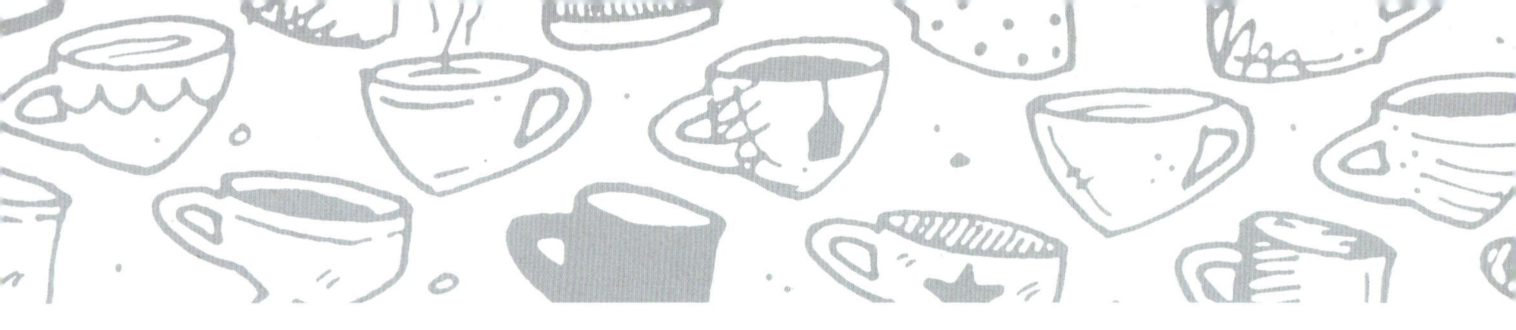

GESTALTERISCHE GRUNDELEMENTE

Diese Elemente sind die Zutaten, aus denen Künstler ästhetisch ansprechende Arbeiten schaffen.

LINIE: Eine Spur, die sich durch den Raum bewegt (Abb. A). Charakteristische Merkmale sind Breite, Länge, Richtung, Fokus und Wirkung. Künstler arbeiten z.B. mit folgenden Linienarten:

- **Kontur-/Umrisslinien** – umschreiben die äußere Form und die Ränder von Mustern und Bildern.
- **Binnenlinien** – zeigen die Struktur innerhalb eines Umrisses auf.
- **Implizite Linien** – sind nicht tatsächlich vorhanden, der Betrachter stellt sie sich aber vor.
- **Gestische Linien** – lebhafte Linien, die den Eindruck von Bewegung vermitteln.

FARBE (FARBTON, HELLIGKEIT, SÄTTIGUNG): Diese Attribute beziehen sich auf die drei Primärfarben, Blau, Rot und Gelb. Schwarz und Weiß gehören auch dazu (Abb. B und C).

FLÄCHE/FORM: Fläche ist normalerweise zweidimensional mit Länge und Breite, aber ohne Tiefe. Eine Form besteht im Raum. Sie ist dreidimensional und hat neben Länge und Breite auch Tiefe (Abb. E).

TEXTUR: Bezieht sich auf die visuelle oder taktile Beschaffenheit einer Oberfläche (Abb. F).

- **Reale Texturen** – erscheinen bei dreidimensionaler Kunst und sind fühlbar.
- **Implizite Texturen** – zweidimensionale Darstellung von rauen, glatten oder anders gearteten Oberflächen.

RAUM: Bezeichnet den Bereich um ein dreidimensionales Objekt, wie den negativen Raum, inneren Raum oder Raum/Entfernung zwischen mehreren Objekten. Bei zweidimensionalen Bildern meint Raum die Anordnung von Objekten in der Bildebene (Abb. G).

PERSPEKTIVE: Darstellung eines Raumvolumens oder eines dreidimensionalen Gegenstandes in einer zweidimensionalen Bildebene.

- **Überlappung** – wenn ein Objekt vor einem anderen steht, erscheint es näher.
- **Größenvariation** – größere Objekte erscheinen näher am Betrachter als kleinere.

A

Unterschiedliche Möglichkeiten, wie Linien auf einem Becher erscheinen können.

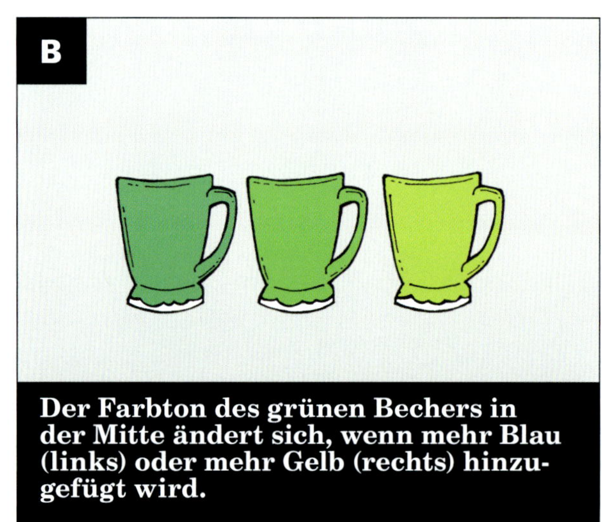

B

Der Farbton des grünen Bechers in der Mitte ändert sich, wenn mehr Blau (links) oder mehr Gelb (rechts) hinzugefügt wird.

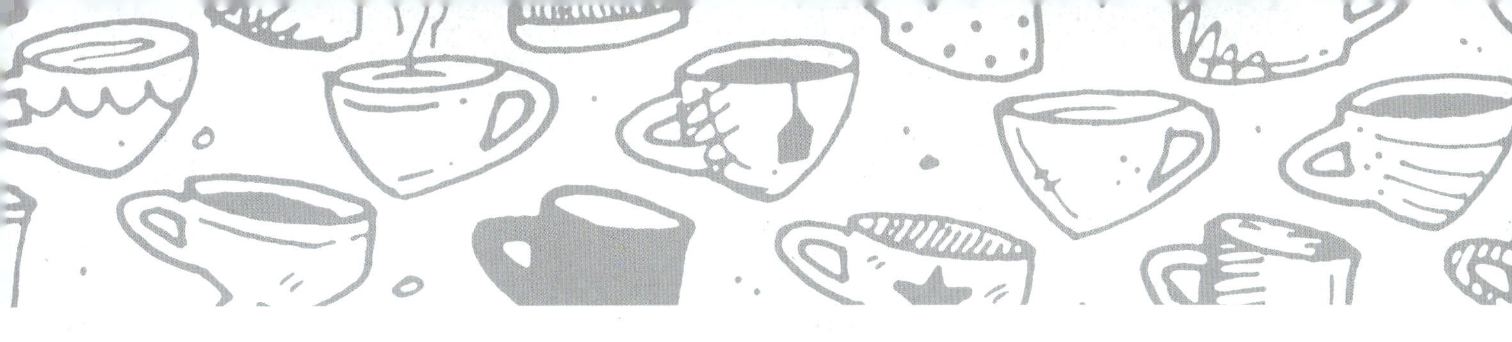

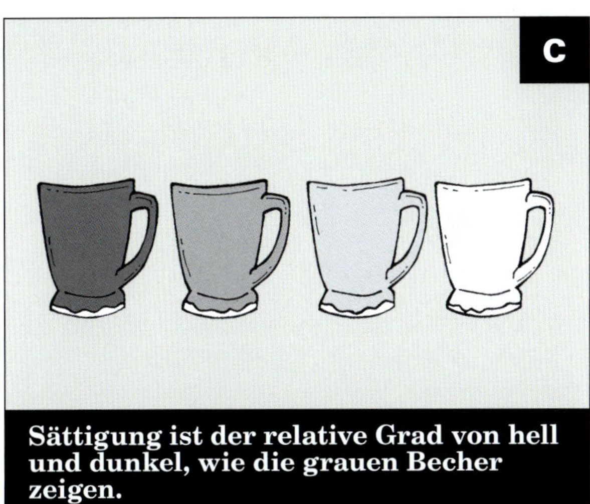

Sättigung ist der relative Grad von hell und dunkel, wie die grauen Becher zeigen.

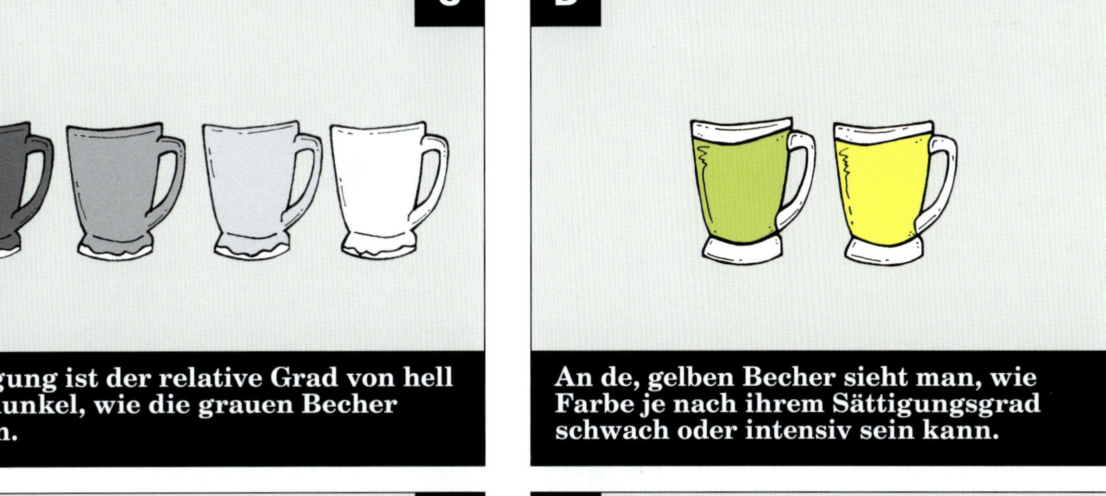

An de, gelben Becher sieht man, wie Farbe je nach ihrem Sättigungsgrad schwach oder intensiv sein kann.

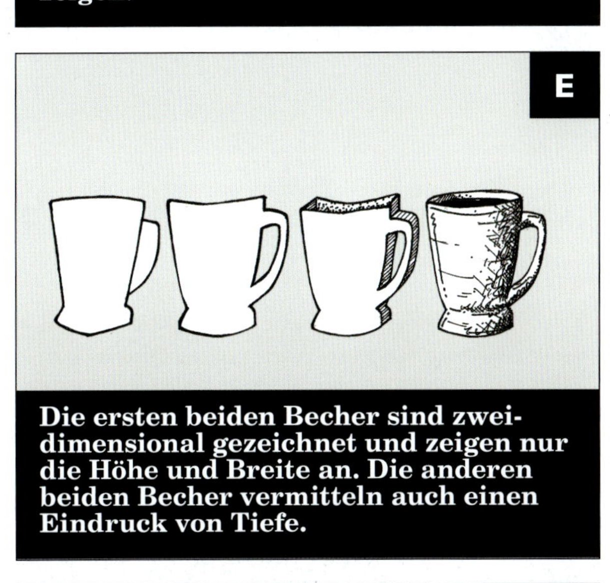

Die ersten beiden Becher sind zweidimensional gezeichnet und zeigen nur die Höhe und Breite an. Die anderen beiden Becher vermitteln auch einen Eindruck von Tiefe.

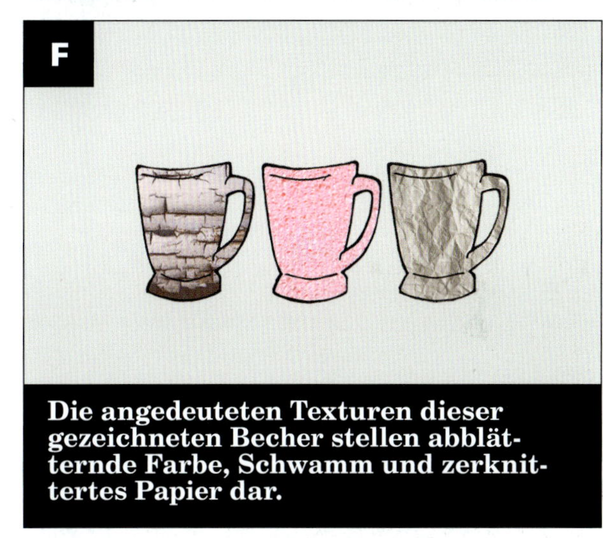

Die angedeuteten Texturen dieser gezeichneten Becher stellen abblätternde Farbe, Schwamm und zerknittertes Papier dar.

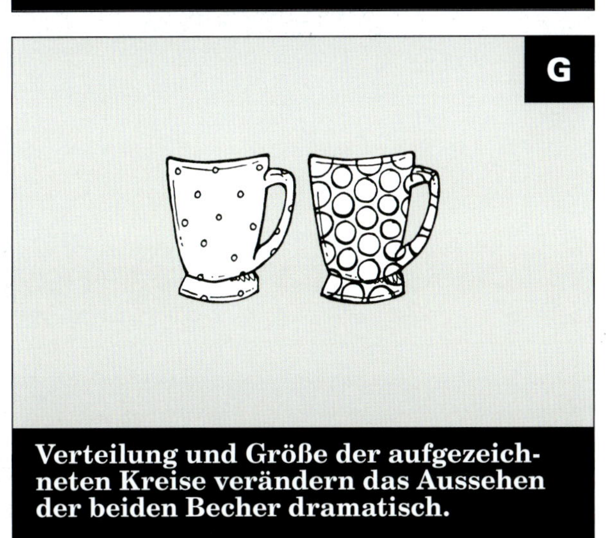

Verteilung und Größe der aufgezeichneten Kreise verändern das Aussehen der beiden Becher dramatisch.

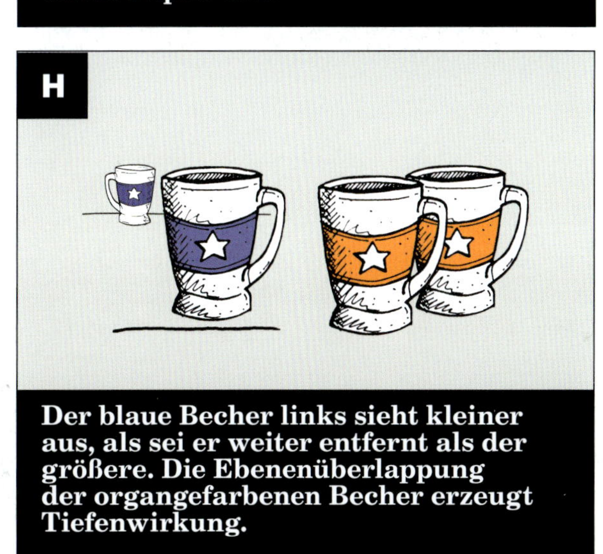

Der blaue Becher links sieht kleiner aus, als sei er weiter entfernt als der größere. Die Ebenenüberlappung der organgefarbenen Becher erzeugt Tiefenwirkung.

A **B**

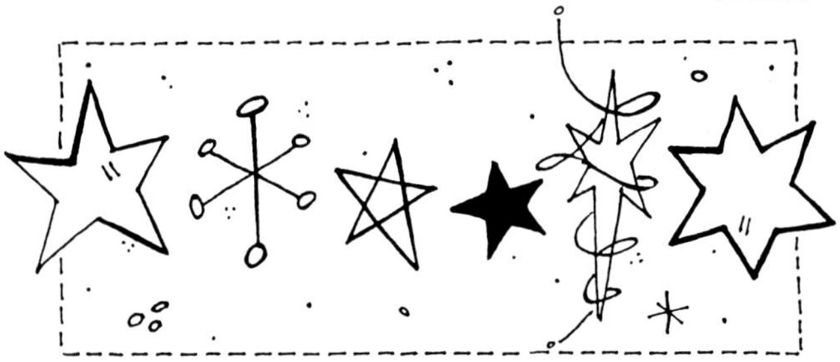

Das sich wiederholende Element (stilisierte Sterne) bleibt inhaltlich ähnlich.

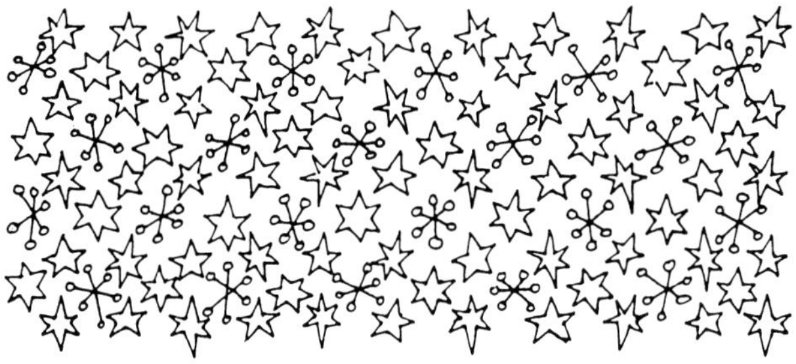

Aus vier stilisierten Sternformen wird hier ein sich wiederholendes Muster.

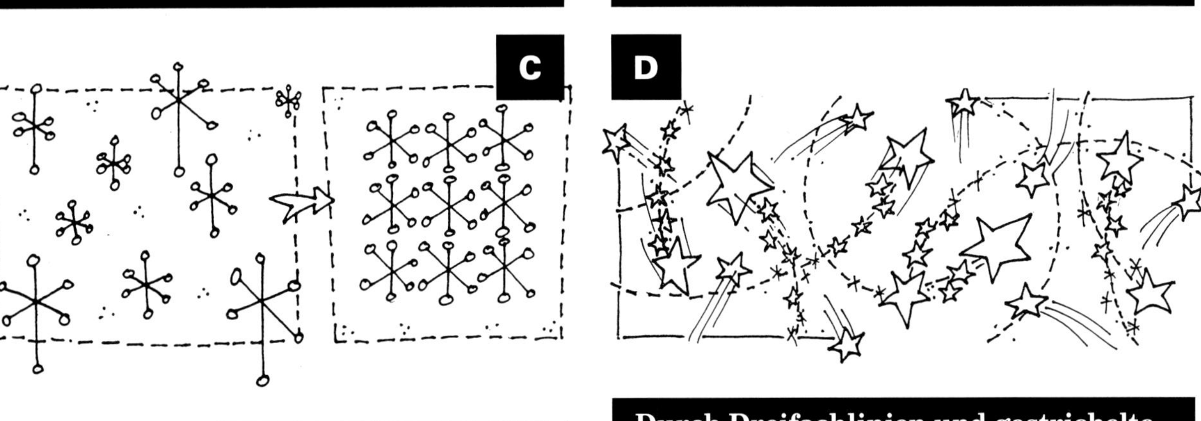

Hier sind die Sterne mal weiter voneinander entfernt und willkürlich verteilt, mal geordnet und nahe beieinander.

Durch Dreifachlinien und gestrichelte Linien (gestische Linien) scheinen die größeren Sterne in lebhafter Bewegung durch die Bildebene zu schießen.

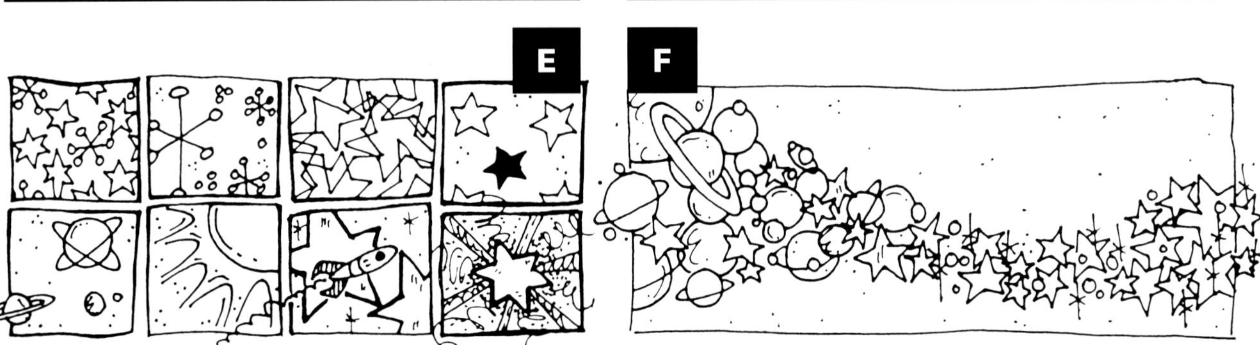

Die Bilder in diesen Kästchen zeigen die Kontinuität des Themas, Sterne und Raum. Obwohl jedes Bild anders ist, setzt sich die inhaltliche Ähnlichkeit fort.

Dieses Bild scheint über den Rahmen hinauszugehen. Der Blick des Betrachters folgt automatisch den sich wiederholenden Elementen von Planeten und Sternen von links nach rechts.

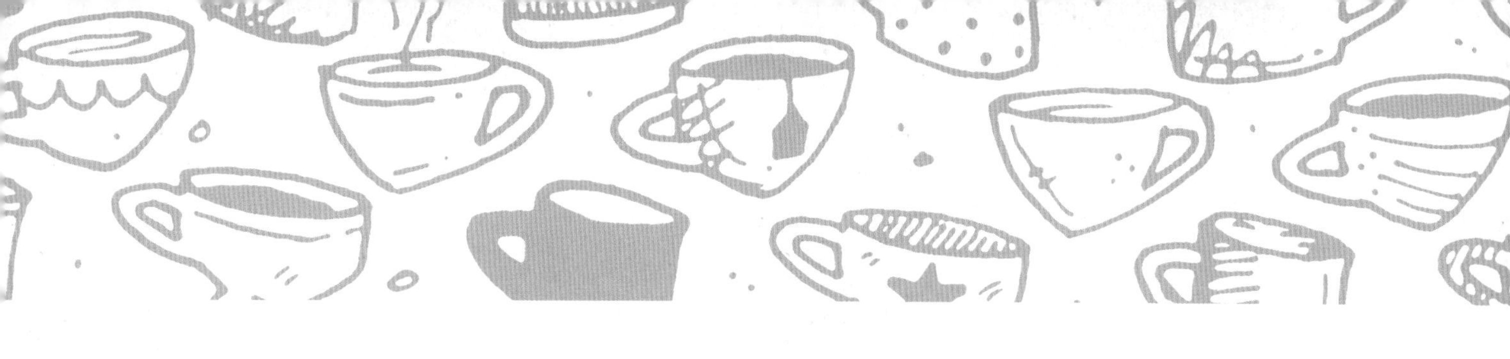

GESTALTERISCHE GRUNDSÄTZE

Die gestalterischen Grundelemente werden nach bestimmten gestalterischen Grundsätzen kombiniert, um ästhetisch ansprechende Werke zu schaffen. Wenn die Grundelemente die Zutaten sind, sind diese Grundsätze dieRezepte für gute Kunst.

EINHEIT/HARMONIE: Künstlerische Darstellungen enthalten unterschiedliche Arten von Einheit oder Harmonie.

- **Ähnlichkeit/Wiederholung** – die Fähigkeit, durch andere Elemente wiederholbar zu scheinen (Abb. A).
- **Muster/Wiederholung** – Die Wiederkehr eines gestalterischen Elements, gleich oder verändert, die einen visuellen Rhythmus erzeugt (Abb. B).
- **Nähe** – der Eindruck eines Abstands zwischen Elementen (Abb. C).
- **Rhythmus/Bewegung** – der Eindruck von Bewegung durch unterschiedliche Elemente (Abb. D).
- **Kontinuität/Fortsetzung** – der Eindruck, dass ein Muster oder eine Linie weitergeht (Abb. E & F).

GLEICHGEWICHT: Kann unterschiedlich dargestellt werden.

- **Symmetrisch** – beständig, förmlich, ruhig. Ein umgekehrt wiederholtes Muster wird zur Spiegelung (Abb. G).
- **Asymmetrisch** – weniger formell und dynamischer als symmetrisches Gleichgewicht (Abb. H).
- **Strahlenförmig** – Elemente strahlen von einem zentralen Punkt aus, der dadurch in den Fokus rückt (Abb. I).
- **Flächendeckend** – ein Muster aus sich wiederholenden Elementen mit gleicher Gewichtung, über das ganze Bild verteilt. Die Betonung ist gleichmäßig, daher kein klarer Fokus (Abb. J auf S. 34)

G

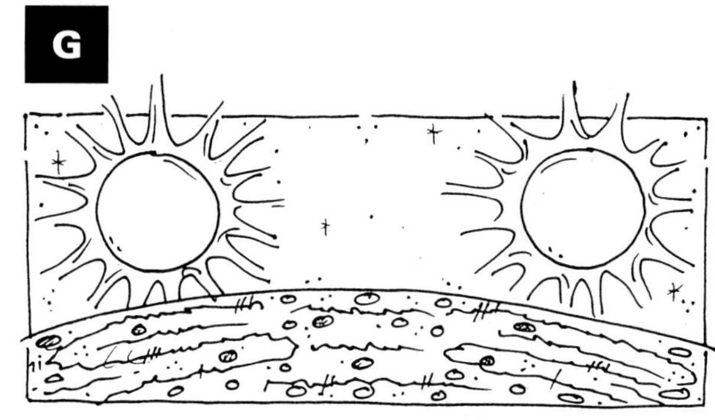

Auf diesem Planeten gehen zwei Sonnen symmetrisch unter. Die rechte und die linke Seite des Bildes sind im Gleichgewicht.

H

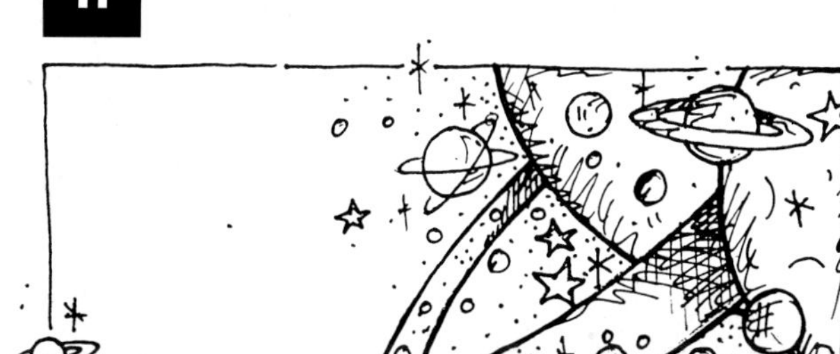

Das visuelle Gewicht der Sterne und großen Planeten überlagert den winzigen Planeten am linken Rand und schafft eine asymmetrisches Gleichgewicht.

I

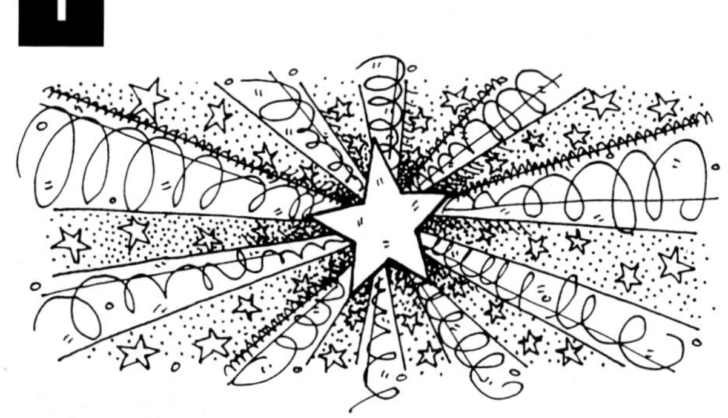

Die Elemente gehen strahlenförmig von der Bildmitte aus und betonen den Stern im Zentrum.

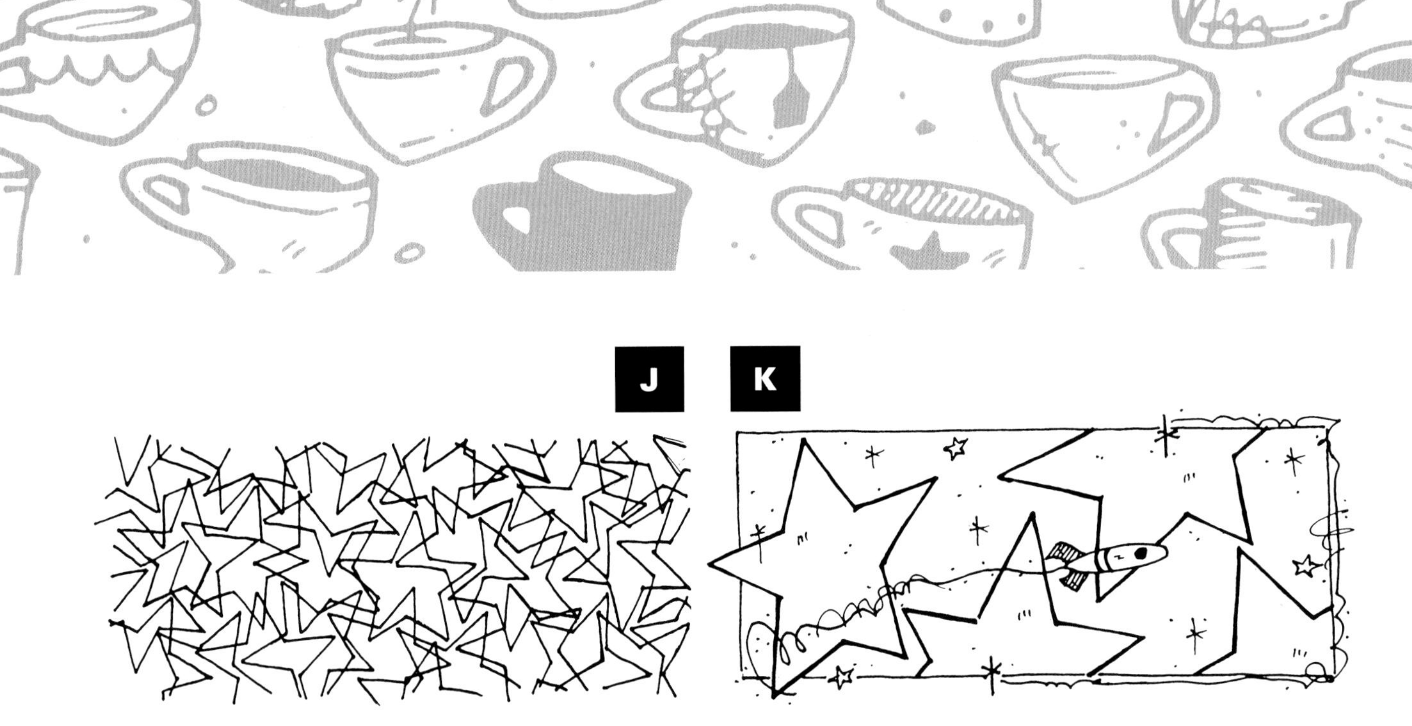

J

Die Sternform bleibt unverändert und ist gleichmäßig verteilt. Daher hat das Bild keinen Fokus.

K

Beachten Sie, wie dramatisch das von sehr großen Sternen umgebene kleine Raumschiff wirkt.

L

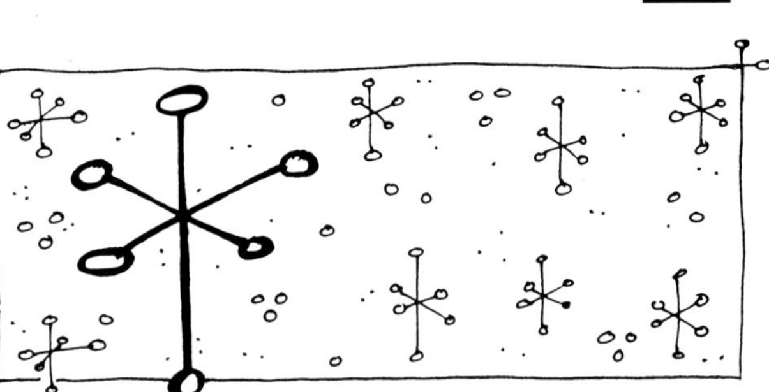

Der große Stern dominiert dieses Bild durch seine Größe.

M

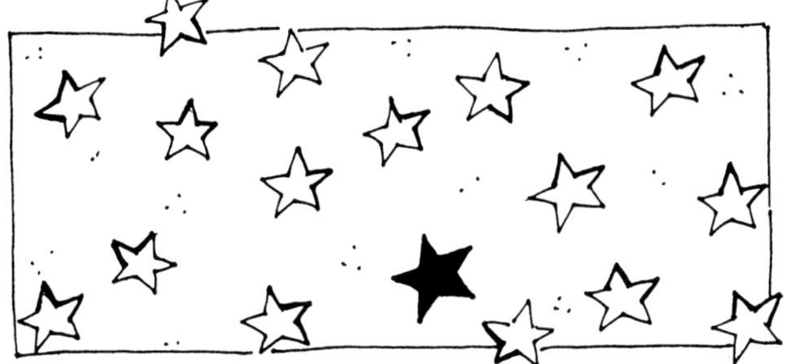

Die Veränderung der Farbsättigung betont diesen Stern.

Hierarchie – ein Muster, das den Blick des Betrachters von einem Element zum anderen, vom wichtigsten zum unwichtigsten leitet.

GRÖSSENVERHÄLTNIS/PROPORTION: Unterschiedliche Größen von Elementen können einen Fokus schaffen. Wenn diese Elemente „überlebensgroß" gestaltet sind, wird das Größenverhältnis verwendet, um Dramatik zu erzeugen (Abb. K).

DOMINANZ/BETONUNG: Diese entstehen durch gegensätzliche Größen, Positionen, Farben, Stile oder Formen. Der fokale Punkt sollte die Komposition der Elemente dominieren, ohne dabei das Ganze zu opfern (Abb. L & M).

ÄHNLICHKEIT UND KONTRAST: Konstanz und Ähnlichkeit von Gestaltungselementen sind wichtige Aspekte. Zu viel Ähnlichkeit kann jedoch langweilig sein. Kontraste sorgen für Spannung und Lebhaftigkeit. Das Ziel ist es, eine Balance zwischen beiden zu finden. Ein paar Beispiele:

Raum – gefüllt oder leer, nah oder weit (Abb. N).

Position – links oder rechts, isoliert oder in Gruppen (Abb. O), mittig oder am Rand (Abb. P).

Größe – groß oder klein, breit oder schmal (Abb. Q).

Farbe – hell oder dunkel.

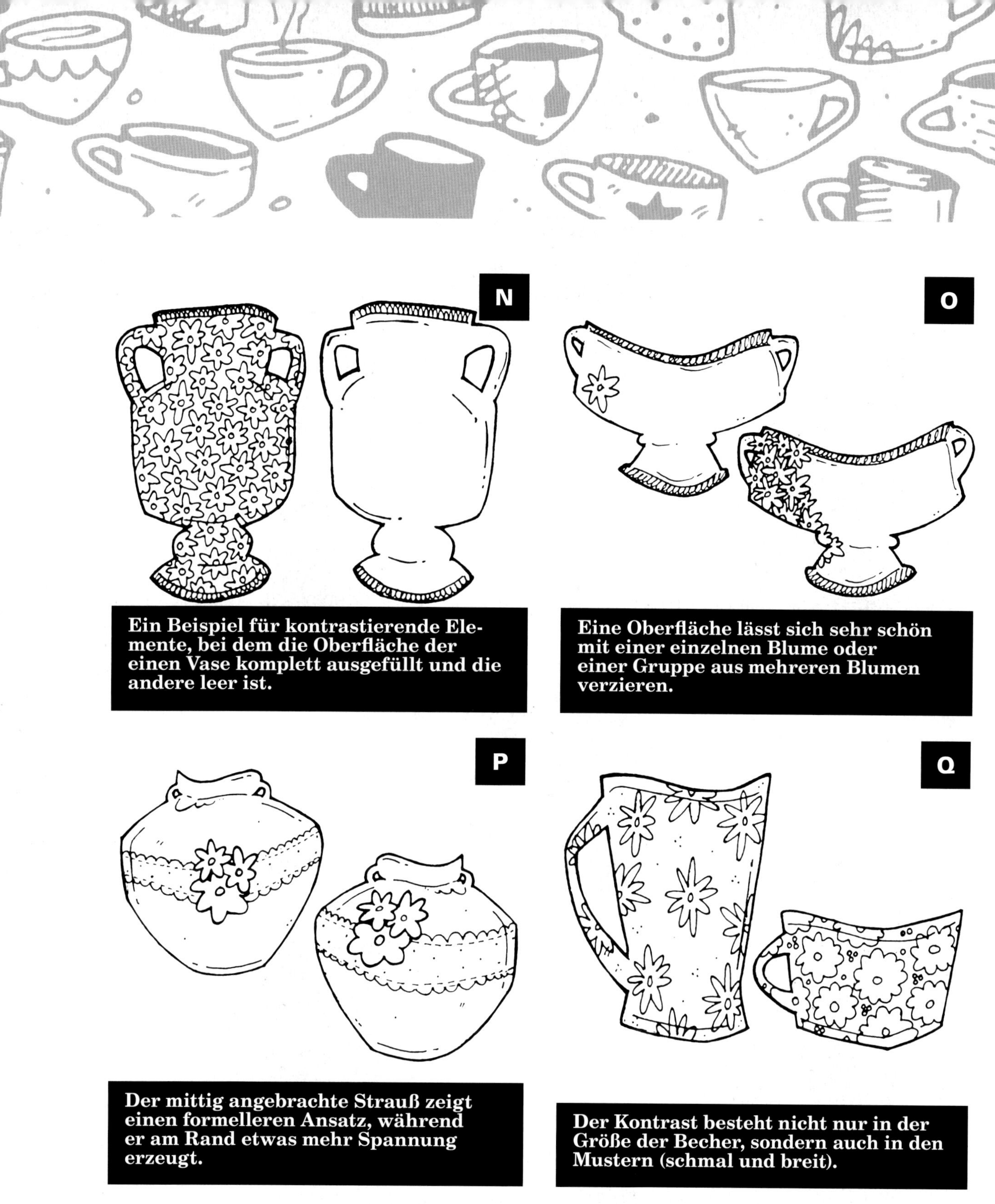

Ein Beispiel für kontrastierende Elemente, bei dem die Oberfläche der einen Vase komplett ausgefüllt und die andere leer ist.

Eine Oberfläche lässt sich sehr schön mit einer einzelnen Blume oder einer Gruppe aus mehreren Blumen verzieren.

Der mittig angebrachte Strauß zeigt einen formelleren Ansatz, während er am Rand etwas mehr Spannung erzeugt.

Der Kontrast besteht nicht nur in der Größe der Becher, sondern auch in den Mustern (schmal und breit).

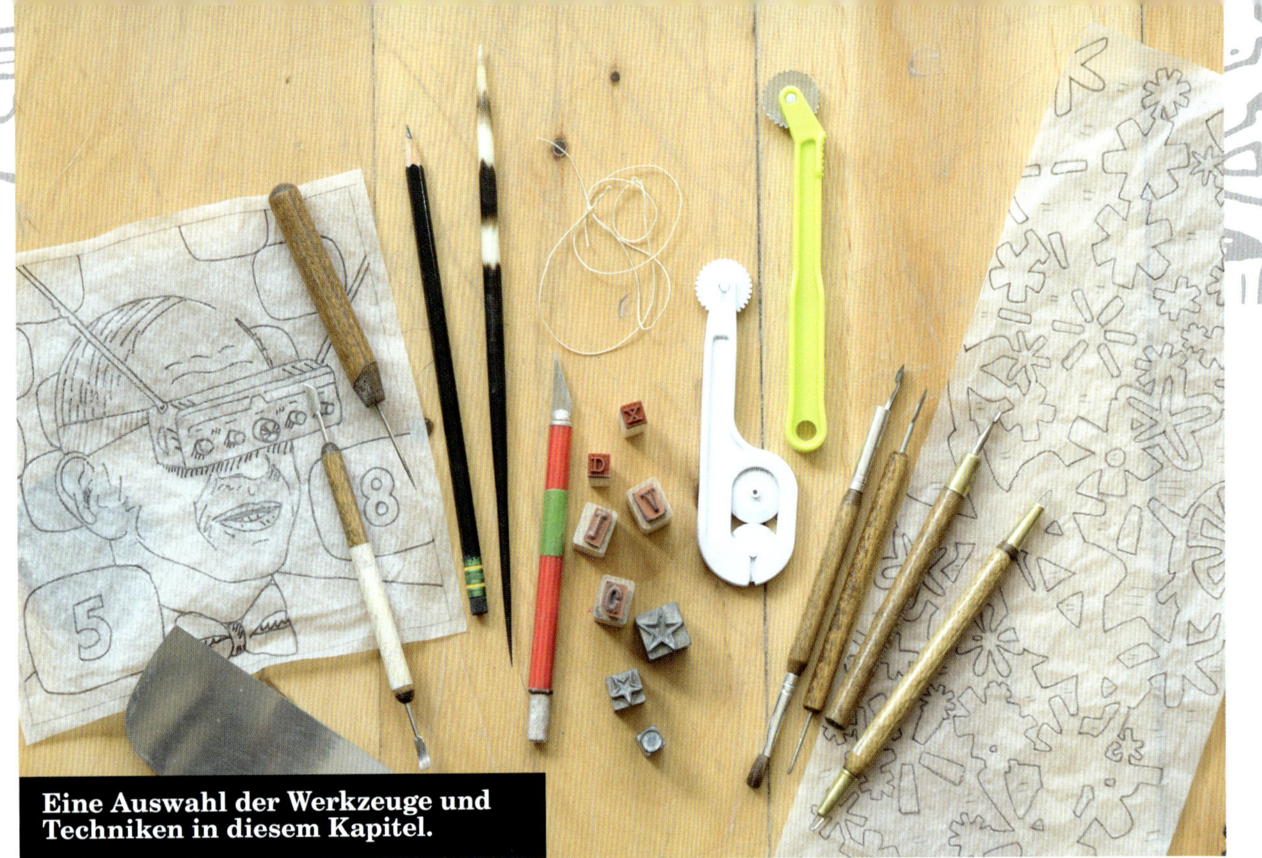

Eine Auswahl der Werkzeuge und Techniken in diesem Kapitel.

ZEICHNEN

Das Zeichnen ist eine elementare Methode, um Arbeiten aus Ton mit Papier und Stift und anderen Materialien zu verzieren. Aus digitalen Zeichungen am Computer und ähnlichen Geräten kann man Abziehbilder für glasierte Oberflächen anfertigen (siehe Kapitel 4). Sie können alles benutzen, das eine sichtbare Spur hinterlässt: Kreide, Marker, Tuschpinsel, Farbstifte. Zu Zeichnungen zählen Kritzeleien, Comics, figurative Zeichnungen, Entwürfe, Skizzen und vieles mehr. Außerdem bieten sich unterschiedliche Techniken an, um Textur anzulegen, z.B. durch Punktieren (Schattierungen und Tonwertänderungen durch kleine Punkte erzeugen) und Schraffieren (eng beieinander liegende Parallelen).

Auf diesen Seiten stelle ich Ihnen viele beliebte Methoden der Oberflächengestaltung in der Keramik vor. Die meisten beginnen mit irgendeiner Art von Idee auf Papier. Bevor ich direkt auf lederharten Ton zeichne, finde ich es hilfreich, Skizzen zu haben und mir die Elemente der Kunst und gestalterische Prinzipien klarzumachen. Üben Sie, Muster und Bilder auf Pappteller, auf Pappbecher und in Skizzenbücher zu malen, bevor Sie sich Ihre Oberflächen vornehmen. Üben Sie! Dreidimensionale Oberflächen sind schwieriger als flache. Es ist wichtig, die Harmonie zwischen Form und Oberfläche zu verstehen und eine gute Komposition aufzubauen.

SGRAFFITO-TECHNIK

Der italienische Begriff sgraffito stammt aus dem 18. Jahrhundert. Er bezeichnet eine Dekorationsmethode, bei der der Künstler in eine Engobenschicht ritzt und dabei die darunterliegende Schicht in einer Kontrastfarbe freilegt. Mit einer Reihe von Werkzeugen wie Modellierschlingen mit feiner, spitz zulaufender oder rund oder eckig geformter Schlinge oder einem Skalpell kann man unterschiedliche Resultate erzielen.

Eine Reihe von Keramikern, die weiter hinten im Kapitel einige Fragen beantworten, wenden die Sgraffito-Technik an. Ihre Art, sie einzusetzen, ist jedoch ebenso individuell wie die Wahl des Tons, der Werkzeuge und des Brennverfahrens. So bemalt Kathy King (S. 38) die Oberflächen ihrer Stücke aus cremefarbenem Porzellan im mittleren Brennbereich mit weißer, schwarzer und manchmal bunter Unterglasurfarbe, während Shoko Teruyama (S. 40) ihre Terracotta-Stücke mit weißer Engobe überzieht. Der Unterschied zwischen ihren Arbeiten resultiert aus ihren Linien, Punkten und Texturen. Bei Kathy haben sie eine Ähnlichkeit mit Tätowierungen und Holzschnitten.

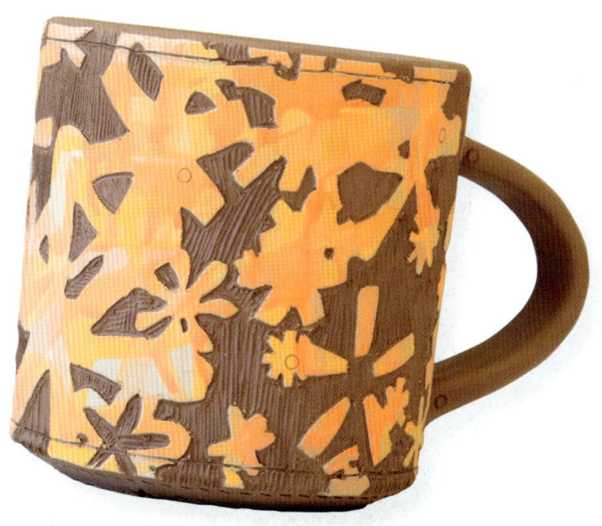

Bei Shoko überwiegen die zeichnerischen und bildhaften Elemente, sie wirken wie mit Stift auf Papier gezeichnet. Die Spitze eines Skalpells und einer feinen Modellierschlinge hinterlassen sehr unterschiedliche Spuren.

Das Foto oben zeigt einen gut lederharten, mit Engobe und Unterglasurfarben überzogenen Becher mit Sgraffito-Technik, nachdem der Künstler negativen Raum entfernt hat. Der gut lederharte Zustand ist ideal für diese Technik, weil das Objekt sich nicht verformt, wenn man damit hantiert. Gleichzeitig ist der Ton noch halb feucht, was für saubere Rillen sorgt und verhindert, dass Tonkrümel hängenbleiben.

Info: *Weder lederharter noch gut lederharter Ton sind verformbar, doch gut lederharter Ton ist ein bisschen trockener und härter. Er ist jedoch nicht knochentrocken.*

Für die Sgraffito-Technik benötigen Sie:

- **Tonobjekt, gut lederhart (z.B. einen Becher)**
- **Modellierschlinge mit feiner Spitze oder Skalpell (oder jedes andere Werkzeug, das durch die Oberfläche der Engobe oder der Unterglasurfarbe ritzt oder schneidet)**
- **Abpauspapier (optional)**
- **Bleistift und Permanentmarker mit extrafeiner Mine**

1. Bei einem lederharten Gegenstand aus Ton haben Sie drei Möglichkeiten:

A. Freihändig Motive oder Bilder ritzen.

B. Muster oder Bild mit einem Bleistift leicht auf Engobe oder Unterglasurfarbe zeichnen.

C. Fertig gezeichnete Muster auf Pauspapier auf Ihr Tonobjekt legen. Die Linien mit leichtem Druck nachzeichnen oder mit Nadelstichen markieren (Foto A).

2. Nehmen Sie die Vorlage ab und entfernen Sie Negativ- oder Positivraum mit einer feinen Modellierschlinge oder einem Skalpell (Foto B).

3. Zum Schluss fegen Sie Tonkrümel mit einem weichen Pinsel von der Oberfläche.

Die Sgraffito-Technik kann allein oder in Verbindung mit vielen anderen Techniken verwendet werden, z.B. mit Siebdrucken und Schiebebildern.

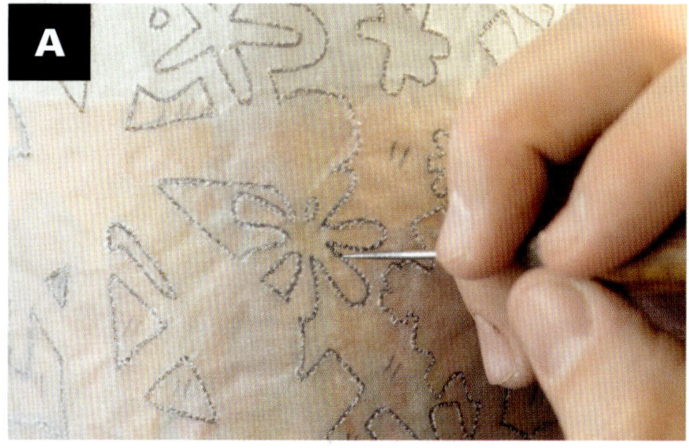
A

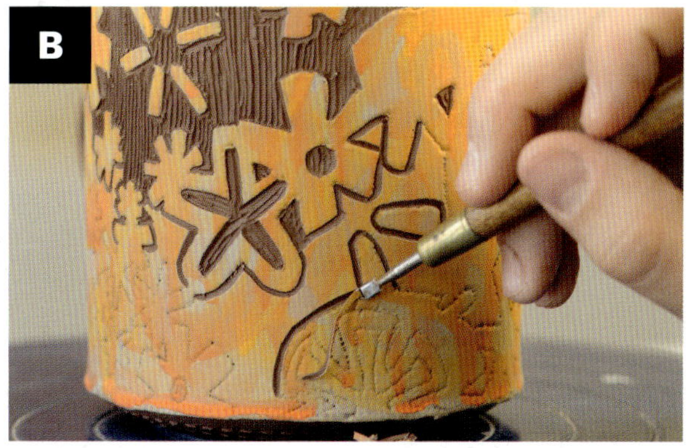
B

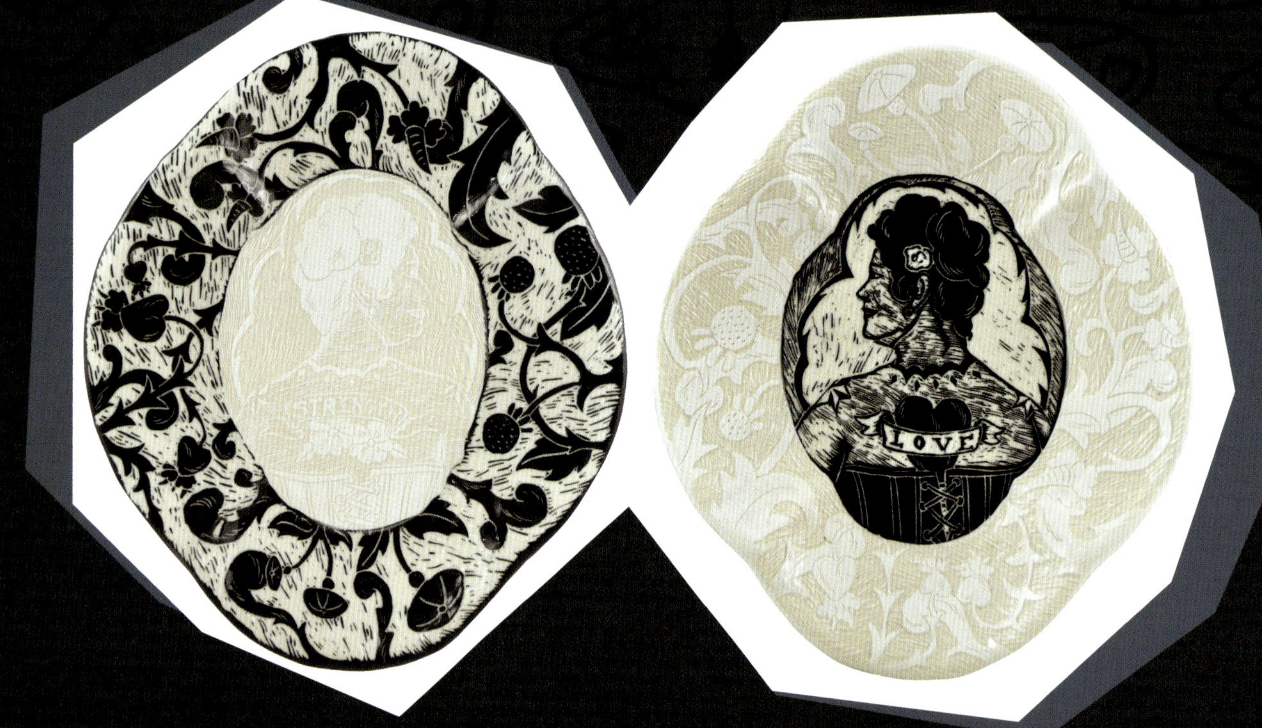

KATHY KING

STRENGTH AND LOVE (STÄRKE UND LIEBE)

2012
35,5 x 30,5 x 5 cm
Porzellan, mittlerer Brennbereich, geritzt, glasiert
Foto der Künstlerin

WAS HAT SIE INSPIRIERT, DIE SGRAFFITO-TECHNIK IN IHRER ARBEIT EINZUSETZEN?

Während meines Studiums hatte ich gar nicht vor, Bilder in meinen Arbeiten zu verwenden. Doch ich hatte das große Glück, mit George Bowes zu arbeiten, und er forderte mich auf, die Interpretation meiner Arbeit infrage zu stellen und Comicbilder und Relieftechniken wie Holz- und Linolschnitt in Betracht zu ziehen. In die Engobe zu ritzen und das Porzellan darunter freizulegen, ist eine reduzierende Zeichentechnik, die mir ideale graphische Gestaltungsmöglichkeiten eröffnete. Außerdem gelangte ich dadurch in die Welt der narrativen Motive und Geschichten, die ich allein durch die Form nicht erreicht hätte.

WELCHE THEMEN UND MOTIVE ERKUNDEN SIE NORMALERWEISE?

Beziehungen (die Suche nach Liebe), Sexualität, Geschlechtszugehörigkeit, eigentlich der Versuch, ein guter Mensch zu sein. Das sind die Motive, die am deutlichsten in meiner Arbeit vorkommen. Gelegentlich sind es autobiografische Anspielungen, manchmal weniger persönliche Themen, bei denen ich objektiver sein kann.

WELCHE GEGENSTÄNDE SIND INSPIRATIONSQUELLEN FÜR IHRE GEFÄSSE?

Ich beziehe mich auf historische Keramik und natürlich auf die Geschichte selbst. Ich versuche, die Komposition von Bildern und Mustern auf historischen Formen zu erkunden. Etwas über die Zeit und die Kultur zu erforschen, in der ein Gefäß entstanden ist, ist ebenfalls sehr inspirierend.

WELCHE KERAMIKER UND GRAPHIKER INSPIRIEREN SIE?

Den größen Einfluss haben sicherlich Mark Burns, George Bowes und Matt Nolen. Jeder von ihnen greift Geschichten in einer ganz besonderen Form auf, sei es durch Gefäße oder Skulpturen, und alle beschäftigen sich mit sozio-politischen Themen. Mir gefallen auch Julie Doucets unverblümte Darstellung des Frauenalltags, Lyndia Barrys Einsatz von Unschuld und Nostalgie, Charles Burns Spielereien mit Horrorcomics und Daniel Cowes beißenden Humor.

DAVID EICHELBERGER

BIRD (VOGEL)

2012
7,6 x 31,8 x 49,5 cm
Irdenware, Sgraffito-Technik
Foto des Künstlers

WAS HAT SIE INSPIRIERT, DIE SGRAFFITO-TECHNIK IN IHRER ARBEIT EINZUSETZEN?

Früher habe ich versucht, meine keramischen Arbeiten mit meinen Zeichnungen zu kombinieren. Dazu gehörten auch Siebdrucke mit verschiedenen keramischen Medien auf Wasserschiebefolie. Aber schließlich entdeckte ich, dass es meinem Zeichenstil am nächsten kam, wenn ich durch einen dünnen Farbauftrag ritzte. Was ich mit dem Pinsel malte, wirkte immer etwas linkisch, und keramische Zeichenmaterialien wie Unterglasurfarbstifte und -kreiden waren zu trocken und kreidig. Die Sgraffito-Technik gibt mir die Zeit für feine Linien, die ich bearbeiten kann, bis ich mit dem Ergebnis zufrieden bin.

WELCHE AUGENBLICKE IM KREATIVEN PROZESS FINDEN SIE SPANNEND?

Wenn ich entscheide, wo genau mein Bild am besten auf meine Arbeit passt. Es ist ein innerer Dialog, etwa so: „Hier?" „Nein." „Hier?" „Nein." „Hier?" „Vielleicht …" „Oder hier?" „Perfekt." Wenn ich diesen Dialog nicht höre, bemühe ich mich vielleicht zu sehr– oder nicht genug. Oder keins von beidem.

Und wenn ich das Bild fertig gereinigt habe und vor allem, wenn ich den Umriss gestalte. Eine kräftige Umrisslinie scheint ein Bild vom Untergrund zu lösen und lässt es schweben. Die Grenzen zwischen den Dimensionen verschwimmen.

WELCHE GEGENSTÄNDE SIND INSPIRATIONSQUELLEN FÜR IHRE GEFÄSSE?

Mein Skizzenblock ist der Ausgangspunkt für meine Arbeiten. Mit der Pinchtechnik baue ich oft gezeichnete Formen nach. Außerdem finde ich rostige Metallstücke, Glasflaschen, Muscheln, Knochen, Federn, kaputte Werkzeuge und jede Menge Kleinkram. Das ist gewissermaßen die Hintergrundmusik in meiner Werkstatt.

WELCHE BRENNPROZESSE VERWENDEN SIE?

Irdenware schrühe ich bis Kegel 04 in einem Elektroofen, glasiere sie eventuell (Sprühgerät oder Pinsel) und brenne sie erneut bis Kegel 4 im Elektroofen. Neuerdings brenne ich Irdenware zwischen Kegel 3 und 6, um eine dunkle gesinterte Keramik zu bekommen, die auch ohne Glasur alltagstauglich ist (jedenfalls außen).

SHOKO TERUYAMA

PANDA IN THE RAIN (PANDA IM REGEN)

2,5 x 20,3 x 20,3 cm
Kleiner Teller
Foto: Matt Kelleher

WAS HAT SIE INSPIRIERT, DIE SGRAFFITO-TECHNIK IN IHRER ARBEIT EINZUSETZEN?

Meine Sgraffito-Obsession hat mit meinen Skizzenbüchern zu tun. Bilder auf meinen Arbeiten habe ich meist geritzt oder mit Mishima-Technik hergestellt, doch ich wollte mehr Details und Linien, wie bei meinen Skizzen. Schließlich bin ich auf roten Ton mit weißer Engobe umgestiegen. Nun kann ich mit dem Skalpell feine Linien in die knochentrockene Engobe machen. Es gefällt mir, dass die Linien nach dem Glasieren rot, braun oder sogar schwarz aussehen.

WAS AM KREATIVEN PROZESS FINDEN SIE SPANNEND?

Ich schneide meine Formen aus dicken Tonbrocken heraus und finde es spannend, wenn die endgültige Form auftaucht, wie bei einer Kamera, wenn man den Fokus scharfstellt. Auch Begebenheiten, die mich zum Zeichnen reizen, finde ich spannend. Eines Morgens spielte vor meinem Fenster ein Vogel mit einem Hirsch. Er flog zwischen seinen Ohren hin und her und ich hatte die Idee von einem Dorf auf dem Kopf des Hirsches, mit dem Geweih als Straßen.

WELCHE THEMEN UND MOTIVE ERKUNDEN SIE NORMALERWEISE?

Ich brenne oxidierend bis Kegel 6 in einem Elektroofen.

GIBT ES HINDERNISSE FÜR SIE ALS KERAMIKERIN?

Ich glaube, es ist ziemlich schwierig, lange als Keramikkünstler durchzuhalten. Ich stelle mir die Zeit in fünfzehn, zwanzig Jahren vor und frage mich, wie ich jeden Tag wachsen soll. Ich will nicht immer dasselbe machen. Also versuche ich, ständig etwas Neues zu machen, eine neue Form, ein neues Muster, eine neue Geschichte, neue Glasurmischungen. So wird Alltag in der Werkstatt interessant.

RICHARD PETERSON

HOME SWEET HOME (TRAUTES HEIM)

Home Sweet Home (open) (Trautes Heim, offen)
2014
16,6 x 21,1 x 15,9 cm
Rote Irdenware, Engobe, Unterglasurfarbe, Monotypie aus aufgepinselter Engobe, freihändig aufgepinselte Engobe, Sgraffito-Technik, mit Engobe ausgemalt oder eingefärbt, stellenweise glasiert, Oxidationsbrand bei Kegel 4 im Gasofen.
Foto: Melissa Kreider

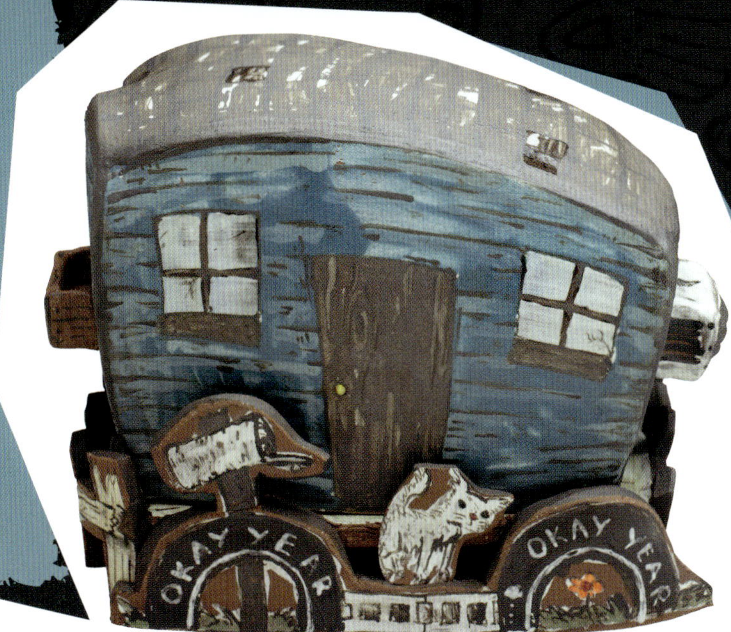

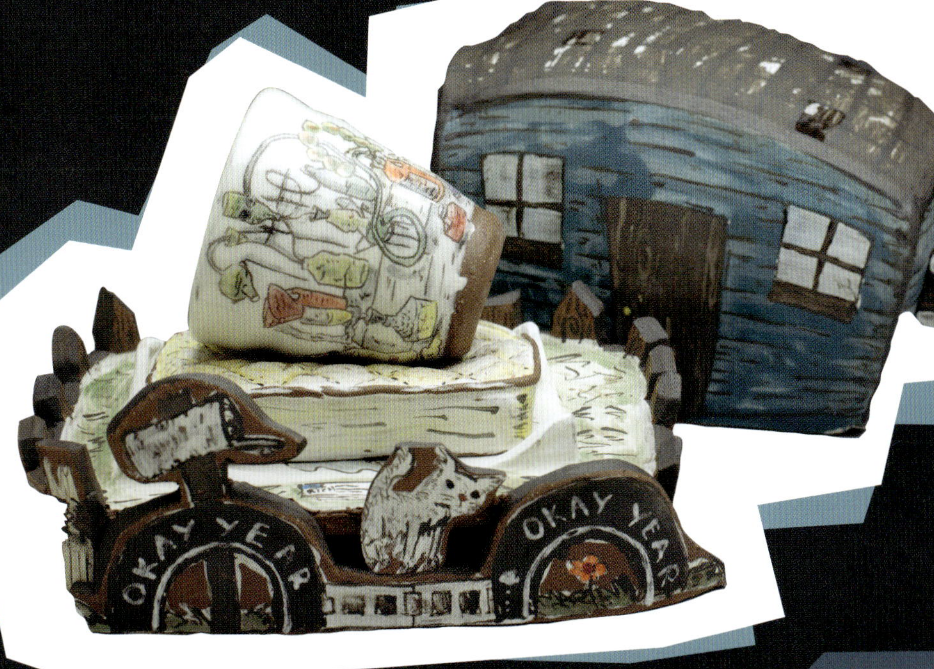

JESSICA BRANDL

THROUGH THE WINDOW (DURCHS FENSTER)

2014
28 x 20,3 x 3,8 cm
Terracotta, Engobe, Schlicker, Unterglasurfarbe, Glasur
Foto: E.G. Schempf

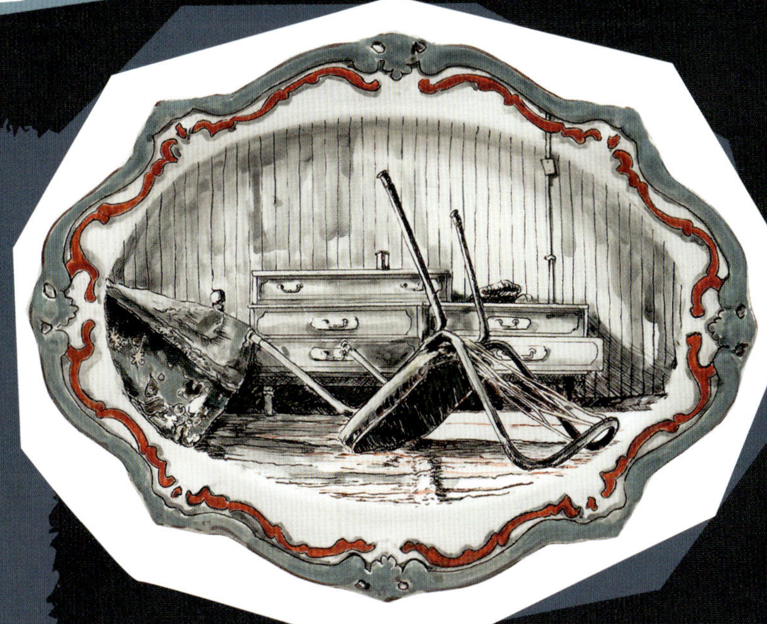

ADERO WILLARD

VINE BOX (DOSE MIT REBEN)

2012
25,4 x 26 x 30,5 cm
Rote Irdenware, Unterglasurfarben, Engoben, Glasur, Sgraffito-Technik, Wachsreservetechnik, Kegel 03 im Elektroofen
Foto des Künstlers

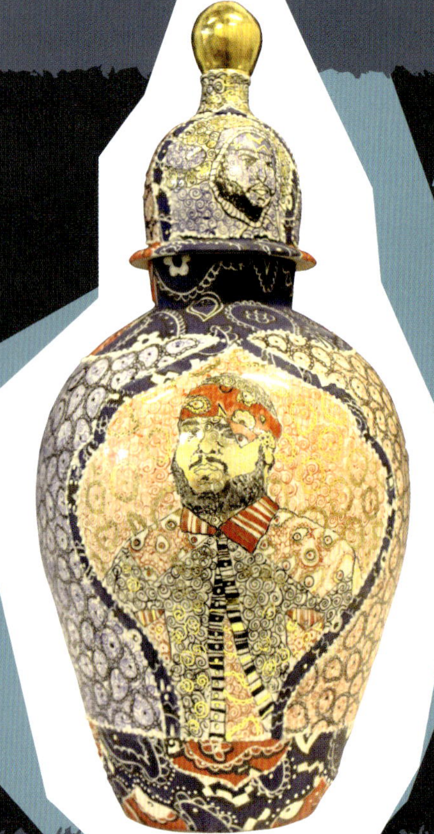

ROBERTO LUGO

BLOODS GINGER JAR (BLOODS INGWERTOPF)

2013
61 x 40,6 x 15,2 cm
Porzellan, Unterglasurfarbe, Porzellanfarbe, Reduktionsbrand bei Kegel 10
Foto des Künstlers

MARK ERROL

BEYOND BOUNDS (JENSEITS ALLER GRENZEN)

2011
21 x 22,9 x 22,9 cm
Porzellan, gedreht, Unterglasurfarben, Sgraffito-Technik, Oxidation bei Kegel 7
Foto: E.G. Schempf

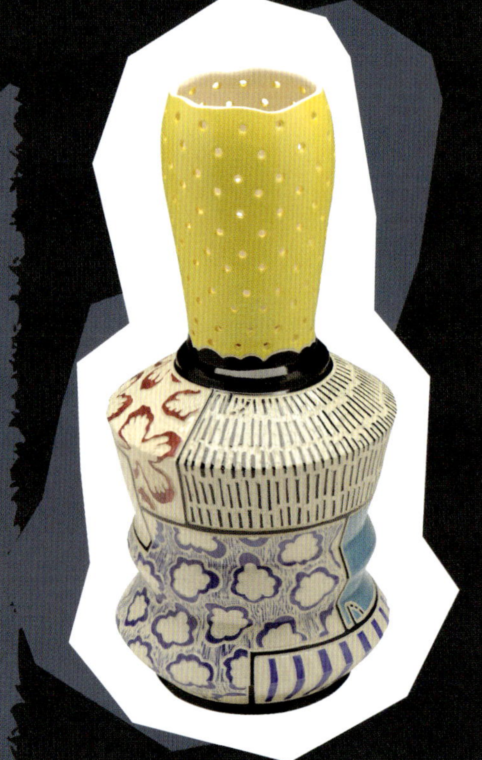

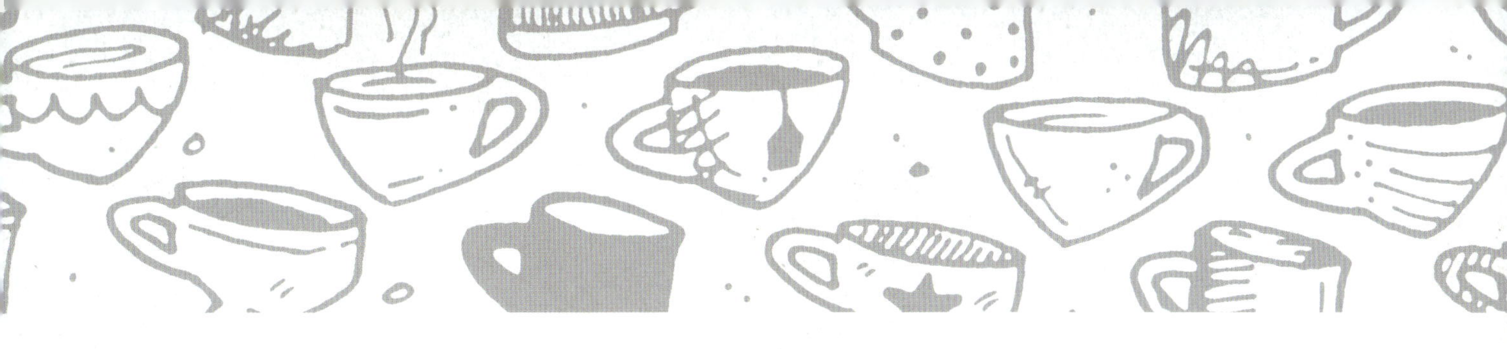

RITZEN

Ritzen bedeutet, mit einem Werkzeug mit fester Spitze – Bleistift, Kugelschreiber, Stock oder Nadel – eine Linie in den Ton zu schneiden. Mit dieser Technik arbeite ich besonders gern. Ich kann geritzte Linien mit anderen Dekortechniken kombinieren, einzelne Muster klar voneinander abgrenzen, einen Becherrand oder -griff herausarbeiten oder eine gestrichelte Linie zeichnen, die den Blick durch ein Gewirr aus Farben und Formen leitet. Manchmal reicht eine einzige geritzte Linie als Dekor für ein Gefäß.

Linien lassen nicht nur Bilder oder Muster entstehen, sondern helfen auch, Raum zu definieren und einen Farbwert zu untermauern. In Ton geritzte Linien fügen der Arbeit zudem ein taktiles Element hinzu. Zum Ritzen eignen sich spitze Bleistifte, Skalpelle, Gänsekiele, Operationsbestecke und andere Werkzeuge. Für feine Linien nehme ich am liebsten ein Skalpell, für breitere Rillen, in denen Farbkörper nach dem Schrühbrand gut haften, verwende ich ein Werkzeug mit einem trapezförmigem Spatel. Viele Keramikkünstler füllen ihre Rillen mit Engobe und Unterglasurfarbe, wenn der Ton noch lederart ist, sodass ein präzise gezeichnetes Muster entsteht, das bündig mit der restlichen Oberfläche abschließt. Dieses Verfahren nennt man Mishima-Technik (mehr dazu auf Seite 48).

GEZEICHNETE PASSERFEHLER: Der Eindruck von Passerfehlern kann eine Oberfläche bewegt und lebhaft erscheinen zu lassen. Am Beispiel des Bechers mit dem &-Zeichen (Foto A) möchte ich erklären, was ich damit meine: Mit dem trapezförmigen Spatel zeichne ich den Umriss des mit Engobe aufgemalten &-Symbols nach, halte dabei aber ein bis zwei Millimeter Abstand von der ursprünglichen Linie. Es macht nichts, wenn die geritzte Linie nicht perfekt ist, weil die Verschiebung Bewegung und Spannung suggeriert. Wenn sie eingefärbt ist, definiert sie den Raum, lässt ihn stärker hervortreten als andere Flächen und lenkt so den Blick es Betrachters auf sich.

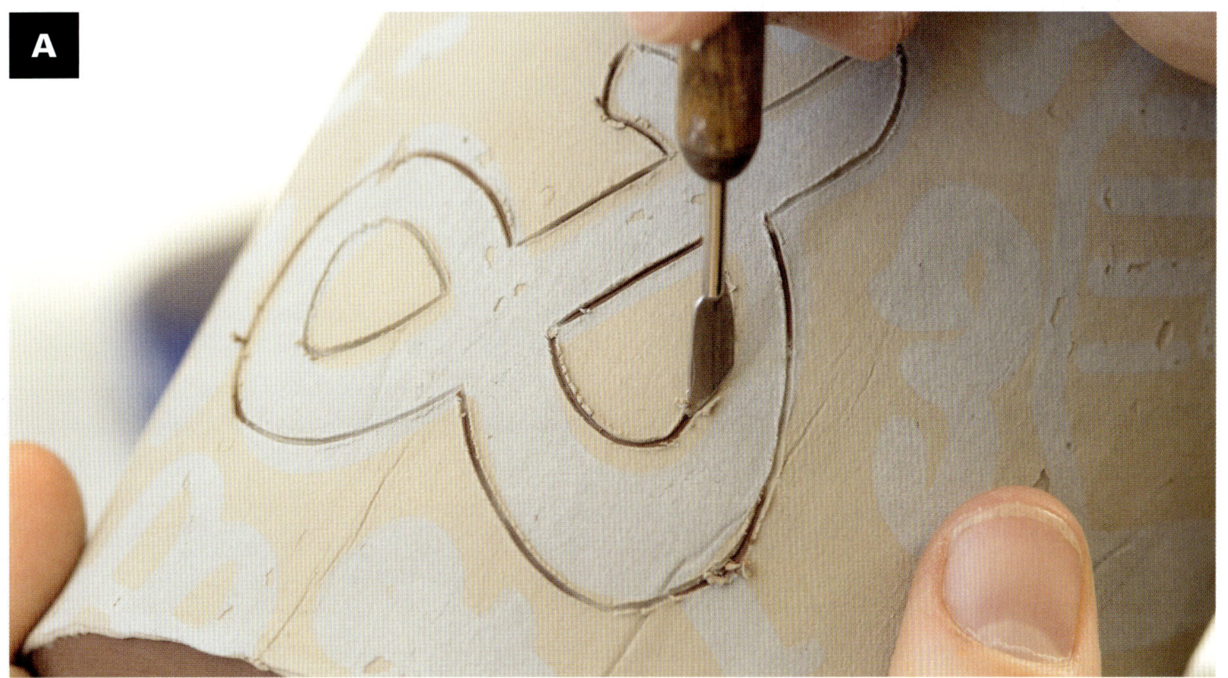

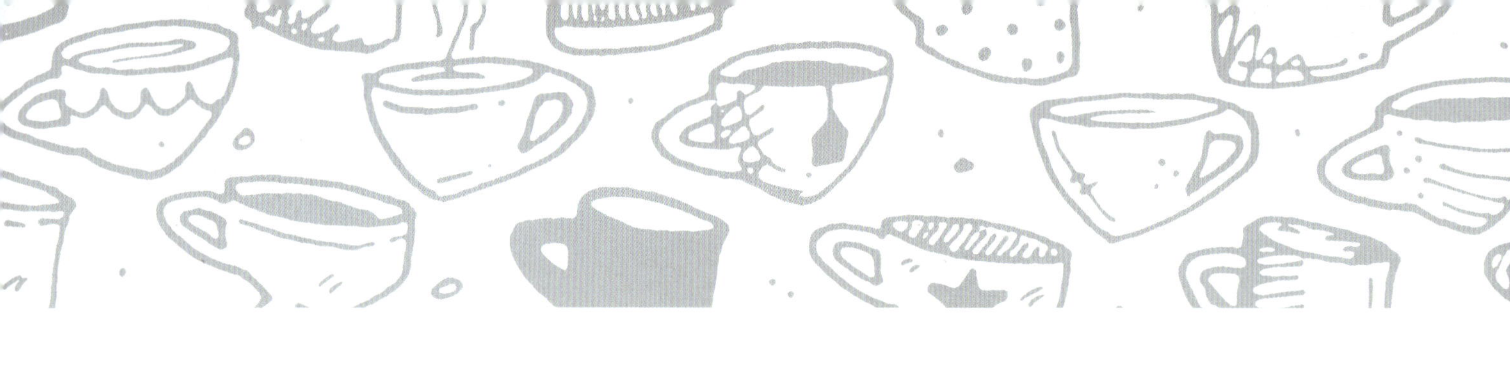

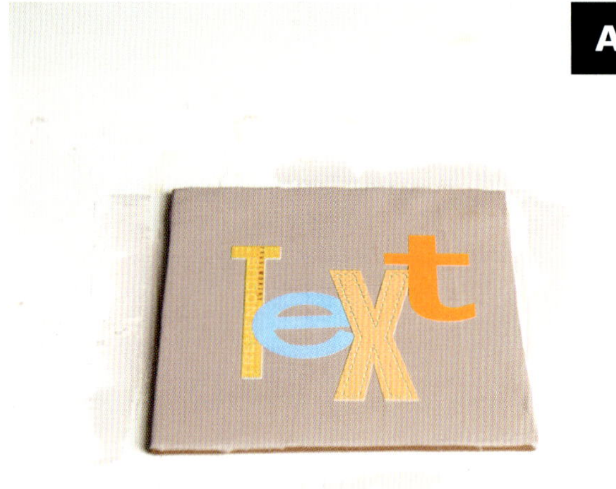

A

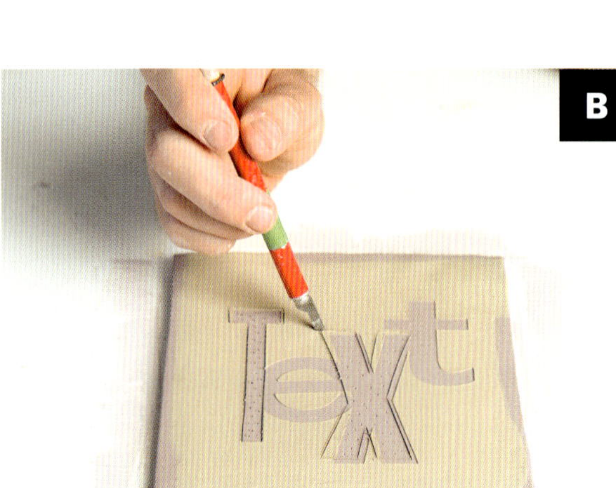

B

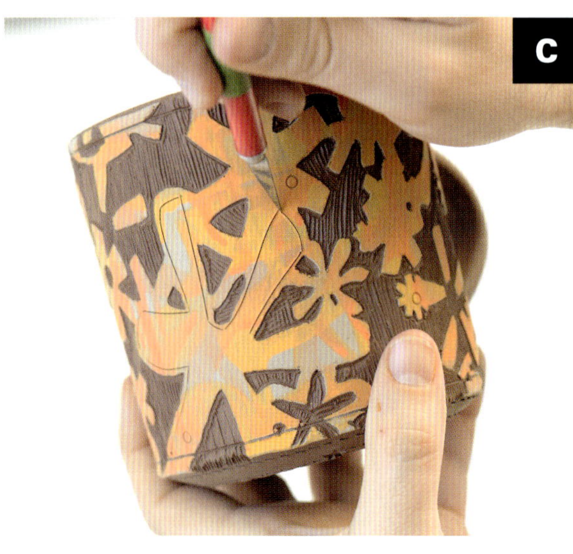

C

VORDERGRUND, HINTERGRUND: Mit eingeritzten Linien im lederharten Ton lassen sich Vorder- und Hintergrund plastisch darstellen.

1. Legen Sie mit Buchstaben-Schablonen ein Wort auf eine mit Engobe vordekorierte lederharte Fliese (Foto A). Lassen Sie die Buchstaben etwas überlappen. (So kann man die Ränder der Schablonen später leichter ausmachen.)

2. Bestreichen Sie die Fliese mit Engobe in einer Kontrastfarbe.

3. Wenn die neue Engobenschicht nicht mehr klebt, heben Sie die Schablonenränder mit der Skalpellspitze an und ziehen sie ab.

4. Ritzen Sie mit einem scharfen Gegenstand entweder die Umrisse einzelner Buchstaben nach oder verschieben Sie die Linien wie beim Passerfehler. Diese Buchstaben treten in den Vordergrund, die anderen bleiben im Hintergrund, sodass eine visuelle Spannung aufgebaut wird (Foto B).

DETAILS KOMMEN SPÄTER: Beim Ritzen arbeitet man die Details normalerweise erst ein, wenn die groben Umrisse feststehen. So ähnlich geht man vor, wenn man den menschlichen Körper zeichnet. Zunächst legt man die Formenelemente (z.B. Kreise, Rechtecke, Dreiecke) fest und verfeinert und bearbeitet sie dann, bis einige spezifische Merkmale stärker hervortreten als andere (z.B. Gesichtszüge, Hautunreinheiten und Muskeltonus).

An meinem Sgraffito-Becher möchte ich zeigen, wie sich dieses Prinzip auf Ton übertragen lässt. Die Sterne gehen ohne Trennlinien ineinander über. Wenn ich die Umrisslinien einiger Sterne einritze (Foto C), lenke ich die Aufmerksamkeit vorrangig auf diese Bereiche des Designs. Die vorhandene Information wird detaillierter, was man auch durch Stempeln, weitere eingeritzte Details und Abziehbilder in bestimmten Bereichen erreichen könnte.

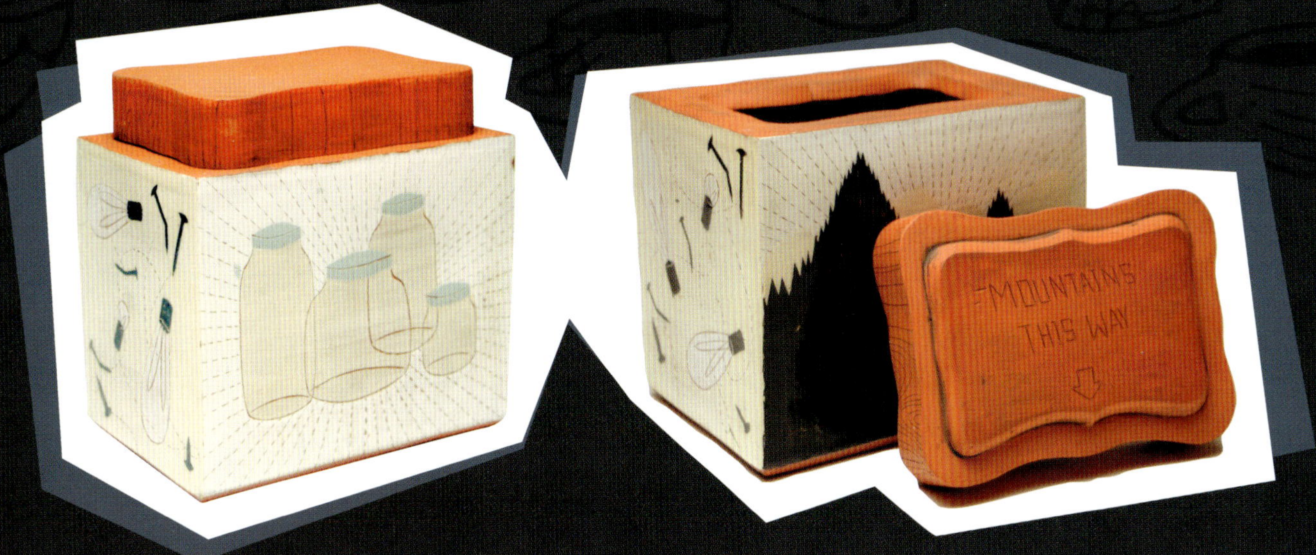

JOSH STOVER

MOUNTAINS/JARS LIDDED BOX AND DETAIL (BERGE/GLÄSER, DOSEN MIT DECKEL)

2013
17,8 x 12,7 x 17,8 cm
Irdenware, Engobe, Unterglasurfarbe
Foto des Künstlers

WAS HAT SIE INSPIRIERT, IHRE ARBEITEN MIT BILDERN ZU VERSEHEN?

Ich habe immer schon gerne gemalt und habe ein paar Kurse in Malerei und Drucktechnik besucht, noch bevor ich mich der Keramik zuwandte. Doch erst, als ich auf dem College auf Keramikkünstler traf, die mit Bildern arbeiteten, kam mir die Idee, meine 2-D-Arbeiten und meine Keramik zu kombinieren. So fing ich an, auf meinen Keramikstücken zu zeichnen.

WIE ÜBERTRAGEN SIE BILDER AUF TON?

Ich arbeite mit roter Irdenware. Zunächst tauche ich das ganze lederharte Stück in weiße Engobe mit einem Stich ins Gelbe. Während die Engobe trocknet, mache ich Skizzen auf unbedrucktem Zeitungspapier und plane so, was auf die Oberfläche kommen soll. Dann schneide ich das Bild aus und benutze es als Schablone. Normalerweise arbeite ich serienweise. Wenn ich also die Schablonen für alle Becher ausgeschnitten habe, ist die Engobeschicht etwa lederhart und bereit für den nächsten Schritt.

Ich lege die Schablone flach auf den Tisch und sprühe sie mit reichlich Wasser ein. Überschüssiges Wasser schüttle ich ab, dann lege ich sie auf den lederharten Ton. Das Wasser dient dabei als Haftmittel. Ich vergewissere mich, dass alle Kanten gut anliegen und streiche dann Engobe oder Unterglasurfarbe darüber und lasse sie trocknen. Dann entferne ich die Schablone. Zurück bleibt eine Farbfläche in Form der Schablone, mit sauberen Kanten. Meine Zeichnungen wirken daher besonders klar umrissen.
Zum Schluss zeichne ich Linien in die farbige Fläche und ritze sie mit einem Skalpell ein. Weil ich durch den Engobeüberzug bis auf den roten Ton darunter schneide, erscheinen die Linien dunkel. Dann schrühe ich das Stück, schleife es ab und tauche es in klare Glasur. Alle meine Oberflächendekore mache ich im lederharten Zustand.

WIE BRENNEN SIE?

Ich brenne alle meine Stücke bei Kegel 03 in einem Elektroofen.

WELCHE ANDEREN KERAMIK- UND ZEICHENKÜNSTLER INSPIRIEREN SIE?

Die Bilder und Narrativität der Arbeiten von Ayumi Horie und Chandra DeBuse inspirieren mich. Außerdem mag ich die Werke von Linda Arbuckle, Donna Flannery, Pattie Chalmers, Mikey Walsh, Linda Lopez und Jeffrey Sincich.

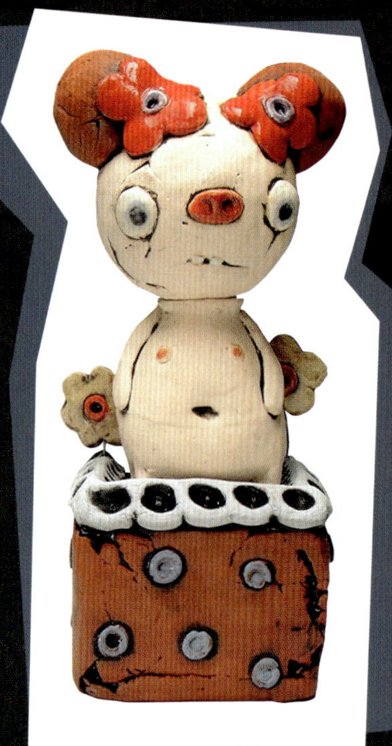

TAMMY MARINUZZI

BIRTHDAY SUIT WALL SCULPTURE (WANDSKULPTUR, HÜLLENLOS)

2013
22,9 x 11,4 x 10,2 cm
Terracotta, Terra sigillata, farbige Engoben, Amaco Velvets (Unterglasurfarben), Engobenüberzug, eingefärbt mit Farbkörpern der Fa. Mason, Niedrigbrandglasuren, Kegel 04, Elektroofen, mehrschichtig, Mehrfachbrand
Foto der Künstlerin

NATALIE TORNATORE

CHAIN LINK PITCHER (MASCHENDRAHTKRUG)

2010
30,5 x 25,4 x 10,2 cm
Irdenware, Aufbautechnik, Terra sigillata, eingewaschenes Kupferoxid, Glasur, Silberlüster, Kegel 04 Elektrobrand, Lüsterbrand bei Kegel 018
Foto: Taylor Dabney

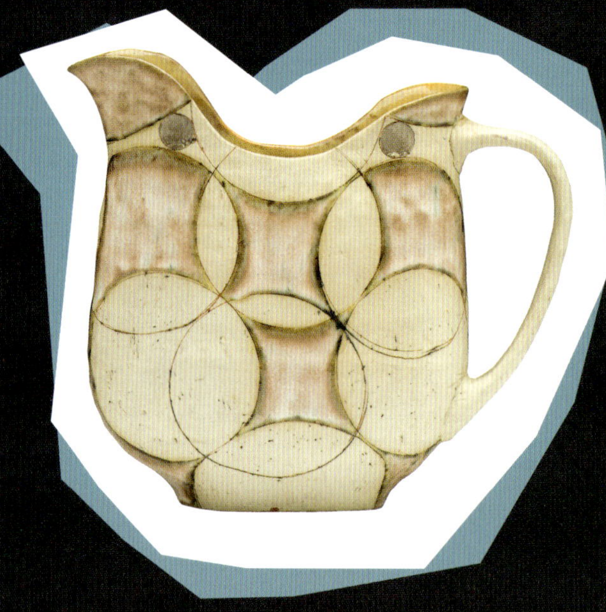

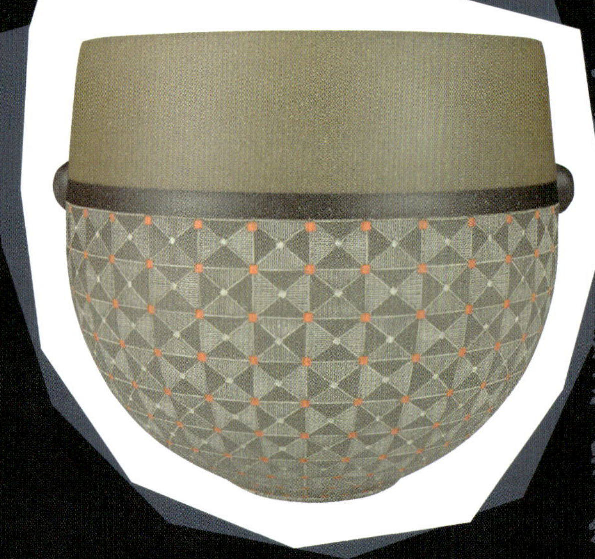

DEBRA OLIVA

BOWL WITH A NARROW SASH (SCHALE MIT SCHMALER SCHÄRPE)

2013
17,8 x 20,3 x 20,3 cm
Schwarzes Steinzeug, Terra sigillata, Kegel 8 im Elektroofen
Foto der Künstlerin

BEN CARTER

HONEYSUCKLE JAR (KRUG MIT GEISSBLATT)

2012
25,4 x 22,9 x 22,9 cm
Sgraffito-Technik, Unterglasurfarbe, Zaunmuster aus Engobe, mit Malhörnchen aufgetragen, Yixing Steinzeugton, Porzellanengobe aus Jingdezhen, Unterglasurfarbe, Glasur
Foto des Künstlers

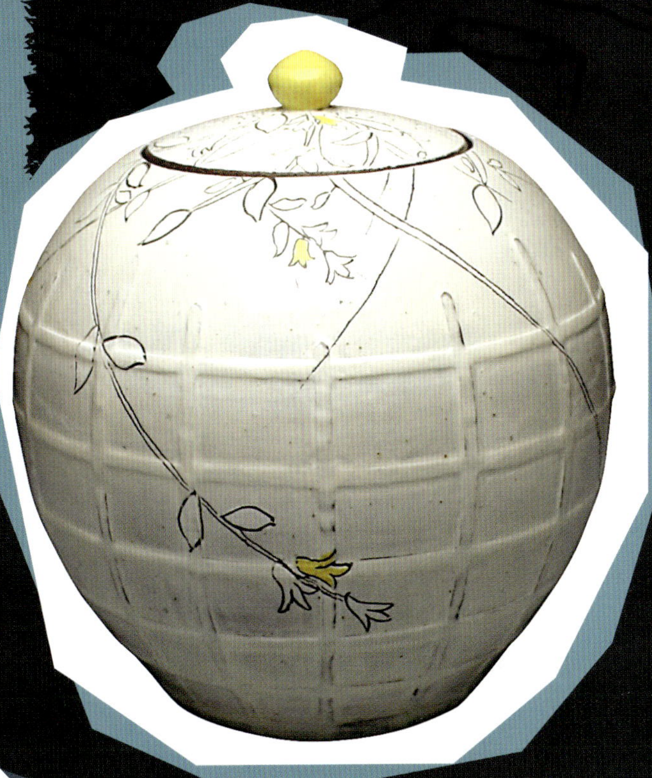

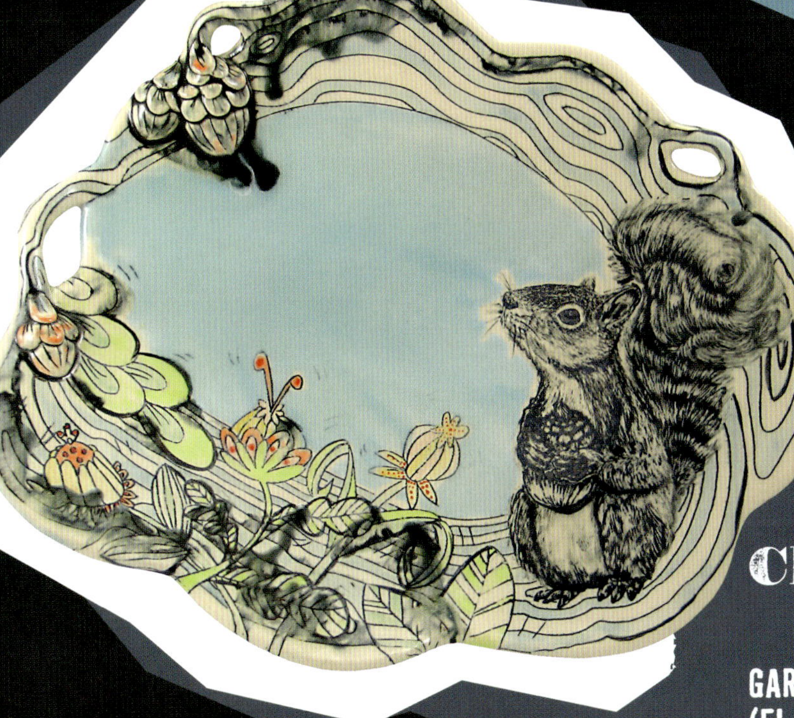

CHANDRA DEBUSE

GARDEN OF DELIGHT SQUIRREL PLATTER (FLACHE SCHALE MIT WONNEGARTEN UND EICHHÖRNCHEN)

2014
33 x 27,9 x 7,6 cm
Weißes Steinzeug, Aufbautechnik, Oxidation bei Kegel 6, Einlegearbeiten aus Unterglasurfarben, Glasurdekor
Foto der Künstlerin

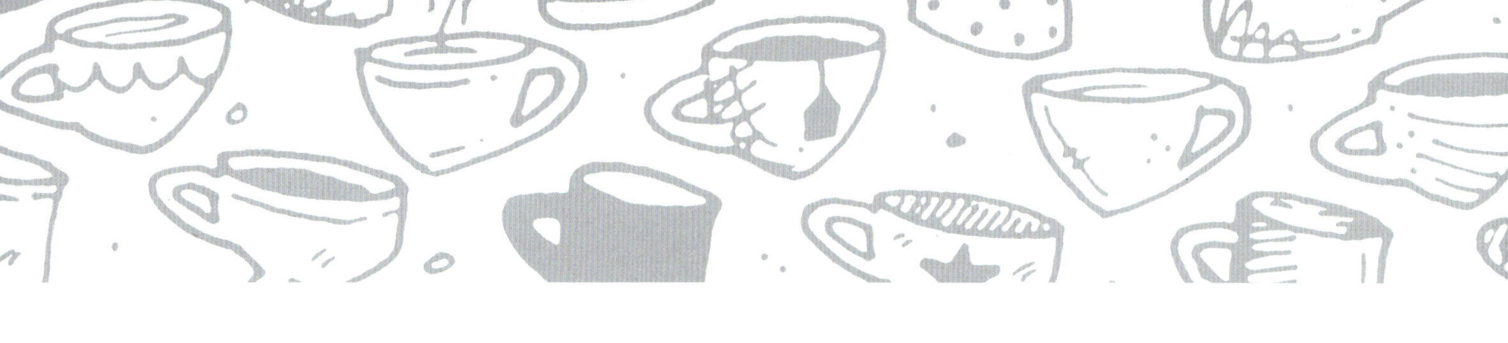

MISHIMA-TECHNIK

Die Mishima-Technik geht noch einen Schritt weiter als das bloße Einritzen. Dabei werden die Linien mit Engobe in einer Kontrastfarbe ausgefüllt, während der Ton noch gut lederhart ist. Wenn sie fast oder ganz knochentrocken ist, kratzt man die überschüssige Engobe oder Unterglasurfarbe ab. Zurück bleiben saubere, präzise und deutliche Linien, die bündig mit der Oberfläche des Tons abschließen. Zum Abkratzen nimmt man am besten eine Modellierschlinge oder eine Metallniere.

Diese Materialien brauchen Sie für die Mishima-Technik:

- **Gut lederhartes Tonobjekt**
- **Werkzeug zum Ritzen (z.B. Federkiel, Schnitzmesser, Spatel)**
- **Beliebige Vorlage auf Pauspapier**
- **Weicher Pinsel, um Tonkrümel wegzufegen**
- **Modellierschlinge oder Metallniere**

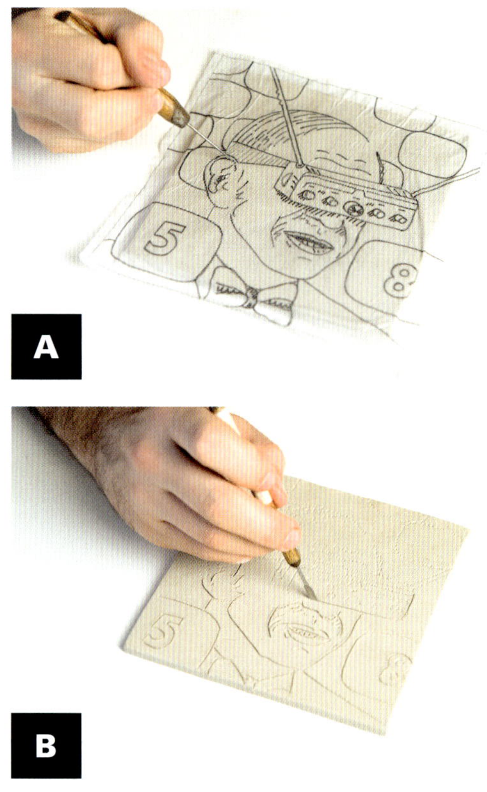

A

B

1. Am besten beginnen Sie mit dem Ritzen, wenn der Ton zwischen gut lederhart und trocken-lederhart ist. Dann enthält er noch so viel Feuchtigkeit, dass man Linien einritzen kann, aber trocken genug, um Engoben und Unterglasurfarbe gut aufzunehmen.

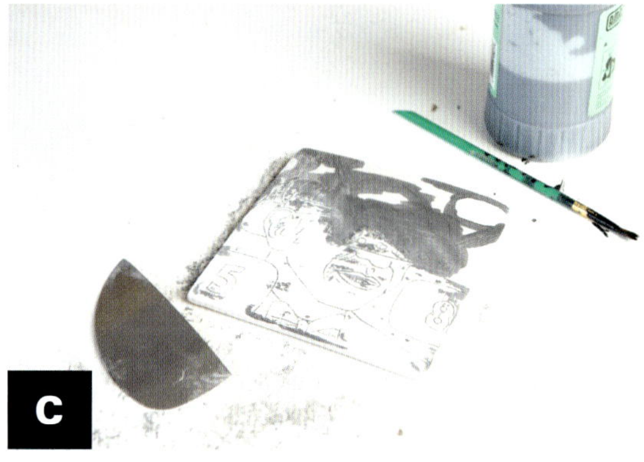

C

2. Bevor Sie in den Ton schneiden, legen Sie mithilfe einer Vorlage auf Pauspapier fest, welche Linien Sie einritzen wollen. Übertragen Sie die Linien durch leichtes Aufdrücken einer Töpfernadel, die kleine Kuhlen auf der Oberfläche hinterlässt (Foto A). Nehmen Sie das Pauspapier ab und fangen an, in den Ton zu ritzen.

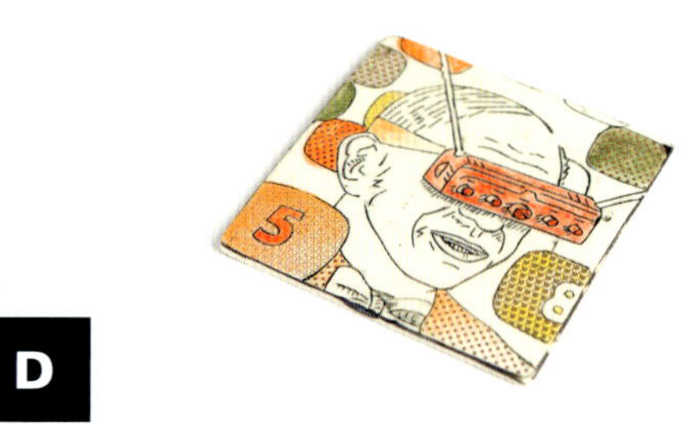

D

3. Wenn Sie Ihr Bild fertig eingeritzt haben, bedecken Sie die Linien mit einer dünnen Schicht Engobe oder Unterglasurfarbe in einer kontrastierenden Farbe. Tragen Sie sie mit dem

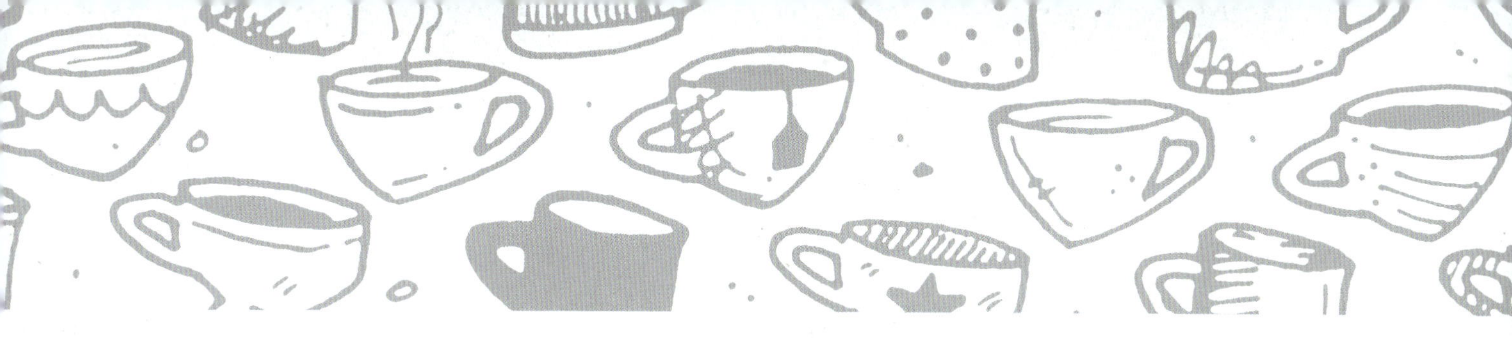

Pinsel oder dem Malhörnchen entweder auf der gesamten Oberfläche oder nur im Bereich der Linien auf.

4. Sobald die Unterglasurfarbe oder Engobe ebenso wie der Ton trocken-lederhart bis knochentrocken ist, kratzen Sie den Überschuss vorsichtig mit einer Modellierschlinge oder Metallniere ab. Die feinen Linien und Details kommen zum Vorschein (Foto C).

5. Entfernen Sie alle Tonkrümel mit einem weichen Pinsel.

Auch die Mishima-Technik lässt sich mit Abziehbildern und Glasuren kombinieren. Sie können damit Muster unter farbigen Glasuren anlegen oder die Linien mit kräftigen Unterglasurfarben ausfüllen und als schlichtes Dekorelement einsetzen. Farbige Glasuren und andere Materialien zur Verzierung der Oberfläche sollten jedoch erst nach dem Schrühbrand hinzugefügt werden (Foto D).

MIT WACHS UND FARBE

BEI dieser Variante der Mishima-Technik wird die gesamte lederharte Oberfläche mit Wachs als Aussparmittel überzogen. Wenn das Wachs trocken und die Feuchtigkeit wieder aus dem Ton gewichen ist, zeichnen Sie mit einem spitzen Werkzeug in den Ton (Foto A) und tragen Engobe oder Farbkörper auf. Die Farbe setzt sich in den Rillen ab. Zum Schluss wischen Sie überschüssige Farbe mit einem feuchten Schwamm ab (Foto B). Lassen Sie den Ton trocknen und schrühen Sie ihn dann.

Tipp: *Wenn Wachs verbrennt, muss für ausreichende Luftzirkulation gesorgt sein, entweder im Freien oder in einem gut belüfteten Raum. Beim Brand kann das Wachs qualmen und fürchterlich stinken, daher sollten Sie den Ofendeckel bis zu einer Temperatur von 315 °C einen etwa 2,5 cm breiten Spalt offen lassen, damit die bei der Verbrennung freigesetzten Stoffe entweichen können. Dann schließen Sie den Deckel komplett.*

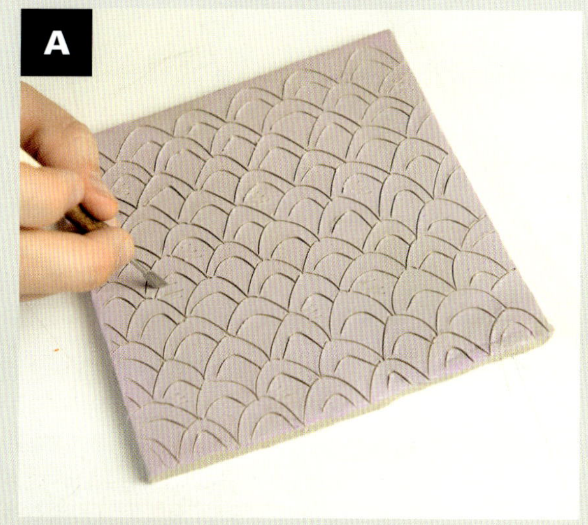
A

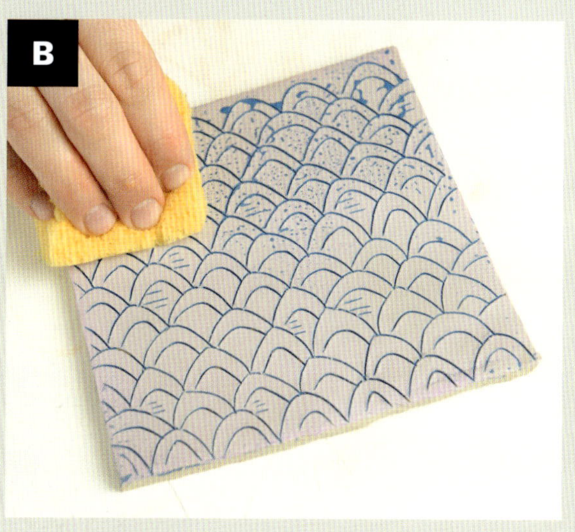
B

LORNA MEADEN

EWER (WASSERKRUG)

2013
7,6 x 5,1 x 10,2 cm
Porzellan,
Holz-/Sodabrand

WIE BEARBEITEN SIE IHRE OBERFLÄCHEN?

Mit einem Skalpell ritze ich Linien in den lederharten Ton, fülle sie mit schwarzer Unterglasurfarbe, lasse sie lederhart werden und schabe die überschüssige Farbe mit einer Ziehklinge aus Metall ab. Dann reinige ich die Oberfläche mit einem Schwamm. Diese Intarsien aus Engobe bilden sehr feine schwarze Linien. Nach dem Schrühbrand verwende ich Wachs und Latex, um Engoben und Glasuren schichtweise auf die Oberfläche aufzubringen.

WAS SIND DIE ZENTRALEN MOMENTE BEI IHRER ARBEIT?

Es motiviert mich, wenn ich etwas Neues entdecke. Ich freue mich darauf, eine neue Form zu machen und das Dekor zu erkunden. Der zentrale Augenblick ist, wenn die Form das Dekor bestimmt, ohne dass ich es bewusst plane.

WIE BRENNEN SIE?

Ich brenne im Holz-/Sodabrandofen mit Erdgasbrennern, im Reduktionsbrand bei Kegel 10/11. Normalerweise beginne ich den Brand mit Gas und beende ihn mit Holz.

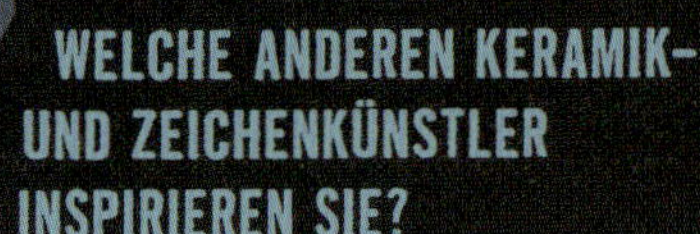

WELCHE ANDEREN KERAMIK- UND ZEICHENKÜNSTLER INSPIRIEREN SIE?

Die Pinselarbeiten von Scott Roberts sind wunderbar fließend. Die sich wiederholenden Muster, die Linda Sikora mit Glasuren hinbekommt, werden nie langweilig. Ryan McKerley packt mit seinen Zeichnungen eine Menge Informationen auf seine Gefäße. Jane Shellenbargers Arbeiten mit ihren Glasurschichten, Pinselmalerei und Abziehbildern sind zeitlos. Ich finde es inspirierend zuzusehen, wie Josh DeWeese auf seine großen Krüge zeichnet, und Julia Galloway war eine der ersten Künstlerinnen, die mich inspiriert haben. Aber ich könnte diese Liste endlos fortsetzen.

GIBT ES HINDERNISSE BEI IHRER ARBEIT ALS KERAMIKERIN? WENN JA, WIE ÜBERWINDEN SIE SIE?

Die größten Hindernisse sind sicherlich Einsamkeit und Finanzen.

Es kann problematisch sein, allein zu arbeiten. Gleichzeitig gibt es bei der Arbeit mit anderen Leuten immer wieder Ablenkungen. Ich versuche ständig, ein ausgewogenes Verhältnis zu finden.

Es ist kein Geheimnis, dass es schwierig ist, als Künstler seinen Lebensunterhalt zu verdienen. Ich bemühe mich, mein begrenztes Einkommen dadurch auszugleichen, dass ich erfinderisch bin und möglichst viele Dinge selbst mache.

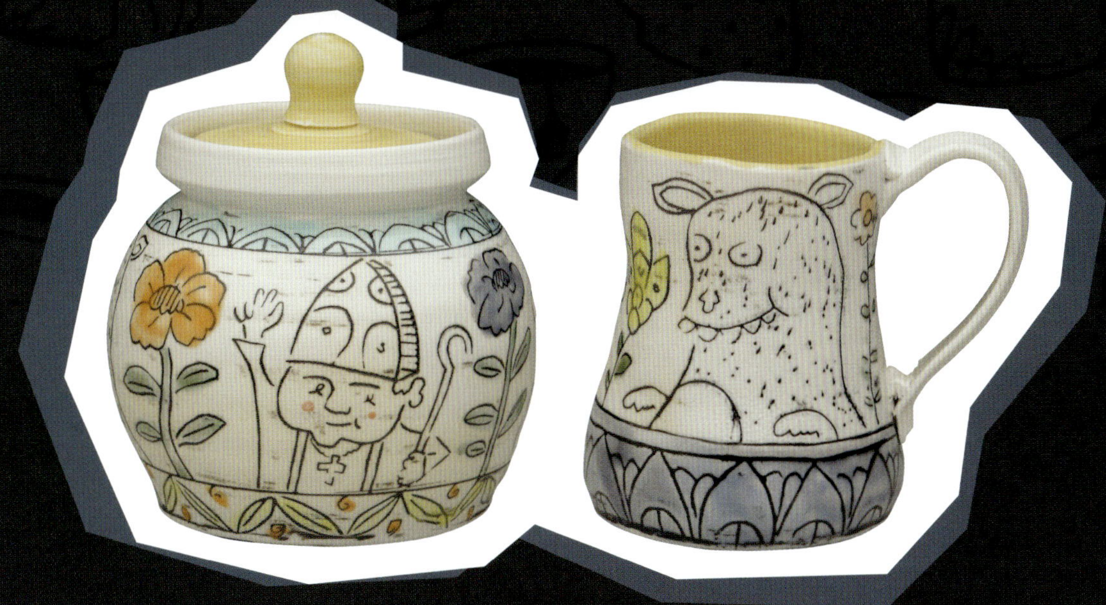

KURT ANDERSON

UNTITLED JAR (TOPF, OHNE TITEL)

20,3 x 20,3 x 20,3 cm
Porzellan, Sodabrand bei Kegel 10
Foto des Künstlers

UNTITLED MUG (BECHER, OHNE TITEL)

12,7 x 10,2 x 10,2 cm
Porzellan, Sodabrand bei Kegel 10
Foto des Künstlers

WIE SETZTEN SIE DIE MISHIMA-TECHNIK EIN?

Das ist eigentlich ganz einfach. Sobald der Ton knochentrocken ist, überziehe ich das ganze Gefäß mit einer Latexemulsion. Mit Wasser vermischter Latex ist weniger gummiartig und lässt sich besser einschneiden. Außerdem setze ich etwas grüne Lebensmittelfarbe zu, damit ich die Anordnung der Zeichnungen sehen kann. Wenn die Emulsion trocken ist, ritze ich die Bilder in die Oberfläche des Gefäßes. Ich benutze einen Prägestift, das ist ein Werkzeug wie eine Töpfernadel mit einer Kugelspitze. Dann trage ich mit dem Pinsel schwarze Unterglasurfarbe in die eingeritzten Linien und wische sie mit einem feuchten Schwamm schnell wieder ab, bevor sie auf der Emulsion trocknet. Übrig bleibt die Unterglasurfarbe in den eingeritzten Linien. Es ist keine echte Mishima-Technik, sondern eher eine Mogel-Mishima-Technik.

WELCHEN AUGENBLICK IM KREATIVEN PROZESS FINDEN SIE BESONDERS SPANNEND?

Wenn ich sehe, wie sich meine Kompositionen am Ende zusammenfügen.

WELCHE GEGENSTÄNDE SIND FÜR SIE EINE QUELLE DER INSPIRATION?

Ich sehe mir klassische Keramik an, vor allem die eher folkloristischen Exemplare. Ich habe Bücher über Cizhou-yao-Keramik, Shino- und Oribe-Keramik und persische und minoische Keramik. Die koreanische Buncheong-Keramik finde ich wirklich schön. Ich beziehe mich gerne auf die historische Keramik, ohne sie tatsächlich zu kopieren.

WELCHE THEMEN UND MOTIVE ERKUNDEN SIE?

Vieles in meiner Arbeit basiert auf visuell erfahrbarer Kultur, wie Werbelogos, Zeichentrickfilme, die wir als Kinder gesehen, und Comics, die wir damals gelesen haben. Das ist meine Art, meine visuelle Umgebung zu verarbeiten und eine Verbindung zu den Betrachtern meiner Werke herzustellen.

WIE BRENNEN SIE?

Ich bevorzuge Sodabrand mit starker Sauerstoffzufuhr und ganz wenig Soda bis Kegel 9-10. Mir gefällt der leise Schimmer auf meiner Keramik und auch die Unebenheiten und „Unfälle", die bei Öfen mit atmosphärischen Brennern vorkommen. Zu viel Soda kann die Bilder auslöschen, zu wenig Soda trocknet die Oberfläche zu stark aus. Die genaue Abstimmung kann schwierig sein.

JULIE WIGGINS

PLATE (TELLER)
2013
24,1 x 24,1 x 3,8 cm
Porzellan, Mishima-Technik, Reduktion bei Kegel 10
Foto der Künstlerin

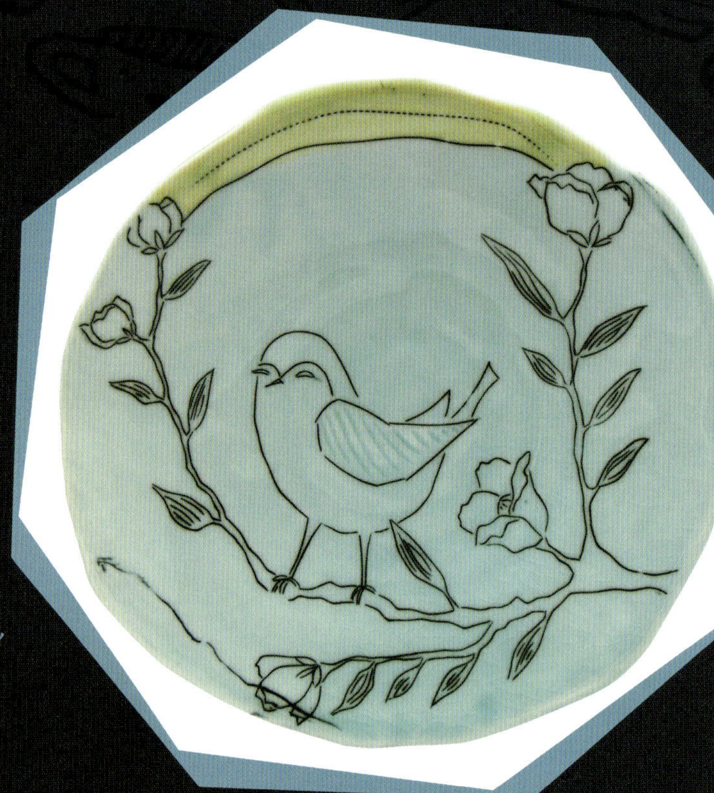

MARIKO PATERSON

SQUID PLATE (TINTENFISCHTELLER)
2014
45,7 x 17,8 x 5,1 cm
Aufbautechnik, stellenweise geritzt oder Mishima-Technik, Ton, Glasuren, Abziehbilder, Lüster, Porzellanfarben, Mehrfachbrand bei Kegel 6, Kegel 012, Kegel 018
Foto der Künstlerin

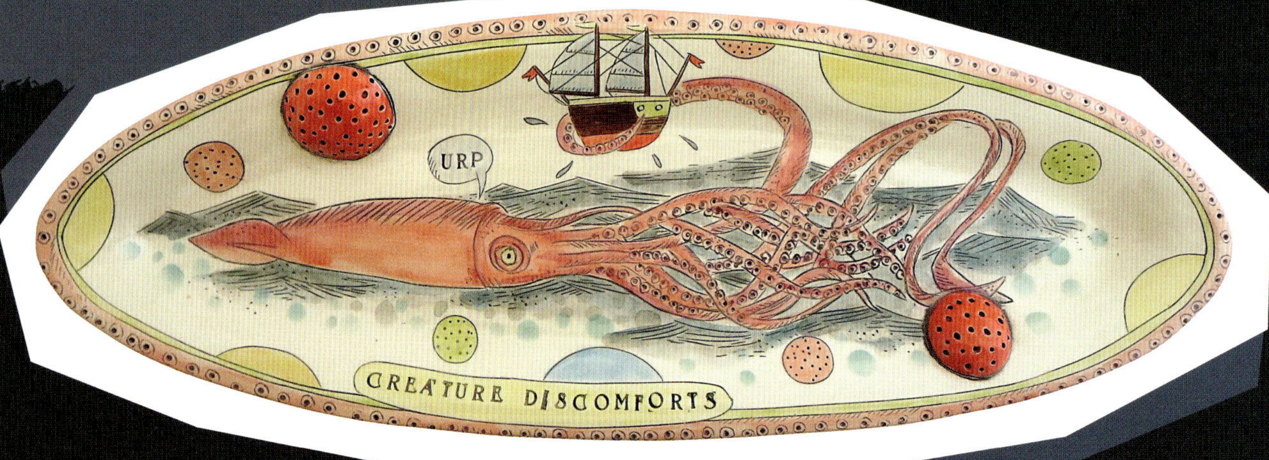

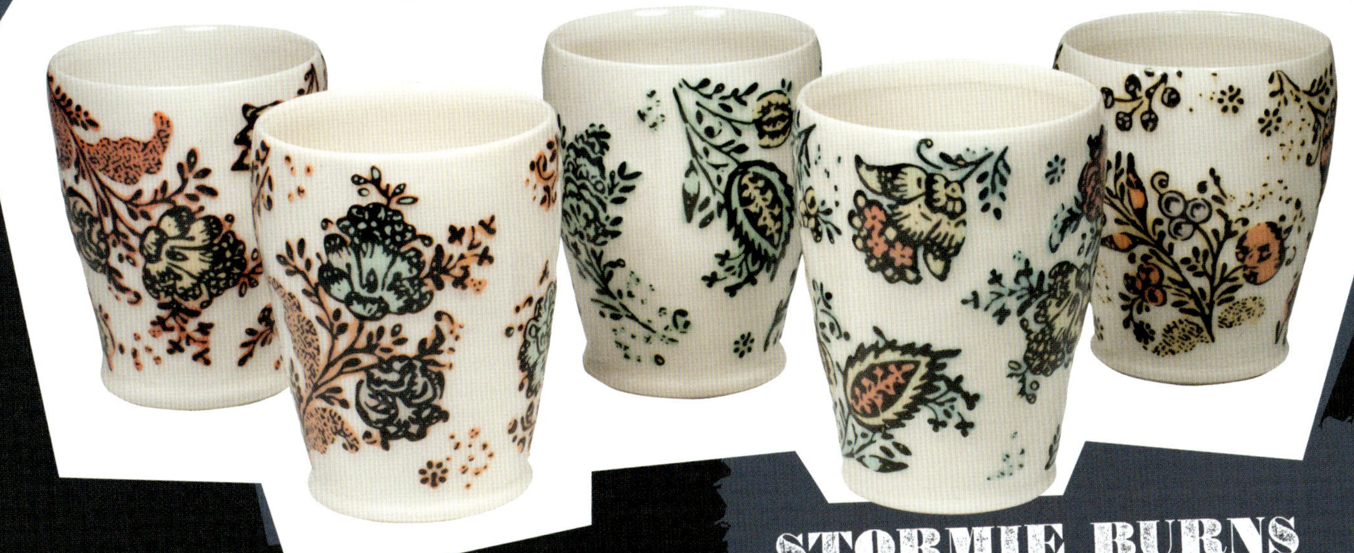

STORMIE BURNS

FLORAL ETCHED CUPS (BECHER MIT GEÄTZTEM BLUMENMUSTER)

2014
10,2 x 8,3 x 8,3 cm
Porzellan, farbige Engoben, siebgedruckte Engoben-Abziehbilder, Auswaschtechnik, Oxidation bei Kegel 8
Foto der Künstlerin

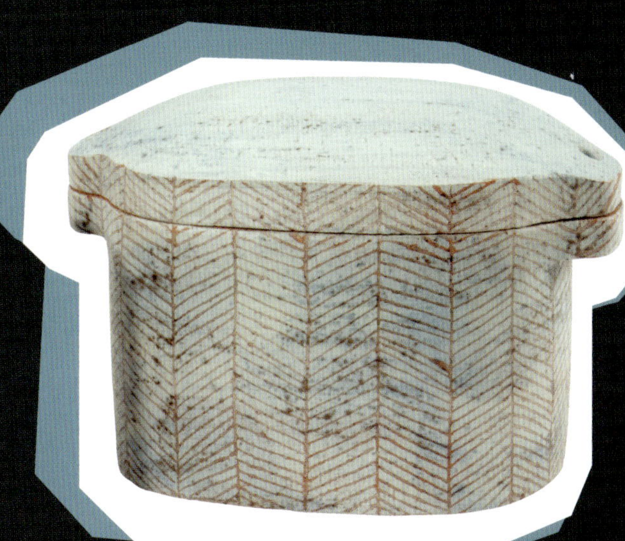

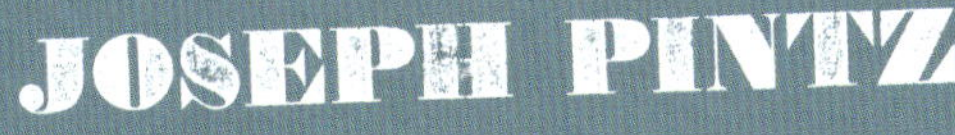

JOSEPH PINTZ

OVAL BOXES (OVALE DOSEN)

2013
Rote Dose: 15, 9 x 24, 1 x 15,2 cm
Blaue Dose: 15,9 x 24,8 x 15,2 cm
Irdenware, Aufbautechnik, Oxidationsbrand
Foto: Jeffrey Bruce

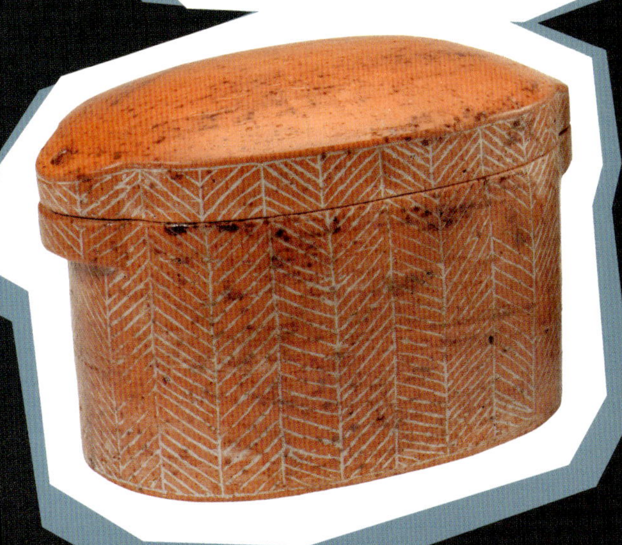

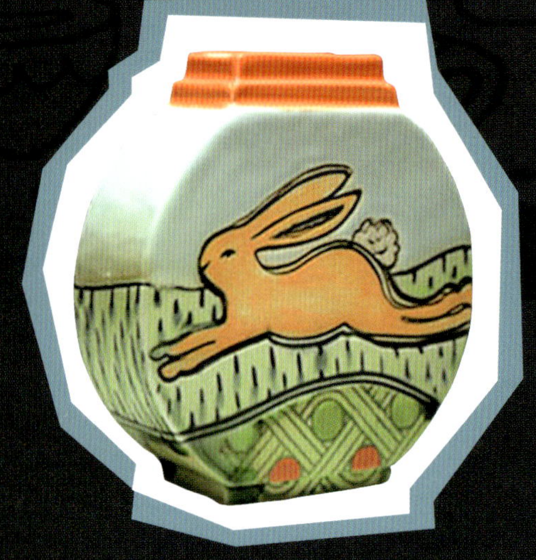

BROOKE NOBLE

ANIMAL ALPHABET VASE SERIES (TIERALPHABET, VASENSERIE)

2013
16,5 x 15,2 x 5,1 cm
Porzellan, gegossen, verziert, Kegel 6, Oxidation
Foto der Künstlerin

WIE KAM ES, DASS SIE IHRE ARBEITEN MIT BILDERN VERSEHEN?

Nachdem ich mich für Graphikdesign eingeschrieben hatte, entdeckte ich meine Liebe zu Ton und den unendlichen Möglichkeiten dieses Materials, bei dem man sich so richtig die Hände schmutzig macht. Bald war ich regelmäßig in der Töpferwerkstatt und wollte meine Stimme, meinen Stil finden. Doch zunächst musste ich lernen, mit der Töpferscheibe zu arbeiten. Graphikdesign war eigentlich das Richtige für mich, aber ich hatte Probleme, meine Ideen auf den Computer zu übertragen. Ich sah jedoch die Möglichkeit, meine Fähigkeiten als Graphikerin mit meinen Kenntnissen über Ton zu verbinden. Und ich fand es spannend, etwas von Anfang bis Ende mit den Händen zu schaffen.

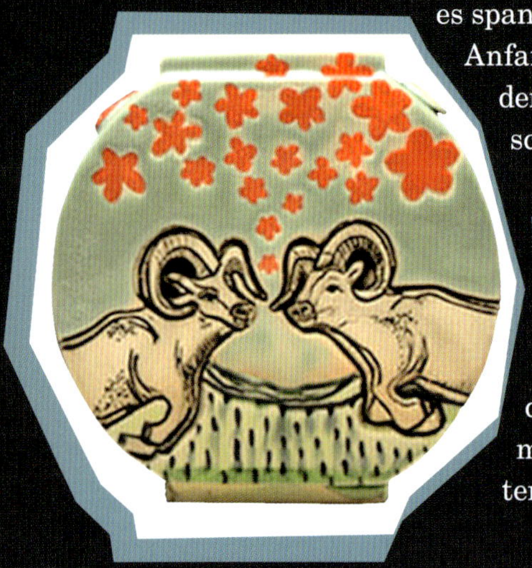

WELCHE DEKORTECHNIKEN SETZEN SIE EIN?

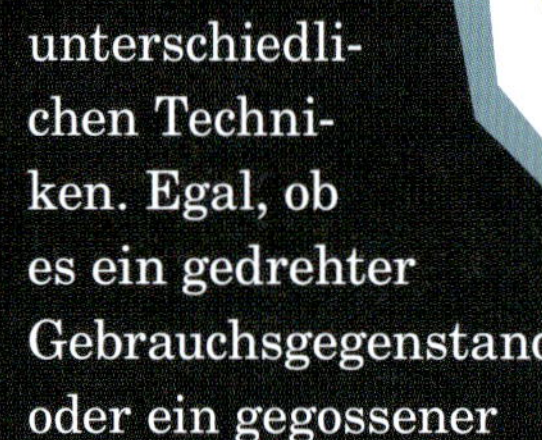

Ich verziere die Oberflächen meiner schlichten Formen mit unterschiedlichen Techniken. Egal, ob es ein gedrehter Gebrauchsgegenstand oder ein gegossener Ziergegenstand ist: Ich beginne mit einer ganz glatten Porzellanoberfläche. Die makellose, saubere weiße Oberfläche ist der Ausgangspunkt für meine verzierten Stücke. Ich kann Bilder darauf malen, zeichnen, drucken, ritzen, abpausen oder mit Schablonen, Siebdruck, Aussparmitteln und Abziehbildern arbeiten, um meine Werke mit kraftvollen Mustern oder Tierbildern zu versehen. Die Komposition ergibt sich von selbst aus der Beschäftigung mit dem dreidimensionalen Objekt und der immer komplexeren Beziehung zu ihm. Es macht mir Spaß, wenn auf diese Weise nach und nach eine Geschichte entsteht.

Meist setze ich das Muster auf dem Boden des Gefäßes fort oder verstecke dort einen Einzeiler, den der Benutzer erst später entdeckt. Ich nenne sie „Überraschungen in der Spülmaschine", weil viele Leute die Details am Boden erst sehen, wenn sie die Gefäße kopfüber in die Spülmaschine stellen.

GIBT ES AUGENBLICKE IM KREATIVEN PROZESS, DIE SIE BESONDERS SPANNEND FINDEN?

Am aufregendsten finde ich es, wenn ich mein visuelles Vokabular erweitere und z.B. ein neues Tier wie ein spuckendes Lama zeichne oder zwei Farben zum ersten Mal kombiniere. Ich lasse mich gern überraschen und erfreuen durch das, was ich herstelle. Und ich kombiniere gern die Techniken, die ich im Laufe der Zeit gelernt habe.

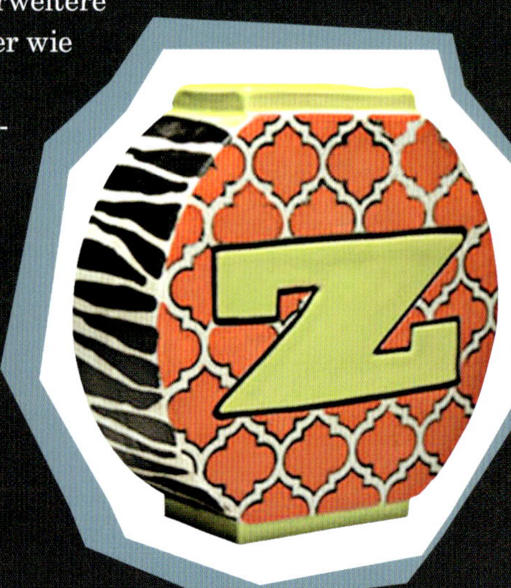

SUNSHINE COBB

ARROW DINNER AND SANDWICH PLATES (SPEISE- UND SANDWICHTELLER MIT PFEILMUSTER)

Speiseteller: 22,9 x 22,9 x 2,5 cm
Sandwichteller: 17,8 x 17,8 x 2,5 cm
Porzellan, Mishima-Technik, Kegel 6 im Elektroofen
Foto der Künstlerin

CLOUDS DINNER AND SANDWICH PLATES (SPEISE- UND SANDWICHTELLER MIT WOLKENMUSTER)

Speiseteller: 22,9 x 22,9 x 2,5 cm
Sandwichteller: 17,8 x 17,8 x 2,5 cm
Porzellan, Mishima-Technik, Kegel 6 im Elektroofen
Foto der Künstlerin

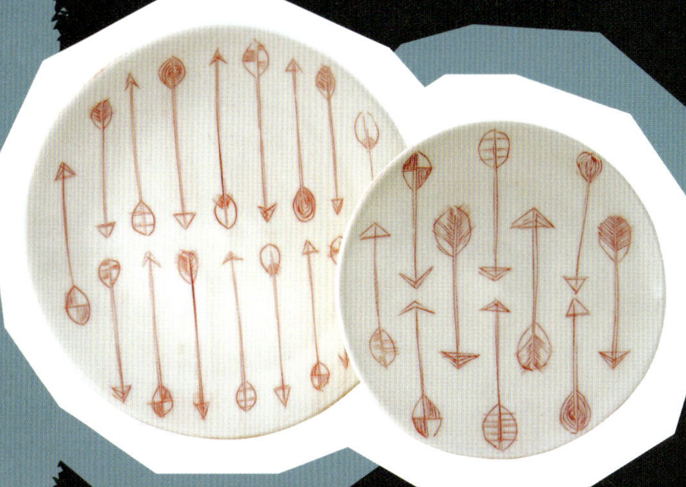

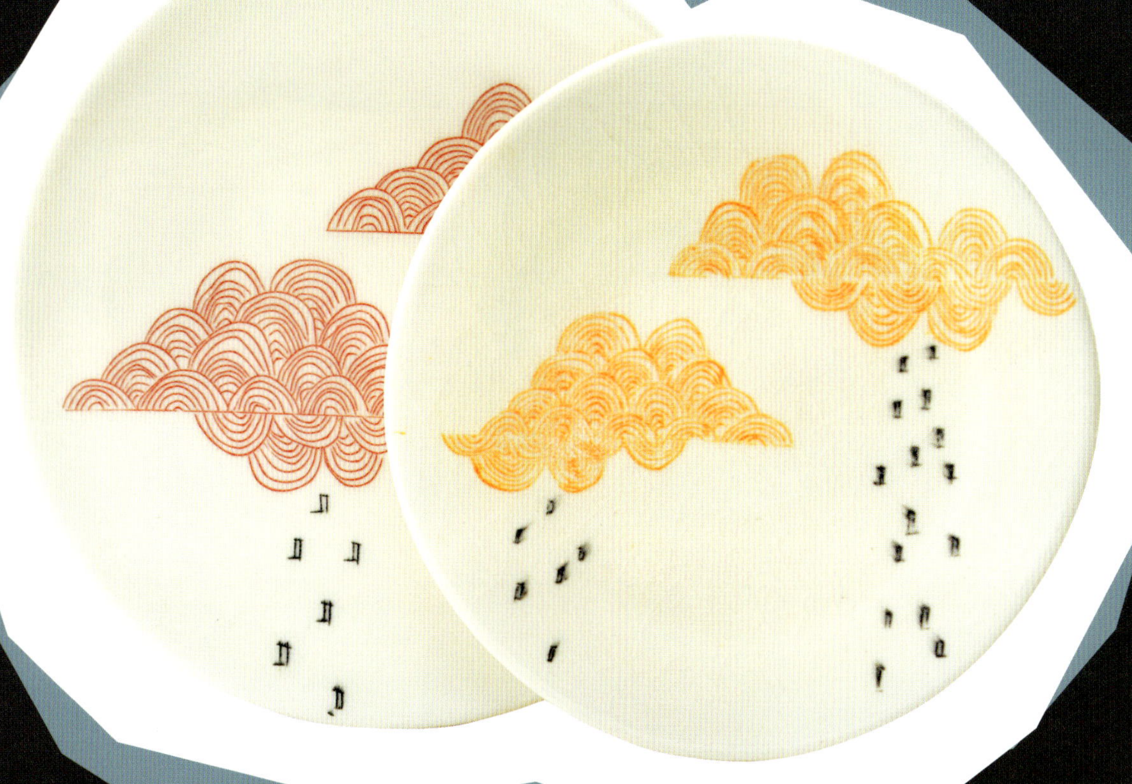

NICOLE AQUILLANO

TINY TUMBLERS (KLEINE BECHER)

2013
6,4 x 10,2 cm
Porzellan, Einlegearbeit mit Unterglasurfarbe, Oxidation bis Kegel 10

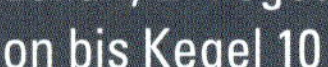

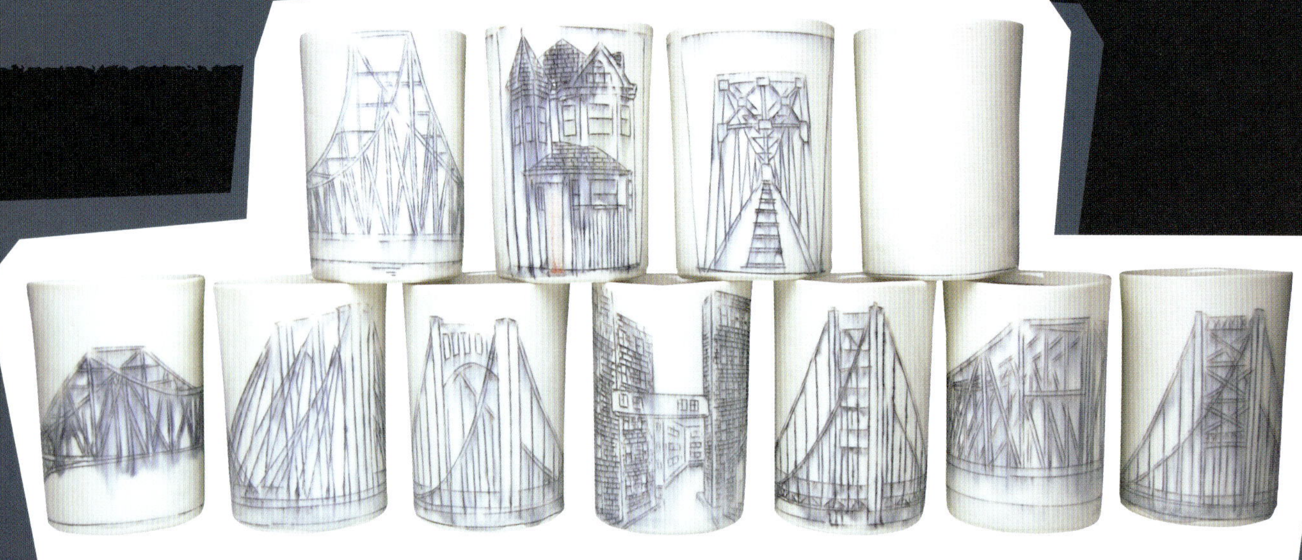

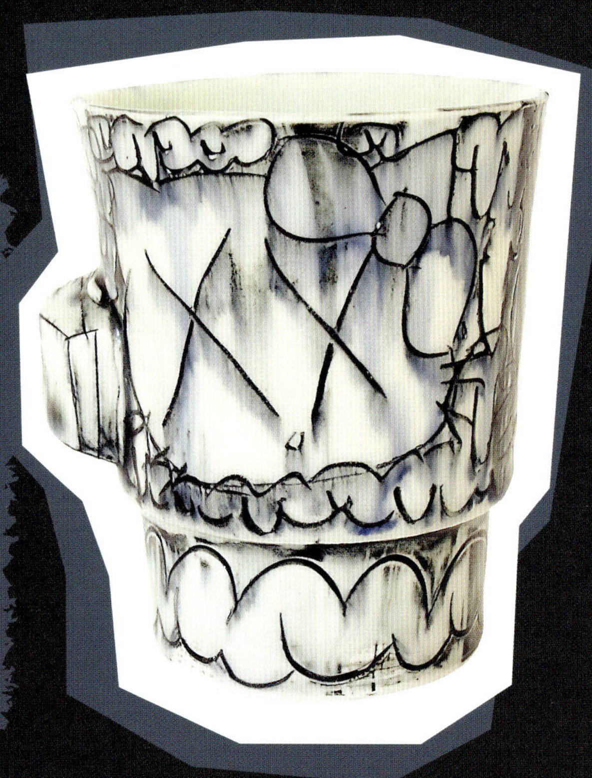

BRETT FREUND

SKETCH CUP (BECHER MIT ENTWURF)

2014
11,4 x 7,6 x 7,6 cm
Porzellan, gegossen, schwarze Unterglasurfarbe, Mishima-Technik, Kegel 9
Foto des Künstlers

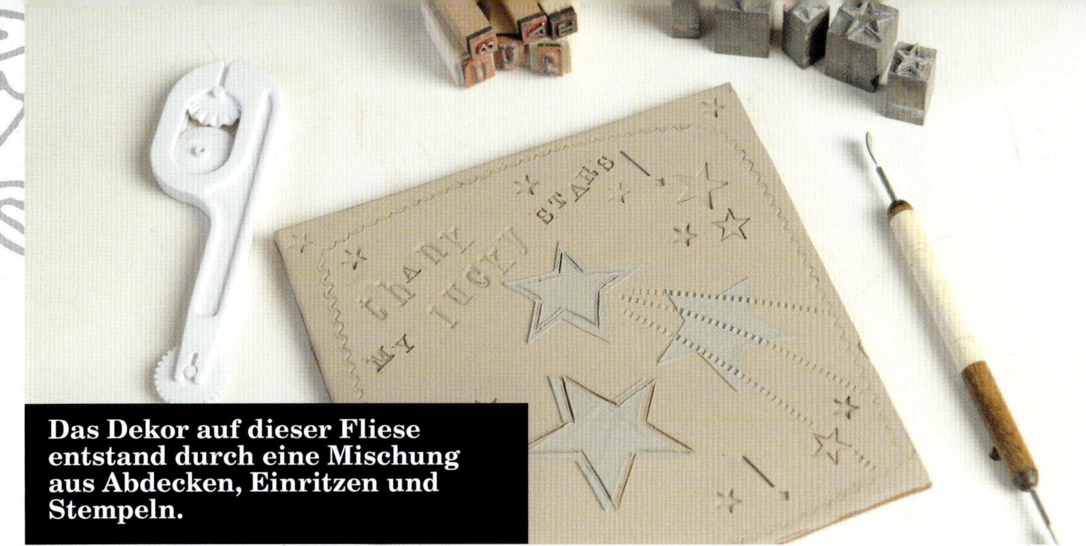

Das Dekor auf dieser Fliese entstand durch eine Mischung aus Abdecken, Einritzen und Stempeln.

MUSTER PRÄGEN

Mit Stempeln und Fundstücken aller Art können Sie Muster in den Ton prägen, die Glasuren und Farbkörper stärker betonen. Mit vielen Fundstücken lassen sich unglaublich interessante Abdrücke zum Einfärben machen. Sehen Sie sich nur um: Wahrscheinlich finden Sie die tollsten Stücke an Orten, wo Sie es am wenigsten erwartet hätten. Kleine Gegenstände wie dekorative Griffe oder die Zinken einer Gabel, Muscheln und Schraubenköpfe eignen sich hervorragend für einzelne Abdrücke oder für fortlaufende Muster. Auch Kugeln aus zusammengepresster Alufolie und Automatten aus Gummi kann man gut in lederharten Ton drücken. Möglichkeiten, Texturen in den Ton zu prägen, ergeben sich in unterschiedlichen Phasen des lederharten Zustands.

Ich verwende auch gerne Metallbuchstaben und -symbole und ein Kopierrad (wie man es meist für Schnittmuster nimmt), mit denen man schöne Vertiefungen für Farbkörper (siehe Seite 61) machen und das Dekor um ein interessantes Detail erweitern kann.
Zum Prägen von Mustern brauchen Sie:

- **Gut lederharte Gegenstände aus Ton (hier sind es Fliesen), mit Zeitungspapier und Engobe vordekoriert**
- **Werkzeuge für Linien und Rillen (z.B. Modellierwerkzeug für Fondant, Schnur oder Kopierrad)**
- **Stempel (Buchstaben, Formen, Texturen aus Gummi, Lettern usw.)**

Die oben abgebildete Fliese ist mit Aussparmustern aus Zeitungspapier (siehe Kapitel 1) vordekoriert. Nun können wir mit eingeritzten und geprägten Mustern weitermachen.

1. Fahren Sie mit dem Kopierrad über den Rand der Fliese, um einen Rahmen festzulegen.

2. Überlegen Sie, welche Form oder Fläche die größte Aufmerksamkeit auf sich zieht (hier ist es wahrscheinlich einer der Sterne). Ritzen Sie dort Linien ein.

3. Verzieren Sie die Oberfläche mit Stempelabdrücken (hier sind es unterschiedliche Sterne). Mir gefällt die Mischung aus gestempelten und mit der Schablone übertragenen Sternen.

4. Gestrichelte Linien ziehen die Aufmerksamkeit auf sich und laden uns ein, ihrem Verlauf mit dem Blick zu folgen. Warum? Weil wir gestrichelte Linien mit Anweisungen verbinden (schneiden Sie entlang der gestrichelten Linie) und weil sie Bewegung suggerieren. Ich lasse gerne ein oder zwei gestrichelte Linien bis zum Rand auslaufen, um wie hier die Dynamik einer Sternschnuppe hervorzuheben.

5. Sie können zusätzlich Buchstaben in den Ton drücken und Worte oder Wendungen bilden, die zum Thema passen, z.B. „Glücksstern".

6. Fügen Sie weitere gezeichnete oder gestempelte Elemente hinzu – oder lassen Sie die Fliese so, wie sie ist. Betrachten Sie sie wie eine Zeichnung und folgen Sie Ihrer künstlerischen Vorstellung. Wenn Sie fertig sind, lassen Sie sie trocknen, dann schrühen, färben und glasieren Sie sie.

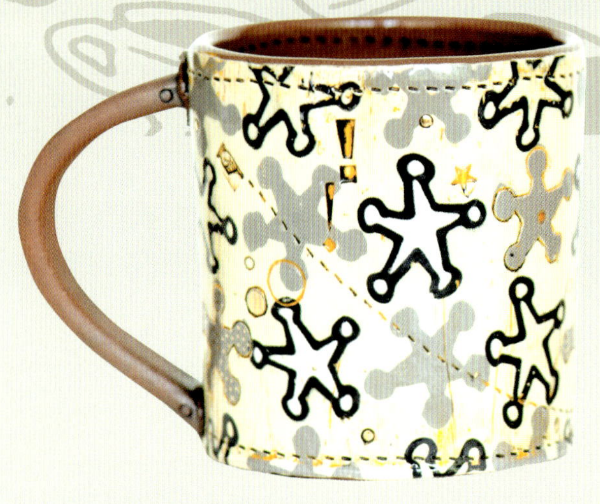

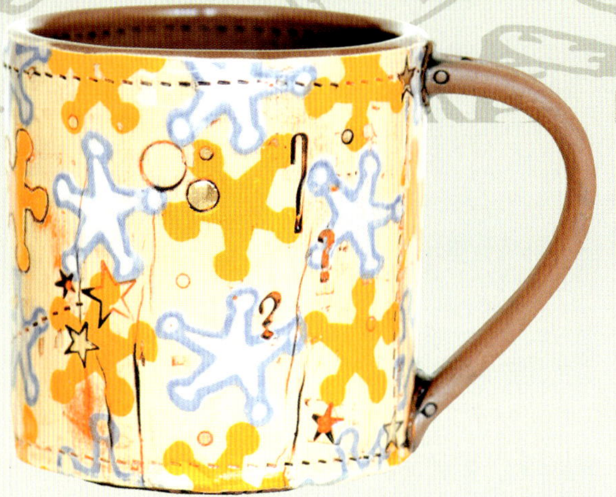

TEXTUR

DRUCKLETTERN: Wie ich schon sagte, benutze ich gerne Drucktypen aus Metall, wie sie im Buchdruck verwendet wurden. Glücklicherweise habe ich im Laufe der Jahre eine Reihe von Typen in verschiedenen Antiquitätengeschäften gefunden. Sie können jedoch auch mit Typen von kaputten Schreibmaschinen oder Stempelalphabeten aus der Scrapbook-Abteilung auf Ton schreiben.

Vorsicht: Die meisten Metalltypen für den Buchdruck bestehen aus Legierungen mit einem hohen Bleianteil. Daher sollten Sie unbedingt Handschuhe tragen, wenn Sie damit arbeiten, und sich oft die Hände waschen.

FÜHLBARE LINIEN: Das Kopierrad, mit dem man normalerweise Schnittmuster auf Stoff kopiert, ist eines von vielen Werkzeugen, um Linien zu erzeugen, und erfreut sich unter Keramikern gerade großer Beliebtheit. Daneben werden auch Prägemusterroller für Fondant, Texturwalzen für Metal Clay und Polymer Clay und in den Ton gedrückte dicke, feste Schnüre (z.B. gewachster Leinenzwirn) verwendet.

VARIATIONEN: Vielleicht denken Sie jetzt: „Ich weiß überhaupt nicht, wo ich anfangen soll!" Also, damit sind Sie nicht allein. Fast jeder Künstler hat irgendwann mal so gedacht. Sie können sinnvolle und schlüssige Entscheidungen treffen, wie Sie Textur auf Ihren Ton bringen wollen. Fragen Sie sich zunächst, welche Materialien und Gegenstände Sie interessieren. Mögen Sie Holz? Drücken Sie Baumrinde, verwittertes Holz oder sogar grobes Sperrholz in den Ton. Mit Knöpfen lassen sich schöne Muster prägen, die man gut einfärben kann. Denken Sie auch daran, dass der Druck, den Sie beim Prägen ausüben, unterschiedliche Texturen erzeugt. Experimentieren Sie!

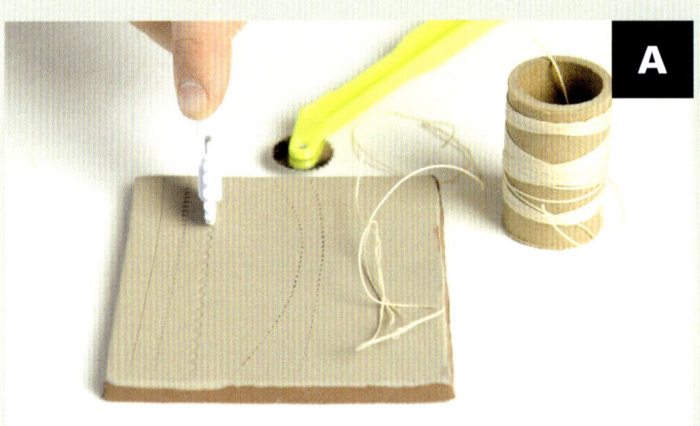

A Unterschiedliche Linienwerkzeuge

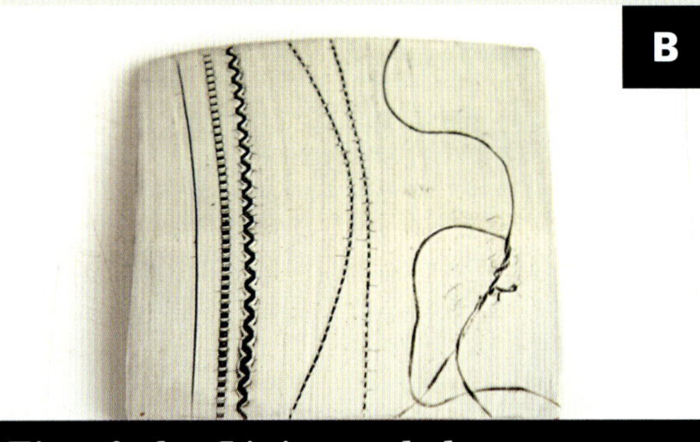

B Eingefärbte Linien nach dem Schrühen. Der Farbüberschuss wurde abgewischt.

CONNIE NORMAN

ADD SPICE TO THE CONVERSATION (DIE UNTERHALTUNG WÜRZEN)

2013
15,2 x 10, 2 x 15,2 cm
Irdenware, Plattentechnik, handbedruckt mit Drucklettern, Vinyl-Isolierband zum Abdecken, Kegel 04 im Elektroofen
Foto: Keith Turbitt

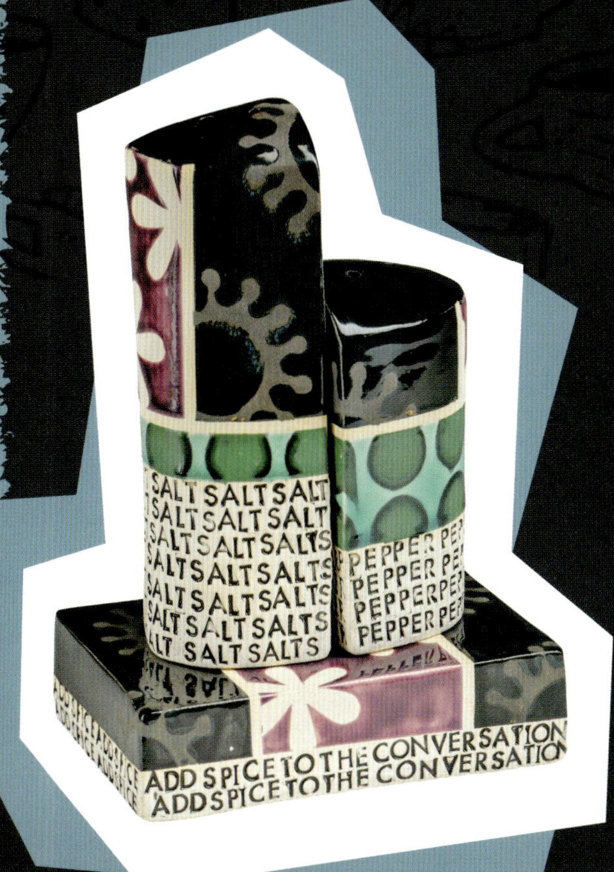

KRISTEN KIEFFER

STAMPED CUP GROUPING (BEDRUCKTE TASSEN)

2014
10,2 x 16,5 x 11,4 cm
Gedrehtes, bedrucktes, umgeformtes Porzellan, Engobenmalerei, Dekor aus aufgepinselter Unterglasurfarbe, Oxidation bei Kegel 7
Foto der Künstlerin

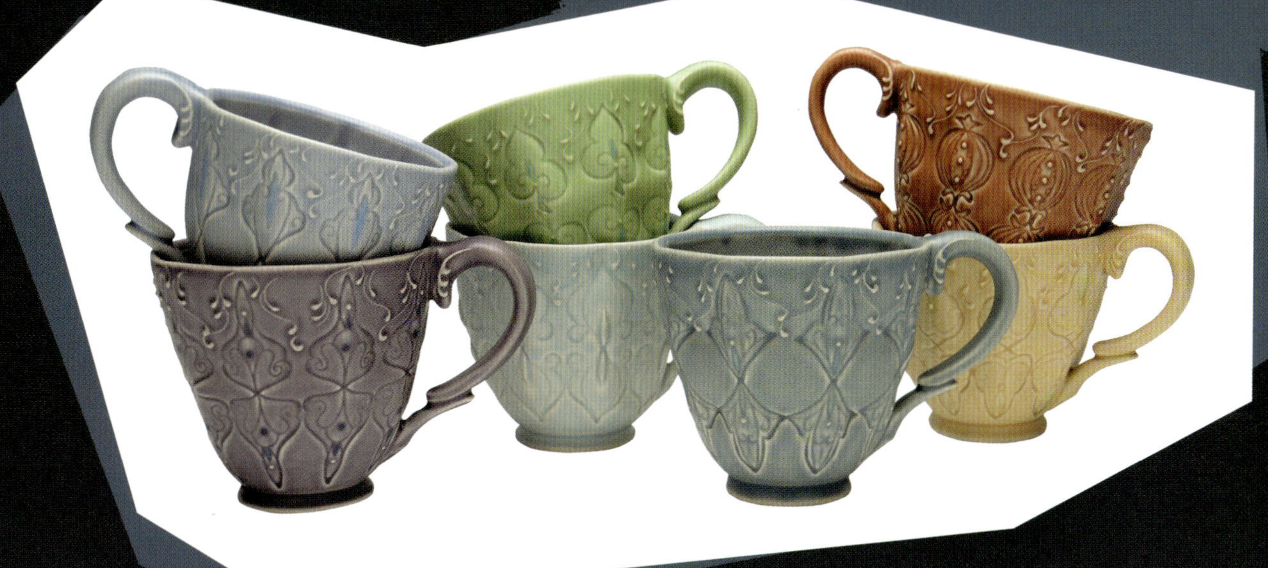

Kapitel 3

SCHRÜHWARE

Färben, abdecken und mehr

Nach all dem Dekorieren müssen wir unsere Stücke nun schrühen, damit sie fest werden und bereit sind zum Glasieren. Für den Schrühbrand gibt es keine festgelegte Temperatur. Viele Keramiker schrühen irgendwo zwischen Kegel 08 und Kegel 02. Die Entscheidung für die Temperatur hängt davon ab, welchen Ton wir benutzen, wie die Glasur aussehen soll und wie die Glasur auf der Tonoberfläche „sitzt".

Bei der Schrühware ergeben sich vor dem Glasieren viele Dekortechniken. Sie können die gesamte Oberfläche mit Mustern aus Unterglasurfarbe überziehen, Muster mit Schwammdruck auftragen oder mit Unterglasurfarbstiften malen. Probieren Sie auch die zusätzlichen Verfahren zum Einfärben und Abdecken aus, die ich Ihnen in diesem Kapitel vorstellen möchte. Außerdem kann es zwar schwierig sein, aber auch Spaß machen, die Verzierungen fortzusetzen, die Sie im ungebrannten Ton angefangen haben (Kapitel 1 und 2).

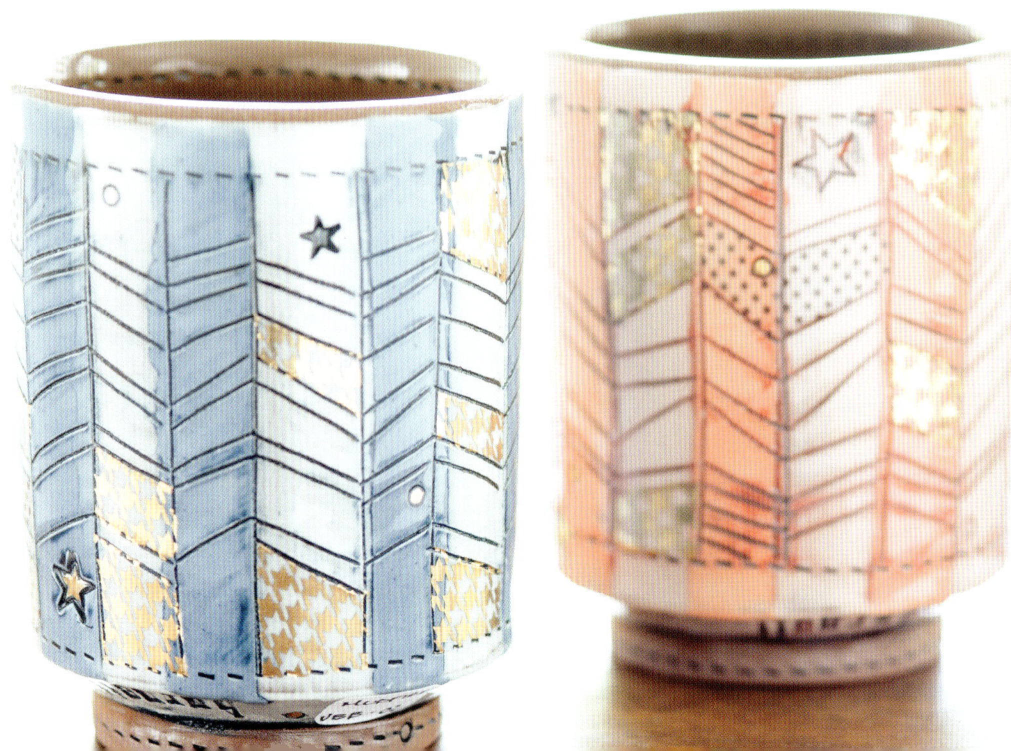

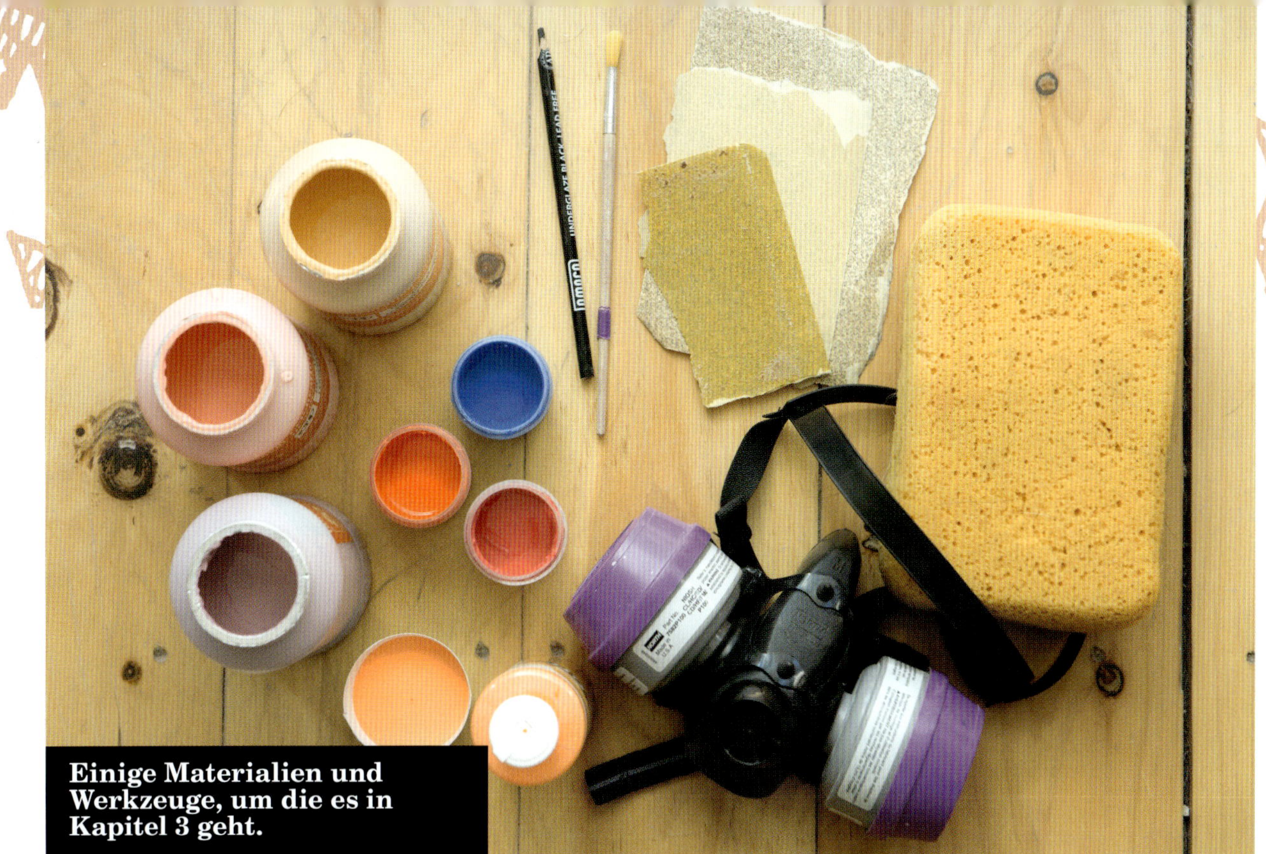

Einige Materialien und Werkzeuge, um die es in Kapitel 3 geht.

VORARBEITEN

Auf Ihrer Schrühware sind oft staubige oder raue Stellen und harte Tonkrümel. Nehmen Sie eine Atemschutzmaske, Sandpapier mittlerer bis feiner Körnung, einen Schwamm und einen Eimer mit sauberem Wasser, um zu glätten und den Tonstaub abzuwaschen. Wechseln Sie das Wasser oft, damit Sie beim Wischen keine Tonpartikel auf Ihrer Schrühware verteilen. Wenn Sie Linien eingeritzt und gezeichnet haben, können die Ränder so scharf sein, dass Sie sich daran schneiden. Glätten Sie sie behutsam, damit keine Unebenheiten zurückbleiben, die die Glasur durchbohren (Foto A).

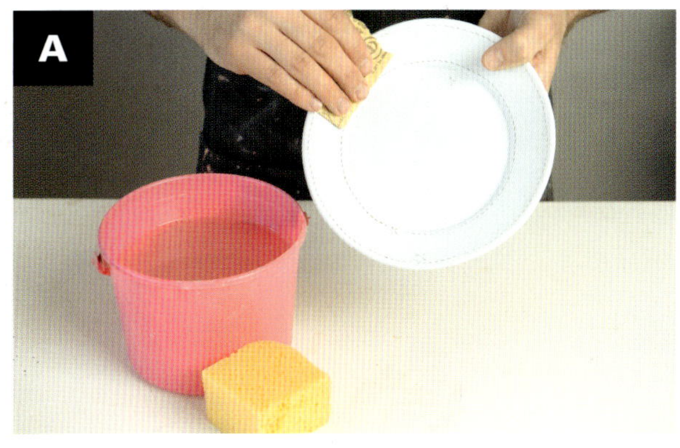

A

FARBKÖRPER

Das Einfärben hebt Linien, Fingerabdrücke (oder andere Spuren) und geprägte Muster hervor. Wenn Sie die Oberfläche mit Unterglasurfarbe einstreichen, die Sie dann mit dem Schwamm abnehmen, sammeln sich Farbpartikel in den Vertiefungen Ihrer Schrühware. Dadurch treten Einzelheiten deutlicher zutage und es kann sein, dass Ihr Stück einen ganz anderen Charakter bekommt.

Bei diesem Verfahren benutze ich handelsübliche Unterglasurfarben. Am besten probieren Sie die Farbkörper auf Testfliesen aus, bevor Sie sie für eine ganze Serie von Arbeiten verwenden. Versehen Sie die lederharten Fliesen mit Mustern und Texturen, die die Farbkörper aufnehmen können, schrühen Sie sie bei unterschiedlichen Temperaturen und vergleichen Sie die Ergebnisse. Manche Unterglasurfarben eignen sich nicht als Farbkörper und können Ihre Arbeit verderben! Das Motto lautet also: Üben und testen! Wenn ich einen frischen Behälter mit Unterglasurfarbe aufmache oder wenn die Farbe dick und zäh ist, füge ich etwas Wasser hinzu. So lässt sie sich besser mit dem Pinsel auftragen, die Oberfläche ist schneller bedeckt. Denken Sie daran, dass die Oberflächen bei niedrigeren Schrühtemperaturen poröser sind und dadurch mehr Farbkörper aufnehmen können. Es ist also Vorsicht geboten, denn dadurch kann sich die gesamte Farbgebung Ihrer Arbeit verändern. Auch hier heißt es daher: Immer erst auf Testfliesen ausprobieren.

Zum Einfärben mit Farbkörpern brauchen Sie:

- **Glatt geschmirgelte Schrühware**
- **Gebrauchsfertige Unterglasurfarbe (vorzugsweise mittlerer bis dunkler Farbton)**
- **Schwamm und Eimer mit Wasser**
- **Pinsel zum Auftragen der Farbkörper**

1. Tragen Sie ein oder zwei Schichten Unterglasurfarbkörper auf die Oberfläche auf. Lassen Sie sie trocknen.

2. Zerschneiden Sie den Schwamm in gut greifbare Stücke.

3. Tauchen Sie eines davon ins Wasser und wischen Sie die Unterglasurfarbkörper ab (Foto B).

4. Fahren Sie nach Belieben fort. Zu viel weggewischt? Lassen Sie das Stück trocknen, tragen Sie Unterglasurfarbe auf und wischen Sie sie erneut ab.

5. Bevor Sie Glasur auftragen oder eine der anderen Techniken aus diesem Kapitel anwenden, muss das Stück vollständig trocknen.

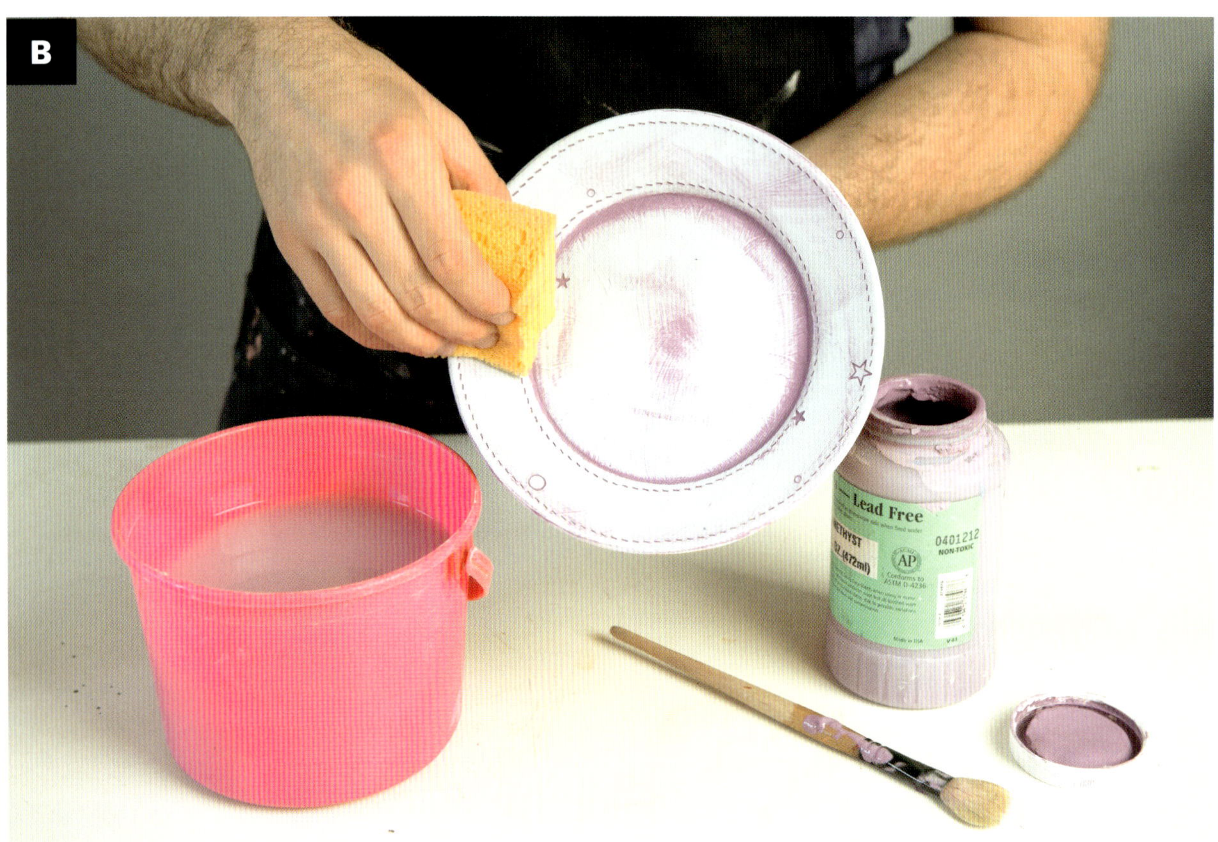

CAROLE EPP

WHAT DREAMS MAY COME (WELCHE TRÄUME AUCH IMMER KOMMEN MÖGEN)

2013
20,3 x 15,2 x 21,6 cm
Ton, Unterglasurfarbe
Foto der Künstlerin

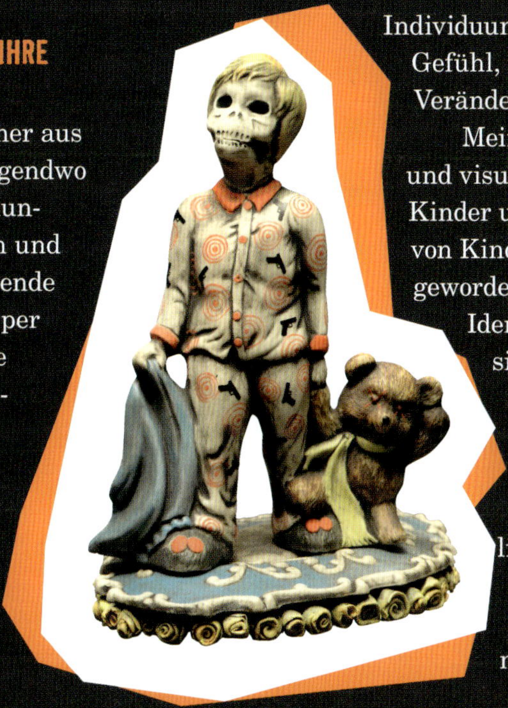

WIE UND WARUM FÄRBEN SIE IHRE PLASTISCHEN ARBEITEN?

Ich stelle figurative Stücke her aus alten Gussformen, die ich irgendwo aufstöbere, oder aus Abformungen von Kitschgegenständen und andere Elementen. Ich verwende Unterglasurfarben, Farbkörper und Porzellanfarben, um die gewünschte Farb- und Oberflächenqualität zu erhalten. Ich will eine Beziehung zu massenproduzierten Kitschfiguren herstellen, doch die Thematik ist subversiv und daher mache ich meine Figuren mit schwarzen Farbkörpern und Unterglasurfarben dunkler, um einen düsteren, schmutzigen Eindruck zu erwecken und an die handgezeichneten Illustrationen in Märchenbüchern zu erinnern.

WELCHE FARBKÖRPER VERWENDEN SIE?

Ich verwende unterschiedliche handelsübliche Farbkörper und Unterglasurfarben von Firmen wie AMACO, Spectrum und Walker Ceramics. Beim Schwarz variiere ich gern von Kobaltblauschwarz zu Braunschwarz oder Echtschwarz.

WELCHE THEMEN ERKUNDEN SIE?

In meiner Arbeit werden Sammelfiguren zu Bildern zweckentfremdet, die politisch und sozial relevante Themen aufzeigen. Diese Sammelfiguren finde ich interessant, weil sie Aspekte von Kindheit und Nostalgie, Kitsch und Stereotypen und vor allem von Konsum repräsentieren. Dadurch, dass ich das Überwältigende und Destruktive von Krieg, Terrorismus, Armut, Hunger, Gentechnologie und Umweltzerstörung zu einem Dialog mit dem Konsumenten als Individuum zurückführe, habe ich das Gefühl, einen positiveren Ausblick auf Veränderungen anbieten zu können.

Meine Arbeit hat sich thematisch und visuell entwickelt. Ich habe selbst Kinder und die Arbeit mit Bildern von Kindern ist dadurch persönlicher geworden. Themen wie Muttersein, Identität und Kindererziehung sind Teil einer größeren Diskussion, Teil der Suche nach Raum für Dialoge über politisch und sozial relevante Themen und des Versuchs, das Menschliche hinter den Schlagzeilen zu finden, alltägliche Sorgen aufzugreifen und den Wunsch nach Veränderung zu wecken.

WIE BRENNEN SIE?

Ich schrühe meine Stücke bis Kegel 04 und trage die Farben dann schichtweise auf. Die Farbkörper und Unterglasurfarben werden im Elektroofen im Oxidationsbrand bis Kegel 6 gebrannt. Wenn ich Porzellanfarben benutze, folgen zahlreiche weitere Brände, manchmal drei oder vier bis Kegel 019. Diese Aufglasurbrände sind besonders heikel und müssen langsam erfolgen. Ich erhitze eine Stunde lang bis 500 °C und erhöhe die Temperatur um 20 °C pro Stunde bis Kegel 019 (695 °C).

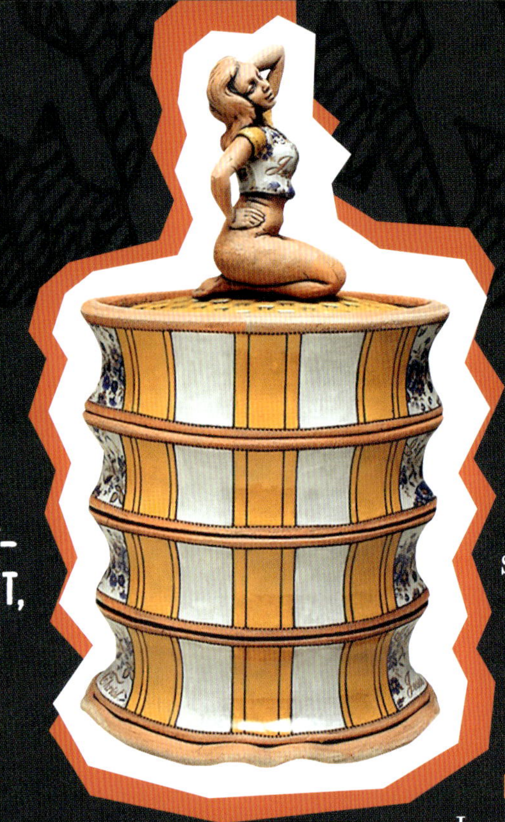

NICK RAMEY

MODESTY (LIDDED CONTAINER) (BESCHEIDENHEIT, DECKELGEFÄSS)

2012
17,8 x 25,4 x 45,7 cm
Irdenware, Unterglasurfarbe, Glasur, keramische Abziehbilder
Foto des Künstlers

WIE UND WARUM FÄRBEN SIE IHRE ARBEITEN?

Mir fiel auf, dass die meisten niedrigbrennenden Unterglasurfarben und Glasuren flach wirken. Ihnen fehlt die Tiefe und Variationsbreite der hochbrennenden Glasuren. Auf der Außenseite meiner Stücke versuche ich, die flachen Farbbereiche lebhafter zu machen: Ich trage schwarze Farbkörper auf und wische sie dann ab. Durch die Glasur entsteht der Eindruck von Tiefe, den ich anstrebe, fast wie bei hochgebrannten Oberflächen. Auch auf den unglasierten Bereichen spielen Farbkörper eine wichtige Rolle. Ich nehme Irdenware mit einem hohen Schamotteanteil, zeichne alle Linien mit einer Töpfernadel und erstelle alle figurativen Elemente durch Einformen, sodass sich die Farbkörper in unterschiedlichen Texturen, Kerben und Falten sammeln. Sie betonen die Schatten und die räumliche Qualität der Linien.

WELCHE FARBKÖRPER VERWENDEN SIE?

Ich nehme eine einfache Mischung aus Unterglasurfarbe und Wasser, meist im Verhältnis 50:50. Das funktioniert bei allen Farben, doch ich arbeite am liebsten mit dunklen Tönen.

WELCHE GEGENSTÄNDE SIND FÜR SIE EINE QUELLE DER INSPIRATION?

Ich habe jede Menge Fundstücke von Flohmärkten und aus Second-Hand-Läden, Figuren und Gefäße, bei denen etwas schiefgegangen ist und anderen kitschigen Kram.

WELCHE THEMEN UND MOTIVE ERKUNDEN SIE?

In meiner Kindheit war ich umgeben von Dekoration im Landhausstil: lauter Gänse, Hähne, Herzchen, amerikanische Flaggen, Blumen usw. Und dann hatte ich eine Tante, die kitschige Porzellanfiguren bemalte. Dadurch beschäftige ich mich in meiner Arbeit mit populär-kulturellen Motiven und Themen.

WIE BRENNEN SIE?

Ich brenne meine Stücke bis zu viermal im Elektroofen und baue dabei Farb- und Bildschichten auf. Zunächst schrühe ich den bloßen Ton. Vor dem nächsten Brand trage ich die Unterglasurfarben auf. Die Farbkörper kann ich erst auftragen und abwischen, wenn die Unterglasurfarben gebrannt sind, sonst kommt es zu Verunreinigungen. Vor dem dritten Brand wird die Glasur aufgetragen. Ein vierter Brand bei niedriger Temperatur folgt, falls ich mit Abziehbildern arbeite.

WELCHE ANDEREN KERAMIKER INSPIRIEREN SIE?

Der wichtigste ist Robert Arneson, doch auch die Arbeiten von Dan Anderson, Justin Rothshank, Howard Kottler und Meredith Host inspirieren mich.

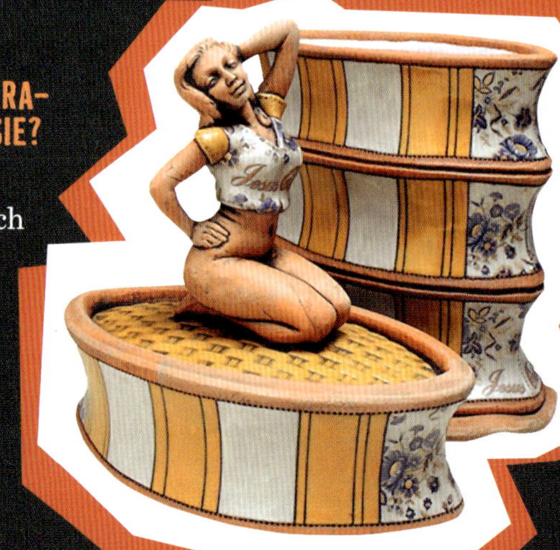

NICK RAMEY

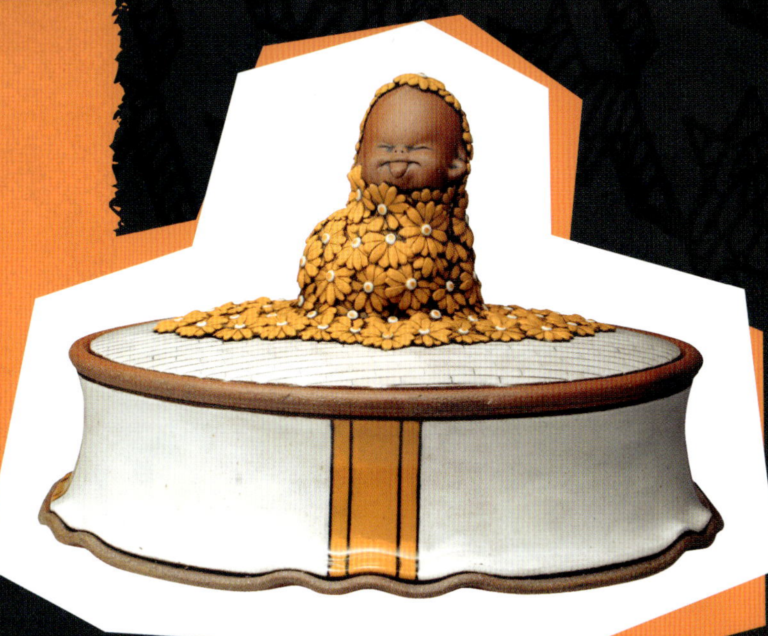

FLOWER POWER (CASSEROLE) (FLOWERPOWER, KASSEROLLE)
2013
20,3 x 35,6 x 25,4 cm
Irdenware, Unterglasurfarbe, Glasur
Foto des Künstlers

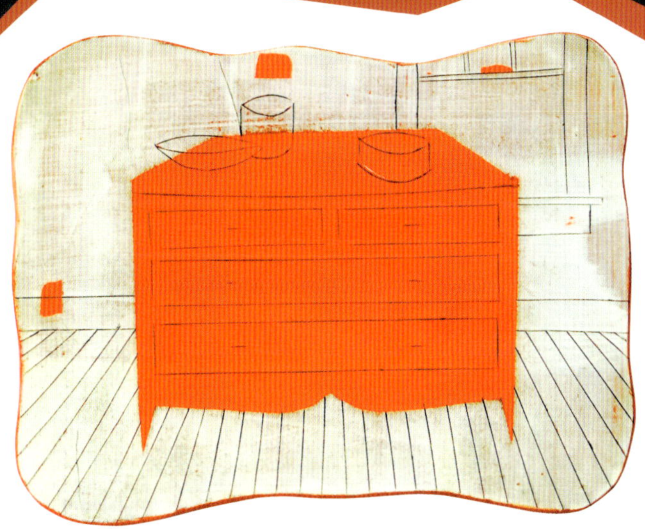

JOSH STOVER

RED DRESSER TILE (FLIESE MIT ROTER KOMMODE)
2013
17,8 x 12,7 x 5,1 cm
Irdenware, Engobe, Unterglasurfarbe
Foto des Künstlers

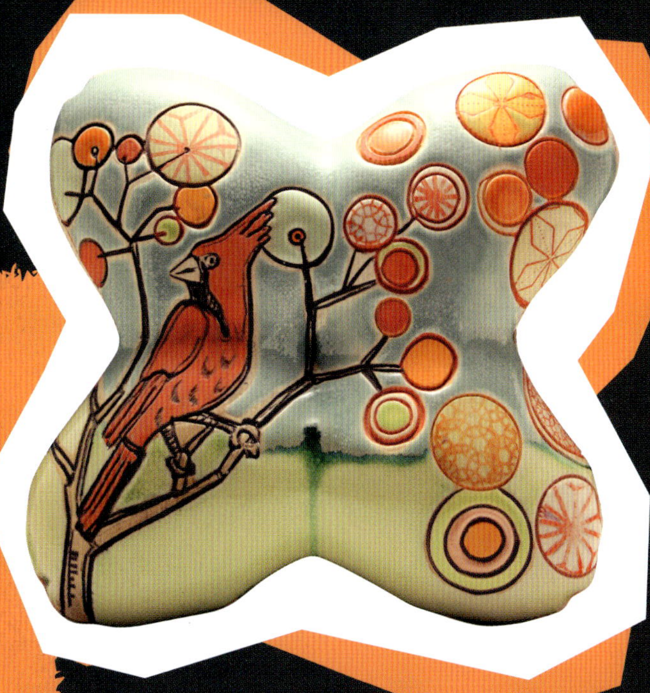

BROOKE NOBLE

CARDINAL WALL PILLOW (WANDKISSEN MIT ROTKARDINAL)
2013
25,4 x 25,4 x 5,1 cm
Porzellan, gegossen, verziert, Oxidation bei Kegel 6
Foto der Künstlerin

AUSSPARMITTEL

Wie ich bereits im ersten Kapitel erwähnte, sind Abdeck- oder Aussparmittel Materialien, die verhindern, dass zwei Dinge aneinander haften. Hier soll es nun um die Verwendung von Aussparmitteln bei Glasuren und Schrühware gehen.

Es gibt viele Hersteller, die Aussparmittel speziell für Keramikkünstler anbieten. Dabei handelt es sich in erster Linie um Kaltwachs und Latex. Beide Materialien gibt es in spezifischen Zusammensetzungen für besondere Anwendungen. Der wesentliche Unterschied zwischen beiden ist, dass Wachs erst beim Brennen wieder verschwindet. Es sickert in die Poren des geschrühten Scherbens und bleibt dort, bis es ausbrennt. Latex dagegen bildet eine gummiartige Schicht, die sich abziehen lässt. Beide Materialien bringen Vor- und Nachteile mit sich.

Welche Rolle kann ein Aussparmittel bei der graphischen Gestaltung keramischer Oberflächen spielen? Nun, die Möglichkeiten sind grenzenlos, wenn Sie bereit sind, zu experimentieren und vielleicht auch einige Risiken einzugehen. Falls Sie vorhaben, mehrere Arten von Glasuren zu verwenden, kann ein Aussparmittel verhindern, dass ein Glasurauftrag den anderen überlappt. Oder Sie können einen handgeschriebenen Text mit Wachs aufmalen oder mit dem Malhorn auftragen, so dass die mit Wachs bedeckten Stellen keine Glasur aufnehmen. Mit Latex als Aussparmittel lassen sich Muster aus mehreren Glasuren erstellen. Am Anfang steht immer eine Idee, die es auszuprobieren gilt.

COURTNEY MARTIN

STAR PLATTER (TELLER MIT STERNMUSTER)

2013
40,6 x 40,6 x 7,6 cm
Steinzeug, Holzbrand
Foto: Tim Barnwell

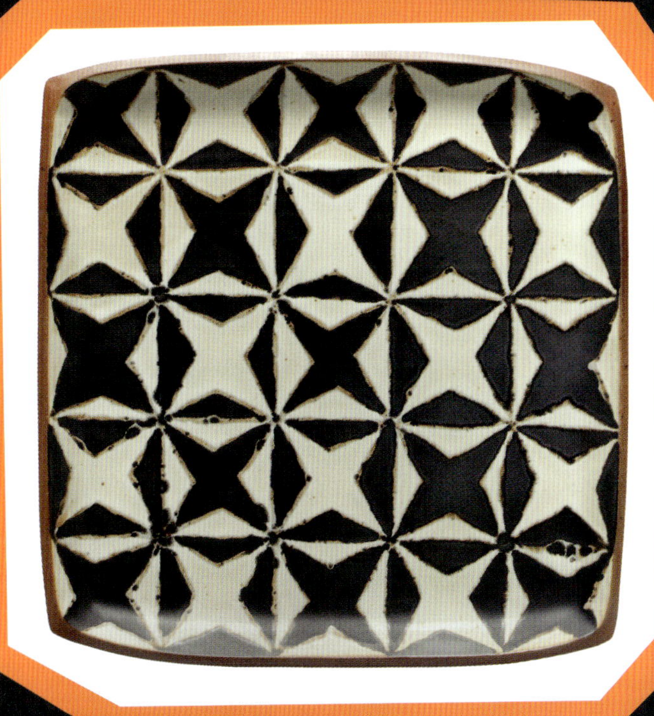

WIE GLASIEREN SIE UND WARUM BENUTZEN SIE ABDECKMITTEL?

Ohne Abdeckmittel oder Masken lassen sich die kraftvollen sauberen Muster aus kontrastierenden Glasuren nicht erzielen, mit denen ich arbeite. Diese Masken sind so wichtig, dass ich gleich zwei benutze. Erst zeichne ich das Muster mit Bleistift auf den geschrühten Scherben. Dann male ich die Umrisse mit Latex als Aussparmittel aus. Wenn er trocken ist, trage ich die erste Glasur durch Tauchen oder Schütten auf. Hier ist der Latex ganz wichtig, denn sobald die Glasur trocken ist, kann ich ihn abziehen, die mit Glasur gefärbten Flächen mit Wachs als Aussparmittel abdecken und gleich die zweite Glasurschicht auftragen. Wenn ich nur Wachs verwenden würde, könnte ich es nicht sauber entfernen und die zweite Farbe hinzufügen. Masken haben einen weiteren Vorteil: Ich muss meine Glasuren nicht aufmalen. Bei Kegel 10 sehen meine Glasuren streifig aus, wenn ich sie mit dem Pinsel auftrage, doch beim Schütten oder Tauchen entsteht dieses Problem nicht und die Linien sind so klar, wie ich sie haben möchte.

MIT WELCHEN MASKEN ARBEITEN SIE AM LIEBSTEN? WARUM?

Ich nehme Latex und Wachs als Aussparmittel. Latex trocknet schnell und lässt sich abziehen. Er ist etwas teurer als Wachs, doch die Vorteile überwiegen. Auf meinen Glasuren verwende ich Wachs von Mobil, es scheint besser zu funktionieren: Es schrumpft nicht und haftet nicht an der Glasur. Für den Boden meiner Gefäße nehme ich Wachs von Forbes.

WO FINDEN SIE INSPIRATION?

Wenn ich glasiere, sehe ich mir Muster aus der ganzen Welt an und versuche, sie mir zueigen zu machen. Afrikanische Bogolan sind gerade meine Favoriten, wie afrikanische Stoffe überhaupt. Ich kann – und will – sie nicht direkt abbilden, doch sie helfen mir, meine Vorstellung von Mustern zu entwickeln.

WIE BRENNEN SIE?

Alle meine Arbeiten werden in einem liegenden Holzbrennofen gebrannt. Ich brenne nur mit Holz, etwa 18 Stunden lang. Ich versuche, die Atmosphäre im Ofen neutral zu halten. Gegen Ende des Brandes füge ich 1,8 bis 3,6 kg Salz hinzu.

LATEXMASKEN UND EIN SCHLEIER AUS UNTERGLASURFARBE

Ich staune immer wieder, wie einfach viele keramische Dekortechniken sind. Oft genug machen wir uns selbst das Leben schwer und lassen Möglichkeiten zur Vereinfachung ungenutzt. Die hier vorgestellten Verfahren sind nicht nur wunderbar einfach. Man kann auch viele von ihnen miteinander kombinieren oder austauschen. Im folgenden Beispiel benutzen wir Latex als Aussparmittel, um eine durchscheinende Farbfläche zu schaffen. Latex ist das ideale Material für ablösbare Schablonen.

- **Geschrühtes, mit Engobe vordekoriertes und glattgeschmirgeltes Stück (hier ist es ein Teller)**
- **Klare Glasur**
- **Handelsübliche Unterglasurfarbe, heller Farbton**
- **Latex als Aussparmittel**
- **Kleiner Behälter (z.B. Pappbecher)**
- **Schwamm und Eimer mit Wasser**
- **Skalpell**
- **Pinsel für Latex**
- **Pinsel für Unterglasurfarbe**

1. Geben Sie etwas flüssigen Latex in einen kleinen Pappbecher und malen Sie damit einfache Muster auf den Teller (Foto A). Der Latex verhindert, dass die Unterglasurfarbe an diesen Stellen die Oberfläche einfärbt.

2. Waschen Sie den Pinsel sofort mit Seife aus und werfen Sie den Becher mit Latexresten weg.

3. Lassen Sie die Latexmuster vollständig trocknen, bevor Sie Glasur oder Unterglasurfarbe auftragen.

4. Streichen Sie die gesamte Oberfläche mit Unterglasurfarbe ein und lassen Sie sie wie beim Einfärben trocknen oder tragen Sie sie als Farbüberzug auf und lassen Sie sie trocknen, ohne sie abzuwischen.

5. Wenn Sie die Oberfläche einfärben wollen, wischen Sie mit einem feuchten Schwamm darüber. Wischen Sie die Unterglasurfarbe nicht ganz weg, wie wir es beim Einfärben auf Seite 62 gemacht haben, sondern lassen Sie einen Großteil der Farbe als farbigen Schleier stehen.

6. Ziehen Sie die Latexmuster ab. Behelfen Sie sich mit der Spitze eines Skalpells, wenn es mit den Fingern zu schwierig ist. Inmitten des Farbschleiers zeigen sich nun saubere, klare Formen (Foto B).

7. Brennen Sie den Teller, tragen Sie eine weitere Dekorschicht aus Unterglasurfarbkreiden oder -stiften auf oder fügen Sie später nach dem Glattbrand noch Abziehbilder hinzu (den fertigen Teller sehen Sie auf Seite 82.)

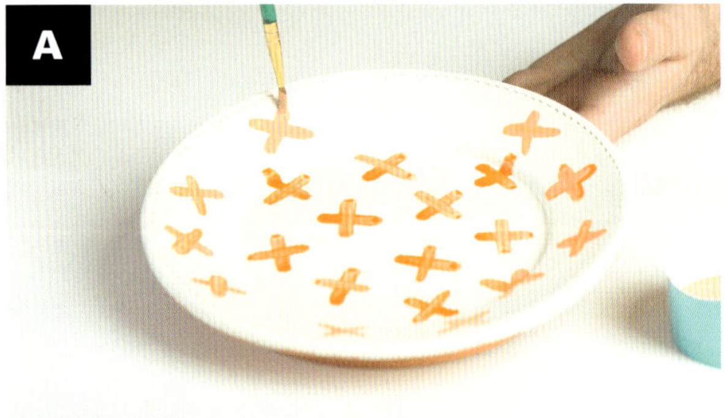
A

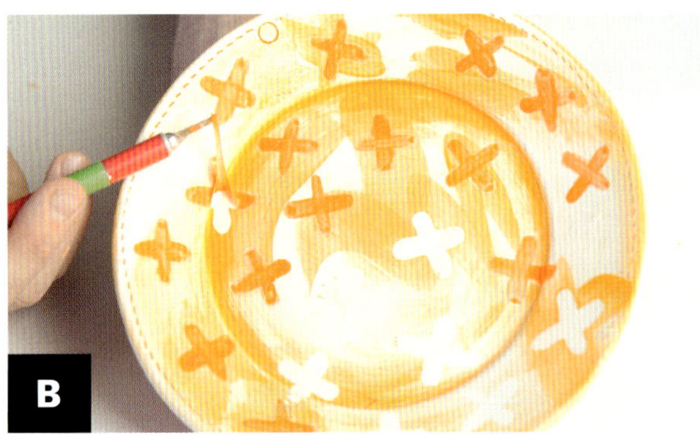
B

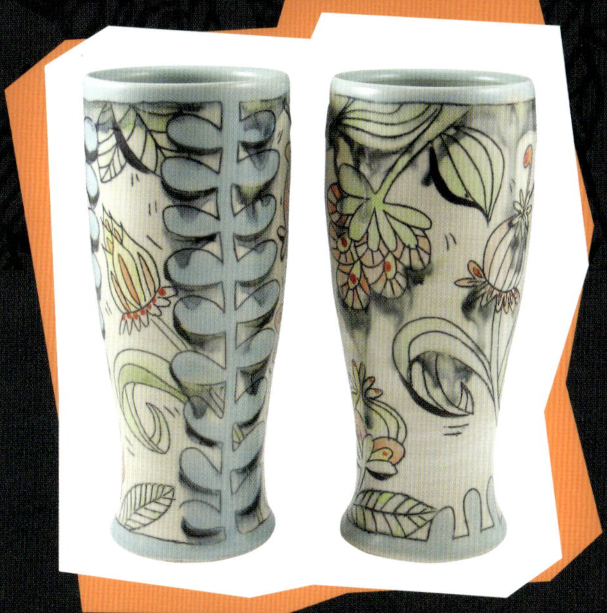

CHANDRA DEBUSE

FLORAL TUMBLERS (BECHER MIT BLUMENDEKOR)

2014
20,3 x 8,9 x 8,9 cm
Weißes Steinzeug, scheibengedreht, Einlegemuster mit Unterglasurfarbe, Glasurdekor, Oxidation bei Kegel 6
Foto der Künstlerin

WIE GLASIEREN SIE UND WARUM BENUTZEN SIE ABDECKMITTEL?

Ich trage farbige seidenmatte Glasuren durch Tauchen, Gießen oder Sprühen auf, um einen gleichmäßigen Überzug zu erhalten. Die Bilder auf meinen Stücken entstehen im lederharten Zustand durch Einlegetechnik. Bevor ich die geschrühten Stücke glasiere, decke ich die Bilder mit Masken ab, damit sie keine farbige Glasur abbekommen. Dann entferne ich die Masken und male die Umrisse mit Unterglasurfarbe aus. Zum Schluss tauche ich das ganze Stück in klare seidenmatte Glasur.

WELCHE ABDECKMITTEL BENUTZEN SIE AM LIEBSTEN?

Ich verwende zweierlei, um meine Muster und Bilder abzudecken: Abklebeband für Malerarbeiten und Wachs auf Wasserbasis (Forbes). Für einfache Muster (z.B. geometrische Formen) nehme ich Abklebeband, bei komplexeren Bildern mit unregelmäßigen Kanten nehme ich Wachs.

Ich habe es auch mit Latex als Abdeckmittel versucht, doch beim Abziehen blieben winzige Reste in den Rillen meiner Zeichnungen hängen, die nach dem Glasurbrand als Nadelstiche zu sehen waren.

WELCHE THEMEN UND MOTIVE ERKUNDEN SIE IN IHRER ARBEIT?

Als Künstlerin interessiere ich mich für narrative Bildkompositionen und erkunde alltägliche Themen. Oft überwinden Figuren irgendwelche Hindernisse auf dem Weg zu einem Ziel. Manche Figuren tauchen mehrmals auf meinen Gefäßen auf. So entfalten sich Geschichten von einem Gefäß zum anderen, während man die Figuren in unterschiedlichen Situationen sieht, z.B. eine mütterlich wirkende Frau mit Turmfrisur, die einem Streich zum Opfer fällt, von einem Liebhaber angeschmachtet wird und riesige Pakete in ihrem Einkaufswagen stapelt. Mir gefällt dabei die Entwicklung der Charaktere.

WIE BRENNEN SIE?

Ich brenne bis Kegel 6 im Elektroofen.

GIBT ES HINDERNISSE FÜR SIE ALS DRUCK- UND KERAMIKKÜNSTLERIN?

Das größte Problem ist die Zeit, die ich brauche, um meine Werke zu schaffen. Ich drehe, forme und zeichne jedes einzelne Stück. Ich weiß, dass alles schneller ginge, wenn ich die Vorteile serienmäßiger Herstellungsverfahren nutzen würde (Schlickerguss, Abziehbilder usw.), doch dann würde ich vielleicht all das Neue verpassen, nach dem ich so süchtig bin!

JENNIFER ALLEN

SET OF MUGS (BECHERSATZ)

2014
11,4 x 11,4 x 10,2 cm
Porzellan, Hörnchenmalerei mit Gasurfarbe auf aufgepinselter Engobe, Reduktion bei Kegel 10
Foto der Künstlerin

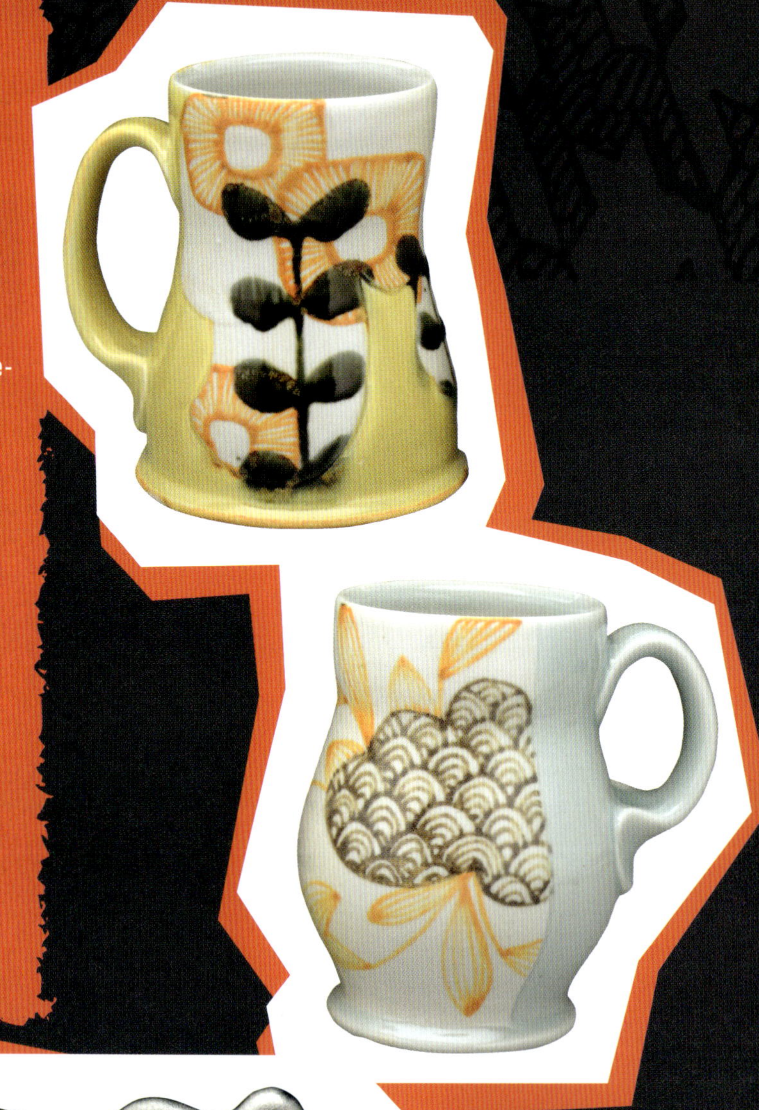

ANGELIQUE TASSISTRO

ON POINT SERVING PLATTER (PUNKT AUF PUNKT, SERVIERTELLER)

2012
25,4 x 22,9 x 5,1 cm
Weiße Irdenware, Schichten aus Unterglasurfarbe, Unterglasurfarbstift, klare Glasur, Kegel 4 im Elektroofen
Foto: Tim Barnwell

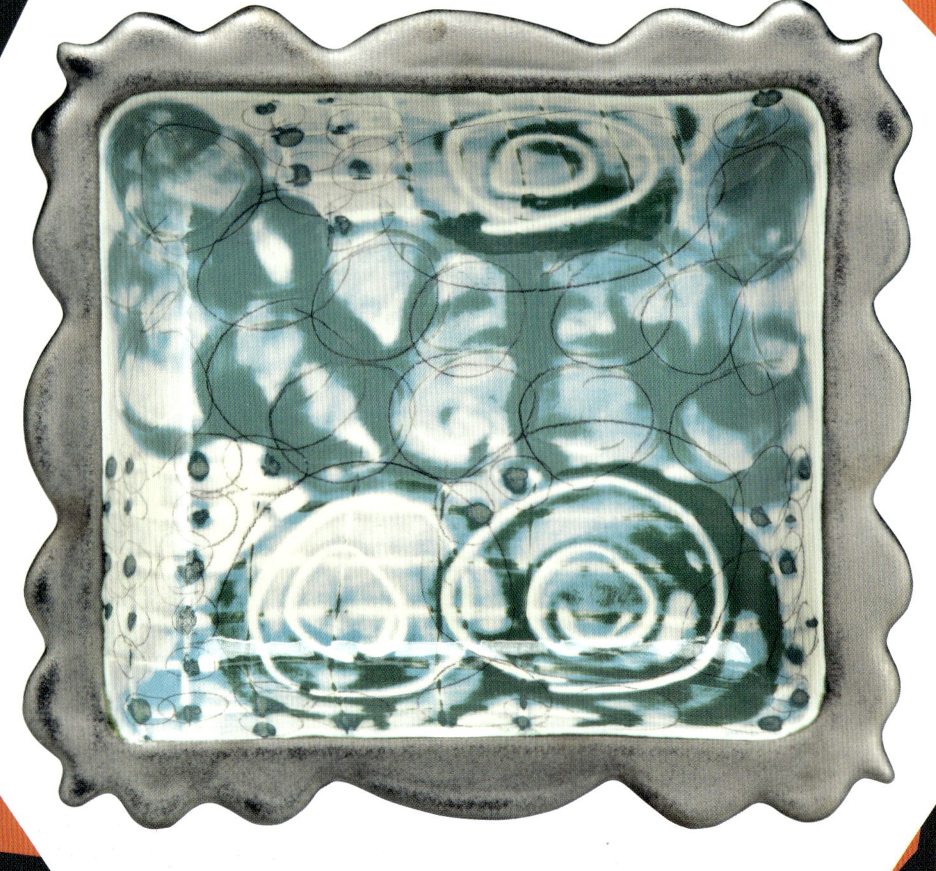

ALYSSA WELCH PARKER

TEA CAKE SERVING DISH (SERVIERSCHALE FÜR TEEKUCHEN)

2013
27,9 x 15,2 x 2,5 cm
Steinzeug, mittlerer Brennbereich, Folienaufkleber als Aussparmittel

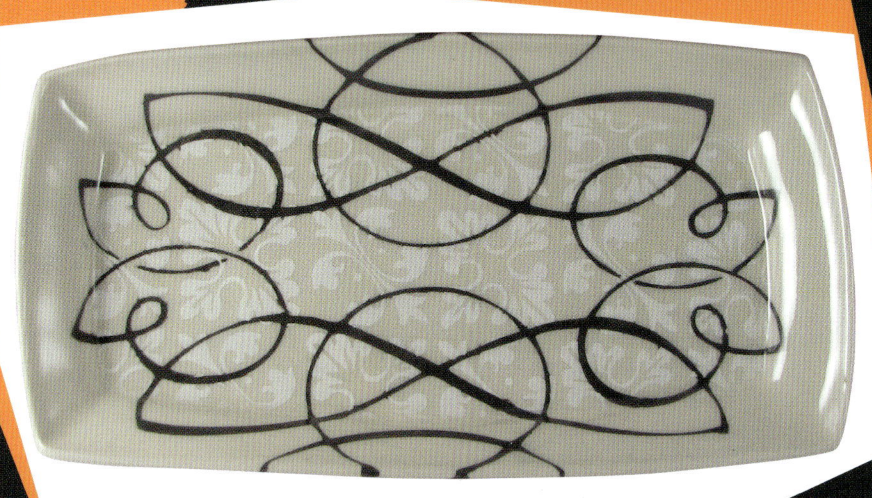

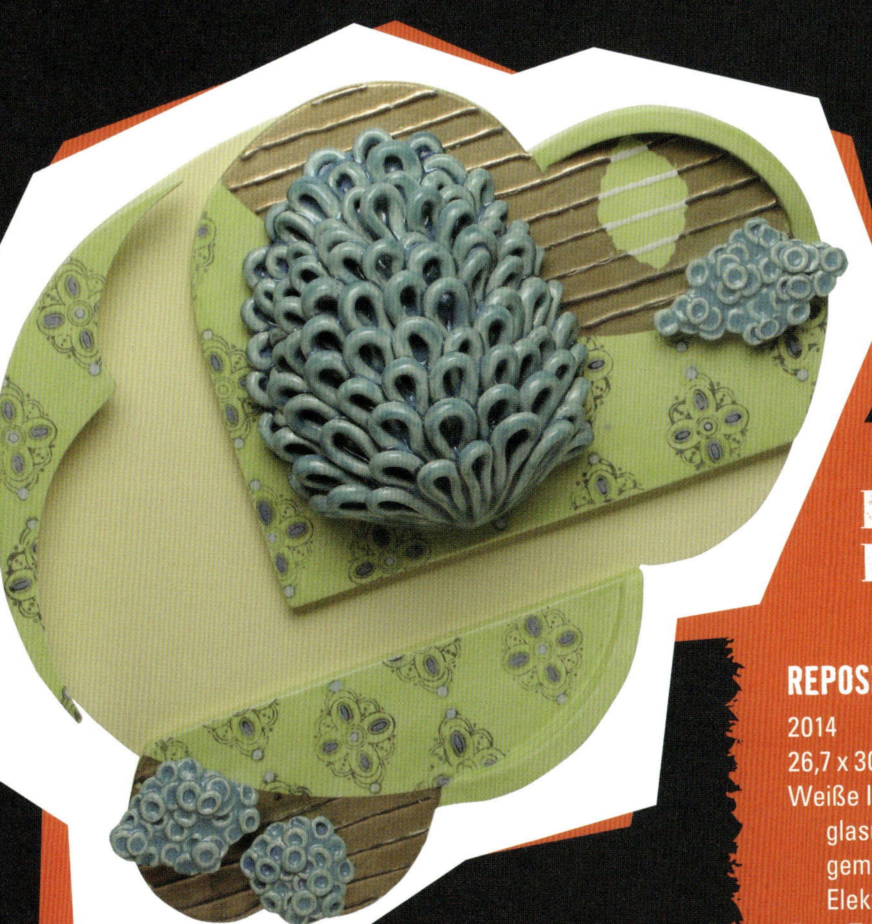

ERIN FURIMSKY

REPOSITION (VERSCHIEBUNG)

2014
26,7 x 30,5 x 10,2 cm
Weiße Irdenware, gestempelte Schrühware, Unterglasurfarben, im Handel erhältliche und selbst gemischte Glasuren, Holz, Acrylfarbe, Kegel 04 im Elektroofen
Foto: Tyler Lotz

Kapitel 4

ABZIEHBILDER

Abziehbilder können das Dekor keramischer Oberflächen ungemein bereichern und beeindruckende Effekte erzielen. Im Allgemeinen handelt es sich bei keramischen Abziehbildern um Siebdrucke, Digitaldrucke oder lithografische Drucke, bei denen keramische Farben (z.B. Unterglasurfarben, Porzellanfarben oder feine keramische Pigmente) auf ein gummibeschichtetes Papier übertragen werden. Diese aufgedruckten Pigmente werden mit einer flüssigen Deckschicht überzogen, in der das Bild liegt, bis Sie es verwenden wollen. In warmem Wasser löst sich das Bild vom Trägerpapier, sodass es auf eine gesinterte Oberfläche wie Keramik, Glasur oder Glas aufgebracht werden kann.

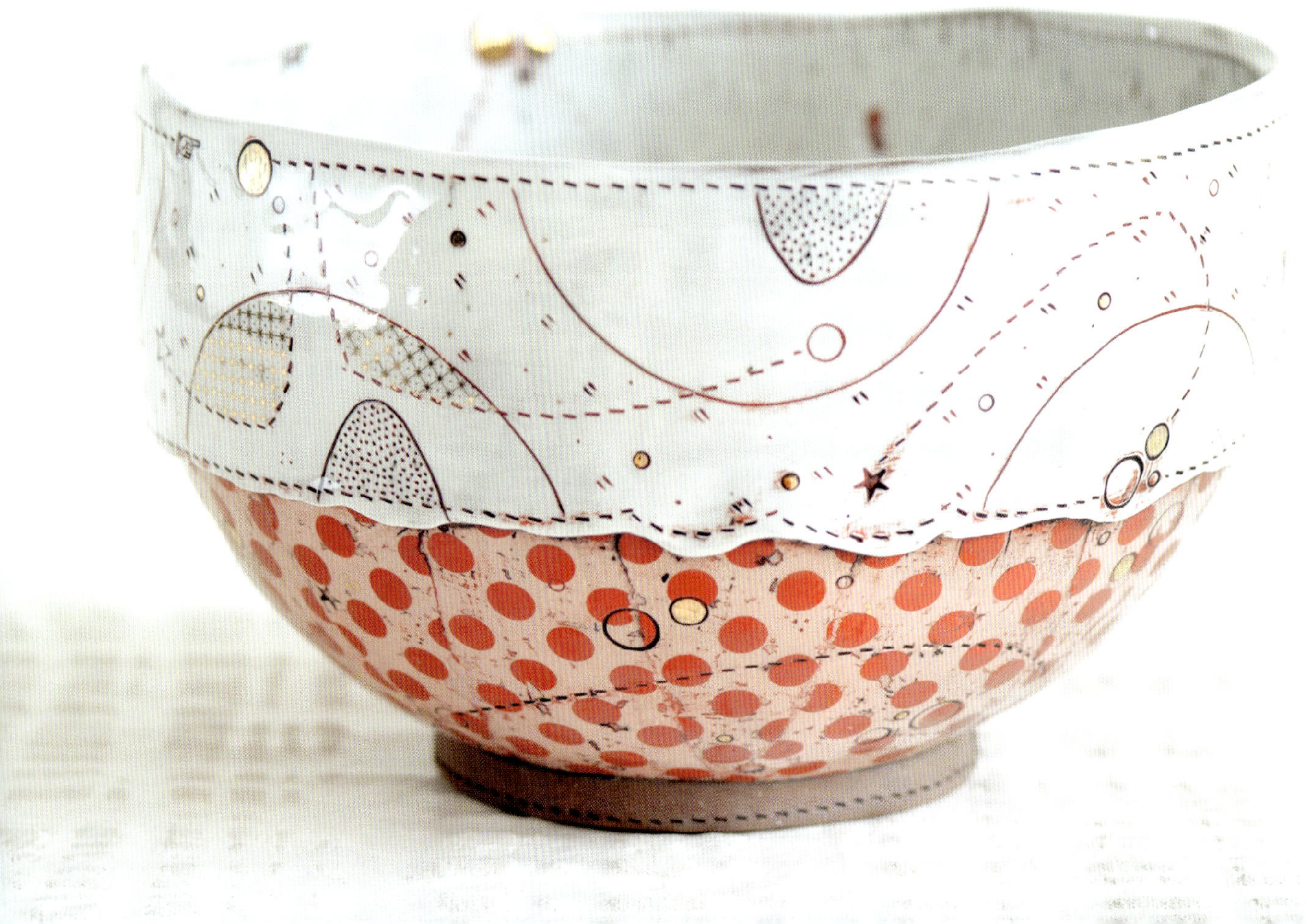

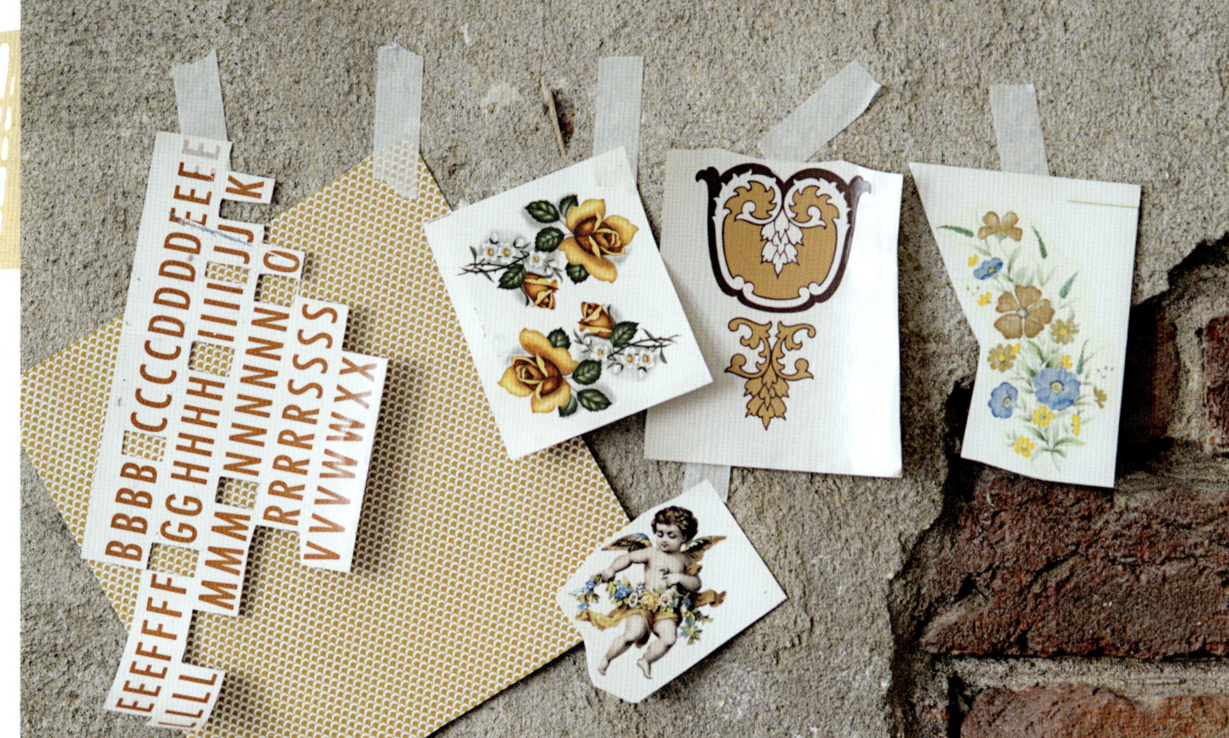

Im Handel finden Sie Abziehbilder mit den unterschiedlichsten Farben und Motiven. Eigene Kreationen kann man selbst drucken oder anfertigen lassen.

Beim Brand brennen Beschichtung und Deckschicht aus und das Pigment schmilzt auf der glasierten Oberfläche. Abziehbilder sind überall: Teetassen mit Blumen oder Teller mit Vögeln oder Goldrand sind alltägliche Beispiele. Ursprünglich waren sie für industriell gefertigte Keramik, Fliesen und dergleichen gedacht, doch inzwischen haben Keramikkünstler sie für sich entdeckt und entdecken immer neue Anwendungsmöglichkeiten.

Abziehbilder sollten zum Gesamteindruck eines Stückes passen. Die Arbeiten mancher Keramiker sind über und über mit gekauften und selbst gestalteten Abziehbildern bedeckt, während andere eine Einheit von Form und Oberfläche anstreben und Stücke anfertigen, die im Einklang mit den verwendeten Abziehbildern stehen. Wieder andere fügen sie sehr wirkungsvoll in bereits vorhandene Dekore ein, wobei die zusätzliche Schicht aus Mustern und Abziehbildern von fotografischen Vorlagen oftmals die gestalterische Komposition der Arbeiten unterstützt.

Sowohl im Handel erhältliche als auch selbst gestaltete Abziehbilder können vorhandenes Dekor bereichern oder für sich als einzige Dekoration wirken.

ÜBERLEGUNGEN ZU ABZIEHBILDERN

Auf dem Weg von der Rohware zum glasierten Scherben haben wir alle möglichen Dekortechniken erkundet und dabei hoffentlich einiges dazugelernt. Nun stellt sich die Frage: „Wie kann oder sollte ich meine Arbeit weiter entwickeln?“

Wie bereits besprochen, sind Komposition und gestalterische Prinzipien wichtige Grundlagen. Abziehbilder können die Wirkung exquisit gefertigter und mit wunderschöner Glasur versehener Keramik zerstören, wenn der Künstler die Komposition seines Stückes nicht in Betracht gezogen hat. Auch hier braucht es Zeit und Übung.

An diesem Punkt muss eine wesentliche Entscheidung fallen: Verwenden Sie fertige Abziehbilder oder gestalten Sie sie nach eigenen Vorlagen? Ich rate Ihnen, beides zu probieren. Falls Sie noch nie mit Abziehbildern gearbeitet haben, bestellen Sie sich welche (siehe Seite 148), probieren Sie sie aus und spielen Sie damit. Wenn Sie mit der Handhabung vertraut sind und Ihre Ideen sprießen, fügen Sie selbst gestaltete und speziell gefertigen Abziehbilder in Ihre Oberflächendekore ein.

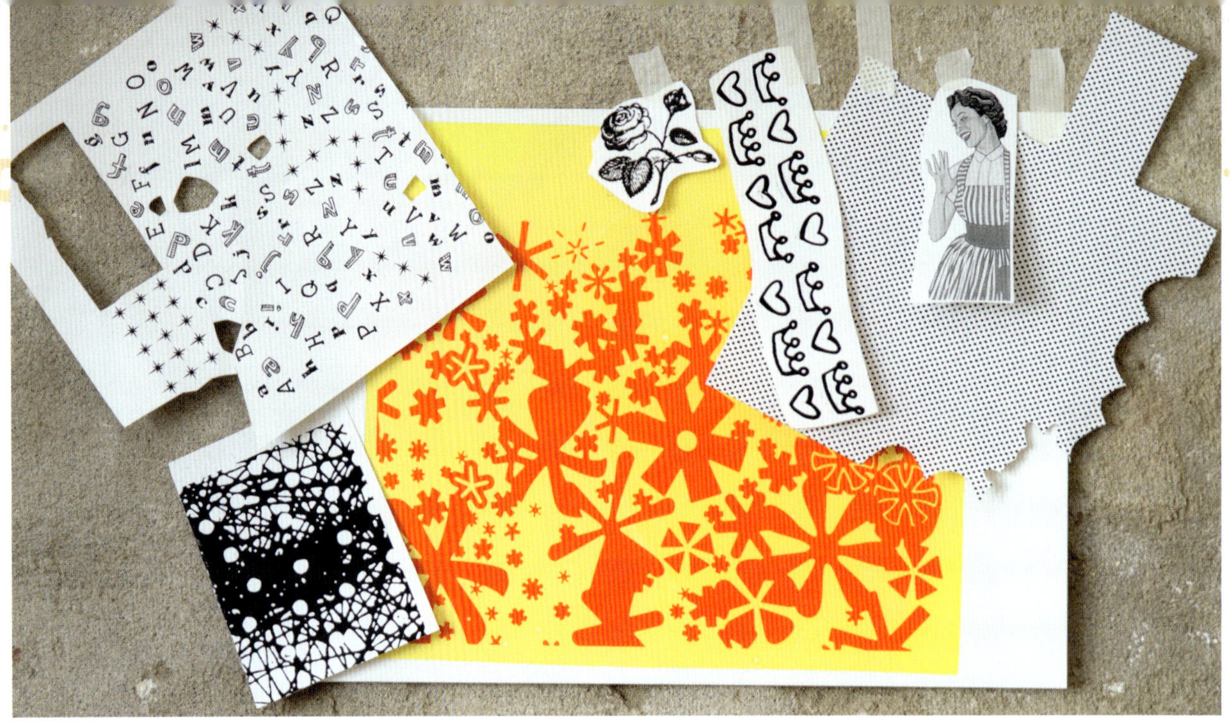

HANDELSÜBLICHE ABZIEHBILDER

Unter handelsüblichen Abziehbildern versteht man vorgefertigte und im Handel erhältliche Abziehbilder mit den unterschiedlichsten Mustern: Rosen und andere Blumen, Enten mit Schleifen um den Hals, Vögel und Vogelkäfige, niedliche Kätzchen, Osterhasen und Weihnachtsmänner. Auch Bilder von Illustratoren wie Norman Rockwell sind beliebte Motive.

SELBST GESTALTETE ABZIEHBILDER

Mit dem technischen Fortschritt wachsen auch die Möglichkeiten, Abziehbilder herzustellen. Lange Zeit wurden Abziehbilder nach eigenen Vorlagen als Lithographie oder Siebdruck erstellt. Mittlerweile gibt es jedoch Elektronikdrucker, mit denen Serien nach fotografischen Vorlagen für industrielle Zwecke produziert werden.

Keramikkünstler haben inzwischen das Potential dieser technischen Errungenschaften erkannt und lassen von Firmen, die auf digital gedruckte Abziehbilder spezialisiert sind, nach eigenen Vorlagen drucken, die sie für ihre Zwecke verwenden. Außerdem haben sie erkannt, dass diese Abziehbilder bei höheren Temperaturen gebrannt werden können als handelsübliche. Versuche haben erfogreiche Brände bis Kegel 10 und konsistente Ergebnisse zwischen Kegel 010 (bei niedrig gebrannter Keramik) und Kegel 04 (bei mittel-/hochgebrannter Keramik) ergeben. Das bedeutet, dass man Fotos und Illustrationen als Vorlage für Abziehbilder (schwarzweiß, sepiafarben oder bunt) benutzen kann, die sich höher brennen lassen. Dabei absorbiert die Glasur das Pigment. Somit sind die Bilder haltbarer als handelsübliche Abziehbilder, die lediglich auf der Glasur sitzen.

Sie wissen nicht, wo Sie anfangen sollen? Am besten mit Kritzeleien und Entwürfen von Ihrem Skizzenblock oder mit digitalen Fotos. Wenn Sie Abziehbilder bestellen, sollten Sie nur eigene Fotos, Zeichnungen und Muster verwenden. Wenn Sie sich für urheberrechtlich geschütztes Material interessieren, halten Sie sich an die „Fair Use"-Regeln. Sie besagen, dass es bei der Benutzung geschützten Materials auf (1) Zweck und Art des Gebrauchs des geschützten Materials ankommt (schaffen Sie mit dem geschützten Material etwas Neues?), (2) auf die Art des geschützten Materials, (3) wie viel von dem geschützten Material in seiner Gesamtheit benutzt wird und (4) die Auswirkungen, die Ihre Verwendung des Materials auf den Wert der ursprünglichen Arbeit hat. Falls Sie sich unsicher sind, gestalten Sie Ihre eigenen Vorlagen.

Hinweis: *Auf Seite 148 finden Sie eine Liste von Herstellern handelsüblicher Abziehbilder sowie von Anbietern, die nach selbst gestalteten Vorlagen drucken.*

AGNES FRIES

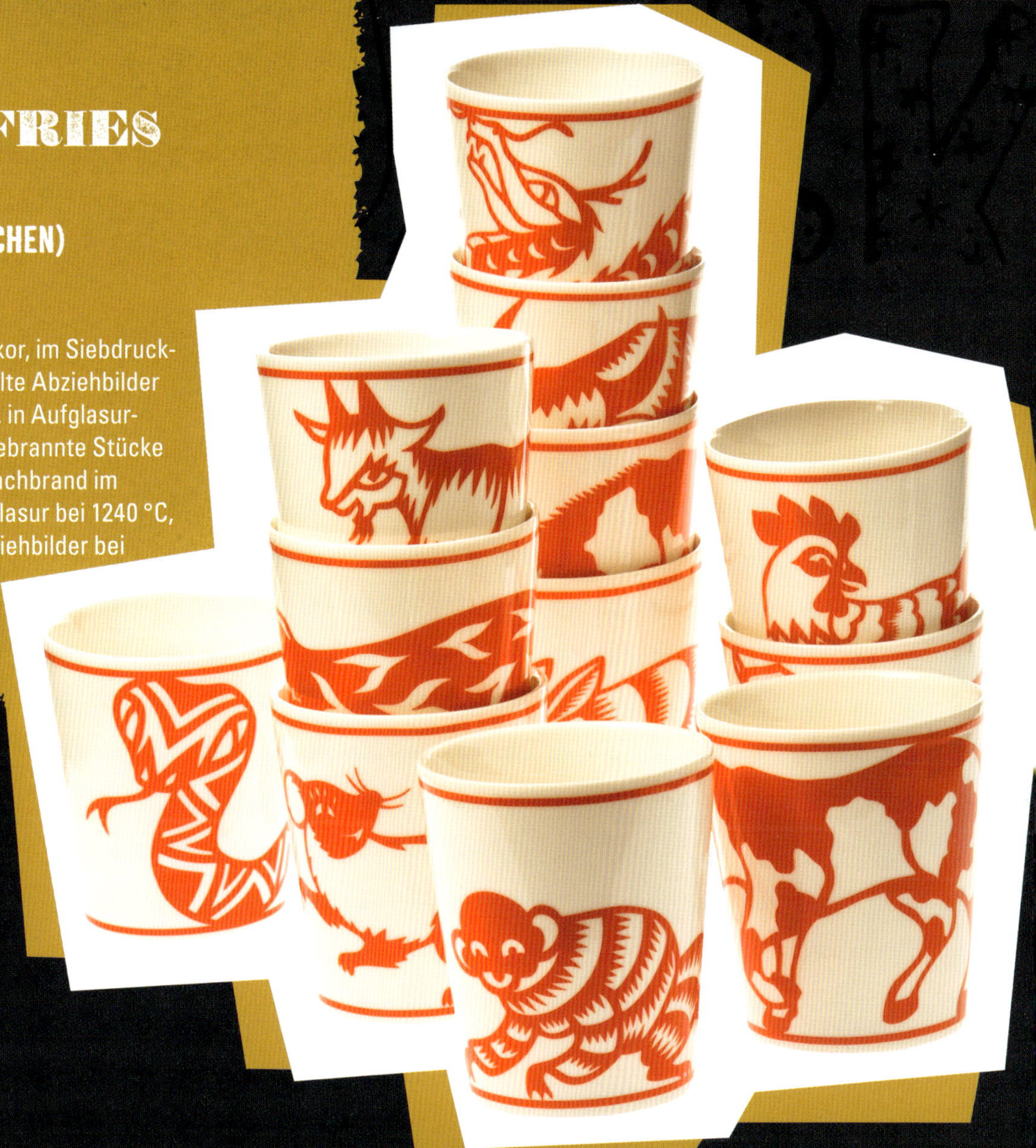

ZODIAC (STERNZEICHEN)

2012
8,9 x 8,3 cm
Porzellan, Aufglasurdekor, im Siebdruckverfahren hergestellte Abziehbilder von digitalen Scans, in Aufglasur-Schmelzfarbe auf gebrannte Stücke aufgebracht, Zweifachbrand im Elektroofen: klare Glasur bei 1240 °C, dann Aufglasur-Abziehbilder bei 780 °C
Foto:
Björn Babba Callius

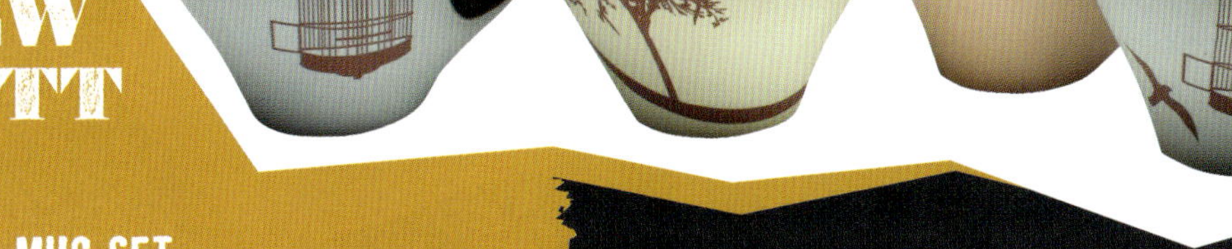

ANDREW GILLIATT

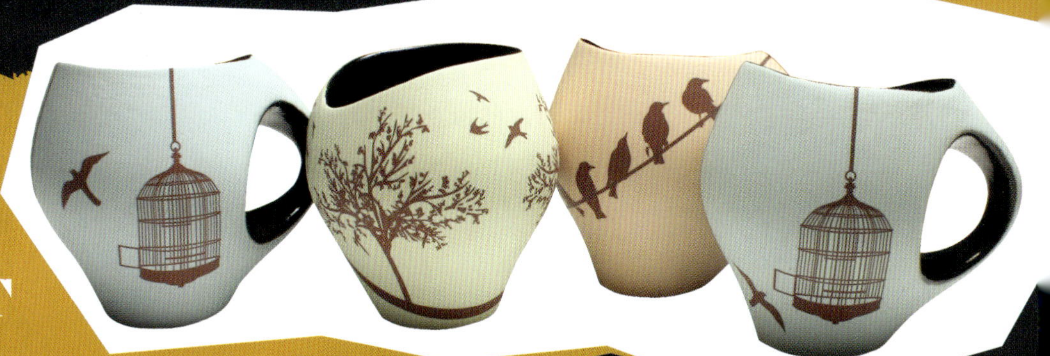

LOST AND FOUND MUG SET (BECHERSET „FUNDBÜRO")

2012
10,2 x 12,7 x 10,2 cm
Porzellan, Unterglasurfarbe, Glasur, Abziehbilder im Laserdruck, Oxidation bei Kegel 10
Foto des Künstlers

JEREMY R. BROOKS

BLOND FUZZ WITH EARS (BLONDER WUSCHELKOPF MIT OHREN)

2013
17,8 x 12,7 x 1 cm
Collage aus Keramik-Abziehbildern auf Porcelain Canvas, Oxidation bei Kegel 018
Foto des Künstlers

MIRACLE MIKE (HEADLESS CHICKEN) (MIKE, DAS WUNDER – KOPFLOSES HUHN)

2013
17,8 x 12,7 x 1 cm
Collage aus Keramik-Abziehbildern auf Porcelain Canvas, Oxidation bei Kegel 018
Foto des Künstlers

DOG HOUSE (HUNDEHÜTTE)

2013
17,8 x 12,7 x 1 cm
Collage aus Keramik-Abziehbildern auf Porcelain Canvas, Oxidation bei Kegel 018
Foto des Künstlers

A LONE FISHERMAN (EIN EINSAMER ANGLER)

2013
17,8 x 12,7 x 1 cm
Collage aus Keramik-Abziehbildern auf Porcelain Canvas, Oxidation bei Kegel 018
Foto des Künstlers

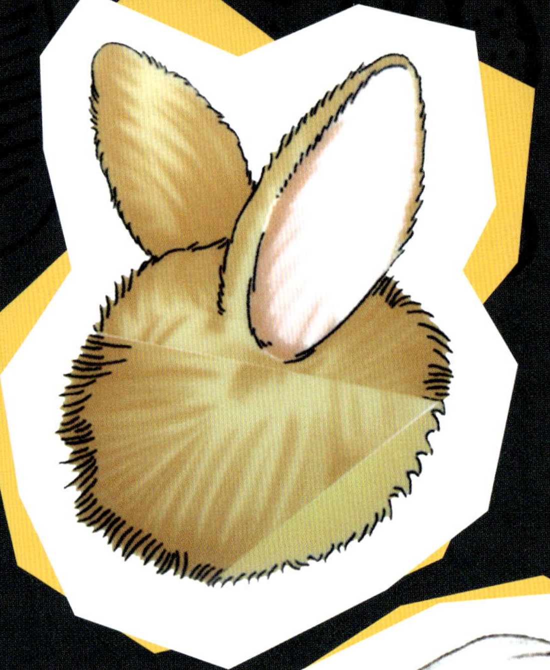

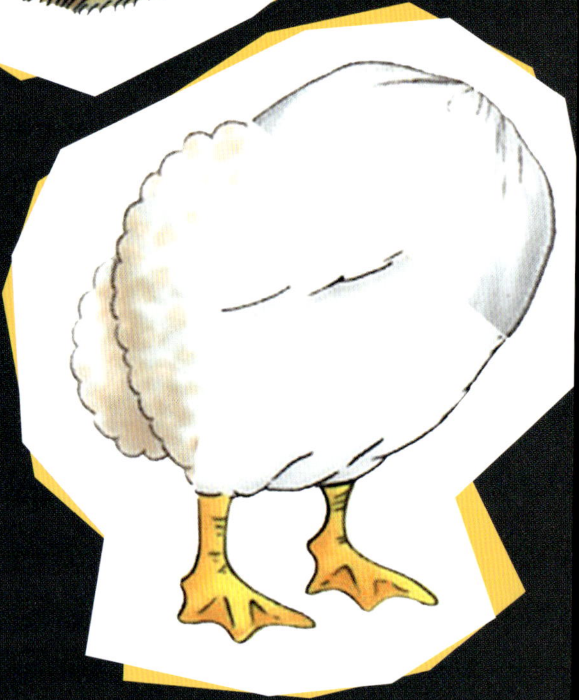

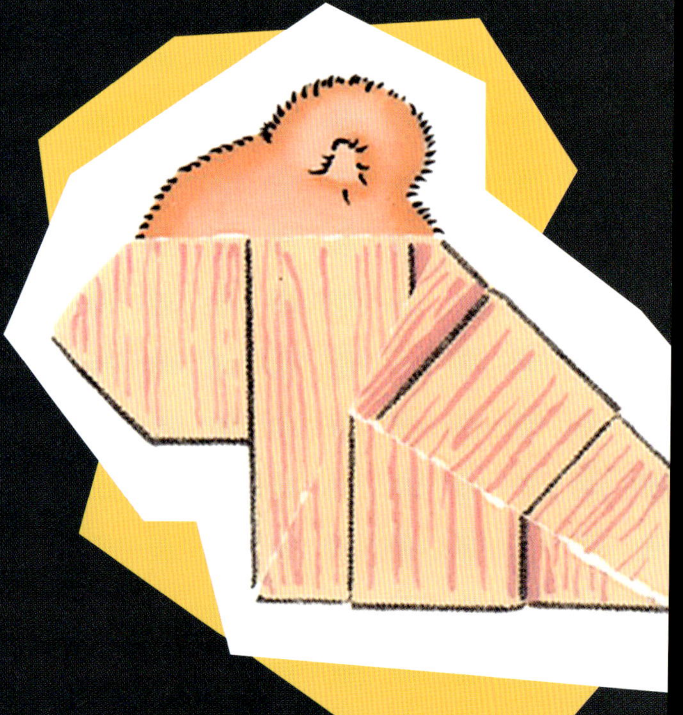

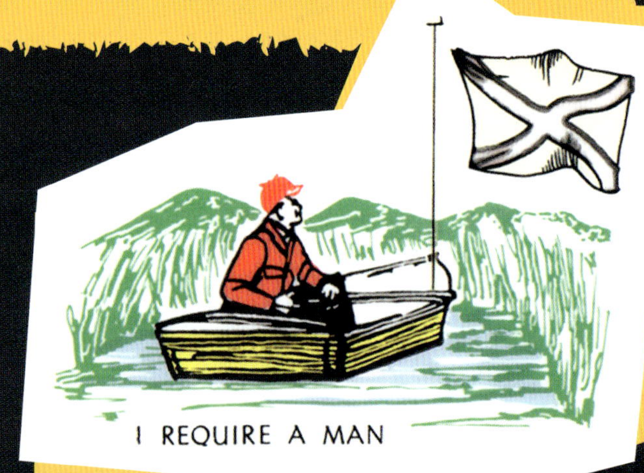

JEREMY KANE

I LOVE JUNEAU (ICH LIEBE JUNEAU)

2009
45,7 x 30,5 cm
Porzellan, Abziehbilder, bei Kegel 10 im Gasofen, mehrfach gebranntes Porzellan
Foto des Künstlers

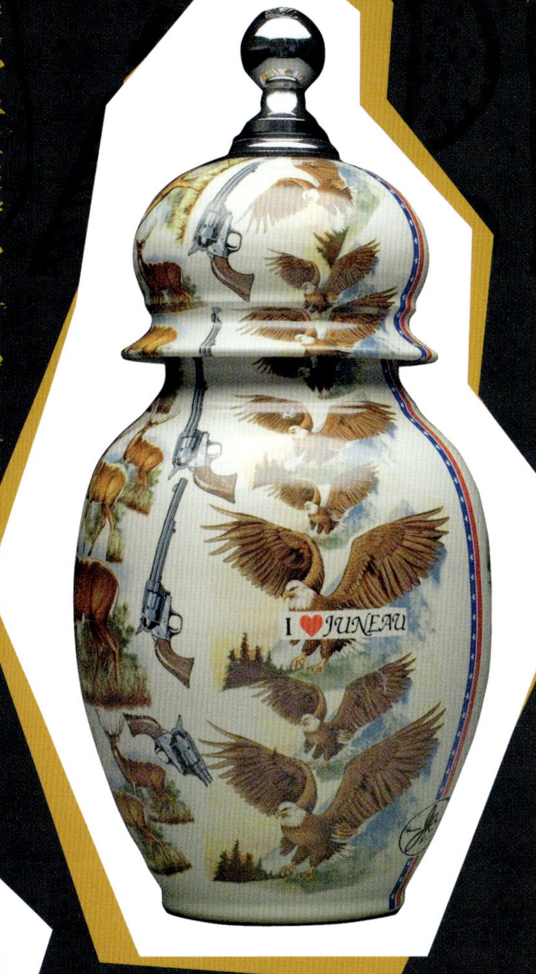

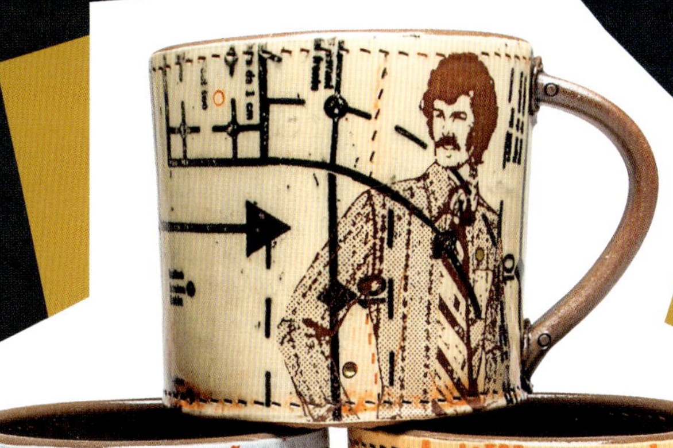

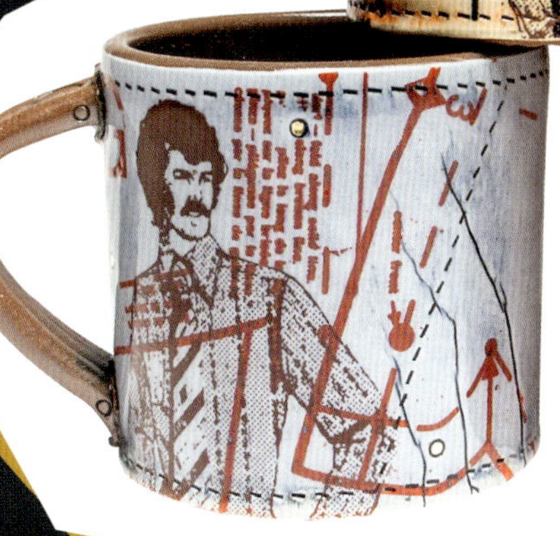

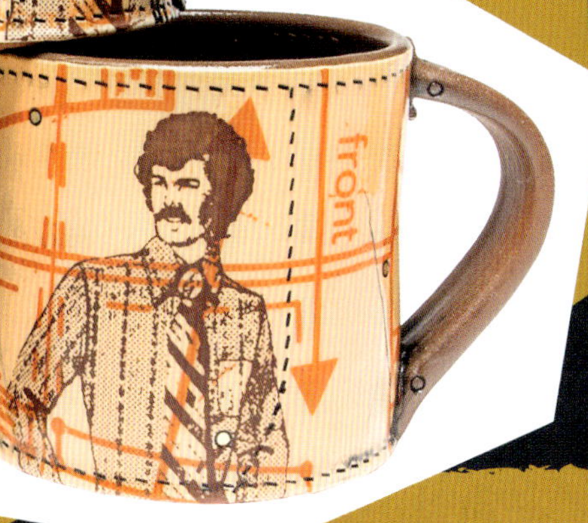

JASON BIGE BURNETT

SEWING MAN MUGS (SCHNITTMUSTER-BECHER)

2014
8,9 x 10 x 15 cm
Keramik, Engobe, Unterglasurfarbe, Glasur, Abziehbilder und Lüster
Foto: Lindsay Rogers

JUSTIN ROTHSHANK

SELF-PORTRAIT WITH CORN (SELBSTPORTRÄT MIT MAIS)

2013
30,5 cm
Irdenware mit individuell gefertigten Abziehbildern, Vierfachbrand
Foto des Künstlers

WAS HAT SIE INSPIRIERT, ABZIEHBILDER ZU BENUTZEN?

Mein Interesse an Text und Bildern auf Ton hat mit dem Wunsch zu tun, Gebrauchskeramik mit einer politischen Aussage herzustellen. Bevor ich anfing, mit Abziehbildern zu arbeiten, verwendete ich kaum Bilder und Muster, machte aber viel Holzbrandkeramik mit komplexen Oberflächen.

Abziehbilder konnte ich auf nassen Ton auftragen und auf hergebrachte Weise bei niedrigen Temperaturen wie Kegel 018 brennen. Ich konnte sie aber auch auf ungewöhnliche Weise brennen, z.B. im Holzbrandofen bis zu Kegel 10. Das war der Durchbruch für mich. Ich kaufte das entsprechende Zubehör und fing sofort an, Abziehbilder in Reduktionsatmosphäre zu brennen.

WELCHE MOMENTE IM KREATIVEN PROZESS FINDEN SIE BESONDERS SPANNEND?

Ich dekoriere gerne viele Stücke gleichzeitig. Die Gestaltung entwickelt sich durch Wiederholung. Zwanzig Becher zu dekorieren führt zwangsläufig zu Experimenten und Wachstum. Durch die Herstellung großer Mengen konnte ich mich mit Bildern und Form auf eine Weise vertraut machen, die ich mir nie vorgestellt hatte.

WIE BRENNEN SIE?

Ich nutze alle Verfahren, die mir zur Verfügung stehen. Ich habe einen Zwei-Kammer-Ofen für Holz- und Sodabrand, mehrere Elektroöfen und baue mir gerade einen Sodaofen. Meist brenne ich Irdenware im Elektroofen bis Kegel 4-6. Nach dem Glasurbrand folgen weitere Brände wegen der Abziehbilder.

WELCHE ANDEREN KÜNSTLER INSPIRIEREN SIE?

Howard Kottler und seine Teller mit Abziehbildern, Andy Warhol mit seinen kräftigen Farben und Symbolen und Dale Huffmans Holzbrandarbeiten. Und Frank Lloyd Wright und seine Ideen zu Form und Funktion.

GIBT ES HINDERNISSE BEI IHRER ARBEIT ALS KERAMIKER? WENN JA, WIE ÜBERWINDEN SIE SIE?

Die Frage, wie ich meine Arbeit für mich frisch und immer wieder neu erhalte, ist ein großes Problem. Wenn man einmal eine Technik gelernt hat, ist es einfach, unaufhörlich dasselbe zu machen und zu verkaufen. Ich versuche, mit neuen Formen, Glasuren, Abziehbildern und Öfen zu experimentieren. Daher erfülle ich gern Kundenwünsche und schwierige Aufträge und brenne sie in meinem Holzbrandofen. Dadurch werde ich in neue und vielleicht unangenehme Richtungen gedrängt und kann neue Produkte ausprobieren.

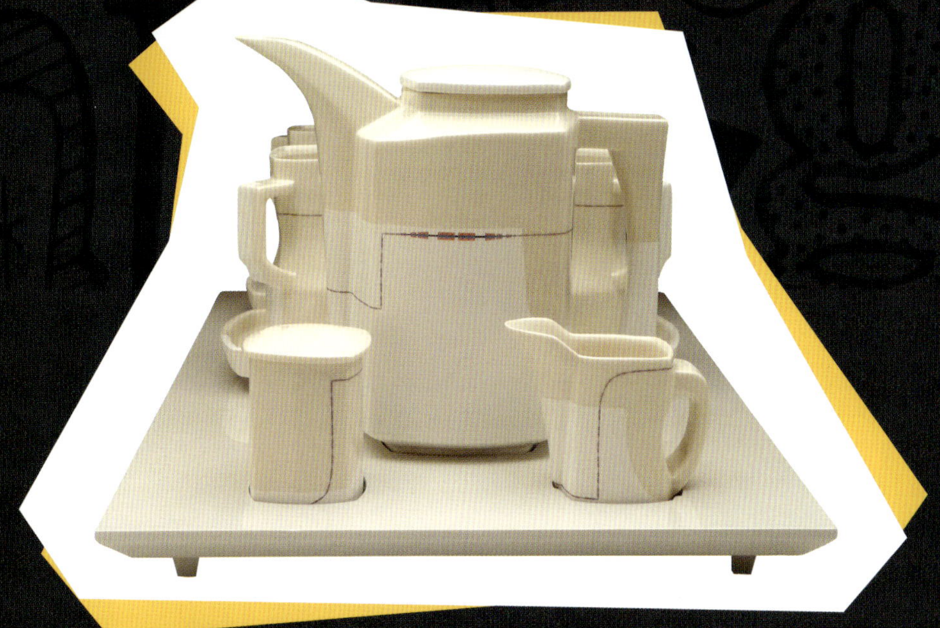

NICHOLAS BIVINS

COFFEE (4) (KAFFEE, 4)

27,9 x 58,4 x 38,1 cm
Gefäße: Porzellan, Glasur, Abziehbilder
Tablett: Holz, Autolack, Gummi
Foto des Künstlers

WAS HAT SIE INSPIRIERT, MIT ABZIEHBILDERN ZU ARBEITEN? WOHER BEKOMMEN SIE SIE?
Meine Abziehbilder sind speziell für mich angefertigt, außerdem hilft mir meine Frau bei Vektorgraphiken mit Adobe Illustrator. Vorher habe ich meine Oberflächen mit der Mishima-Technik gestaltet. Das hat zwar gut funktioniert, doch ich wollte etwas Neues ausprobieren. Also sah ich mich nach anderen Möglichkeiten um, Linien auf meine Arbeiten zu zeichnen. Dabei ging es mir nicht unbedingt um mehr Linien, sondern eher um mehr Informationen innerhalb der Linien. Durch Abziehbilder im Digitaldruck konnte ich komplexere Linien gestalten als mit einem Pinsel.

WELCHE THEMEN UND MOTIVE ERKUNDEN SIE?
Auf der Oberfläche meiner Arbeiten spiele ich mit formalen Elementen wie Kontrast, Masse, Linie, Farbe und ihrer Interaktion und Gewichtung. Meist benutze ich dafür ein Motiv aus Glasur in zwei Farbschattierungen. Indem ich Abziehbilder hinzufüge – wie bei den Umrissen der Extremsportler –, kann ich mir die zwei Farbtöne als eine Landschaft vorstellen. So spiele ich mit den Glasuren mit Sprungschanzen, Tälern und Gipfeln und verwandle eine zweidimensionale Oberfläche in eine imaginäre dreidimensionale Landschaft, in der die Sportler auf den Abziehbildern unglaubliche Kunststücke vollführen.

WIE BRENNEN SIE?
Schrühbrand bis Kegel 04, Glasurbrand bis Kegel 7, Abziehbilder bis Kegel 017, alles als Oxidationsbrand in ein und demselben Elektroofen.

WELCHE ANDEREN KERAMIKER INSPIRIEREN SIE?
Kasimir Malewitsch stellte 1923 die *Suprematistische Teekanne* her, da war er Designer in der Porzellanmanufaktur Lomonosow. Diese Teekanne sprengte die Grenzen dessen, was ich mir bei Gussformen vorgestellt hatte. Es war eine Herausforderung, erst herauszufinden, wie sie gemacht war, dann die Komplexität des Verfahrens zu akzeptieren und schließlich die Geduld und die Fertigkeiten aufzubringen, das Verfahren durchzuführen und jedes Objekt, das mir vorschwebt, herzustellen und dabei keine Kompromisse zu machen.

ABZIEHBILDER AUFTRAGEN

Im Internet wird erklärt, wie man Abziehbilder auf eine Oberfläche aufträgt, und die meisten im Anhang aufgelisteten Händler geben ebenfalls Tipps. Probieren Sie auch Alternativen und Varianten aus, die dort angeboten werden. Oder fangen Sie mit den folgenden Materialien und Hinweisen an.

Um Abziehbilder auf eine Oberfläche zu übertragen, brauchen Sie:

- **Handelsübliche/selbst gestaltete Abziehbilder**
- **Glasiertes Werkstück (hier: eine glasierte Fliese)**
- **Warmes Wasser (oder Wasserkocher)**
- **Sauberen Teller oder Schüssel, groß und tief genug für Wasser und Abziehbild**
- **Kosmetikschwamm**
- **Reinigungsalkohol**
- **Skalpell**
- **Selbstheilende Schneidematte**
- **Weiche Gumminiere (optional)**

1. Tränken Sie den Schwamm mit Alkohol und wischen Sie damit die für die Abziehbilder vorgesehenen Oberflächen sauber, staub- und fettfrei. Schmutzreste könnten verhindern, dass das Abziehbild unmittelbar auf der Oberfläche haftet.

2. Entfernen Sie das Trägerpapier oder den Schutzfilm von Ihrem Abziehbild. Füllen Sie einen sauberen Teller oder eine Schüssel mit heißem, aber nicht kochendem Wasser (warum sich die Finger verbrennen oder das Abziehbild beschädigen?). Am besten nehmen Sie ein Gefäß, das weit genug ist, um das Abziehbild darin schwimmen zu lassen. Das warme Wasser aktiviert den Klebstoff und sorgt außerdem dafür, dass sich das Abziehbild vom Trägerpapier schieben lässt.

3. Legen Sie das Abziehbild auf die Wasseroberfläche und lassen Sie es etwa eine Minute lang liegen, bis es sich locker auf dem Trägerpapier bewegen lässt. Um festzustellen, ob es sich vom Trägerpapier gelöst hat, nehmen Sie es aus dem Wasser und drücken mit Daumen und Zeigefinger darauf. Warten Sie damit nicht zu lange, denn im Wasser kann sich das Trägerpapier selbst vom Abziehbild lösen. Damit ist das Bild nicht unbrauchbar, doch Sie müssen es wieder auf die Trägerschicht bekommen, um es auf die keramische Oberfläche übertragen zu können.

4. Nehmen Sie das Bild mitsamt dem Trägerpapier aus dem Wasser und halten Sie es dicht über die glasierte Oberfläche. Schieben Sie das

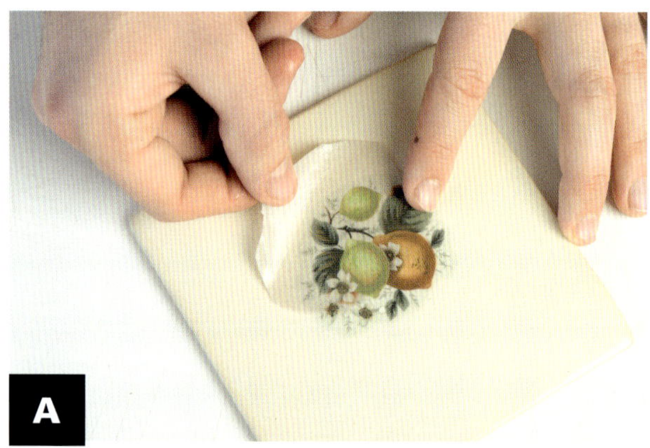

A

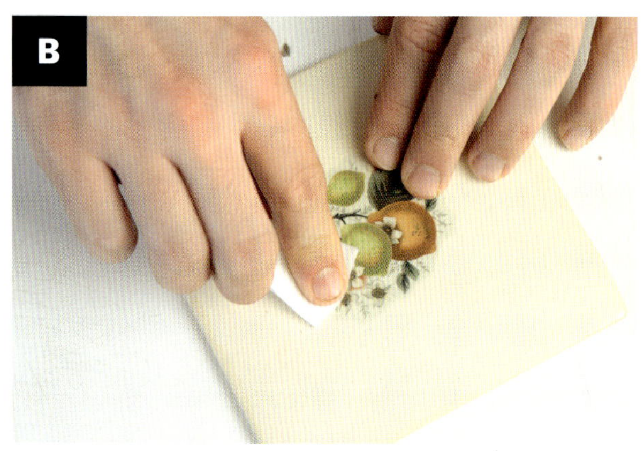

B

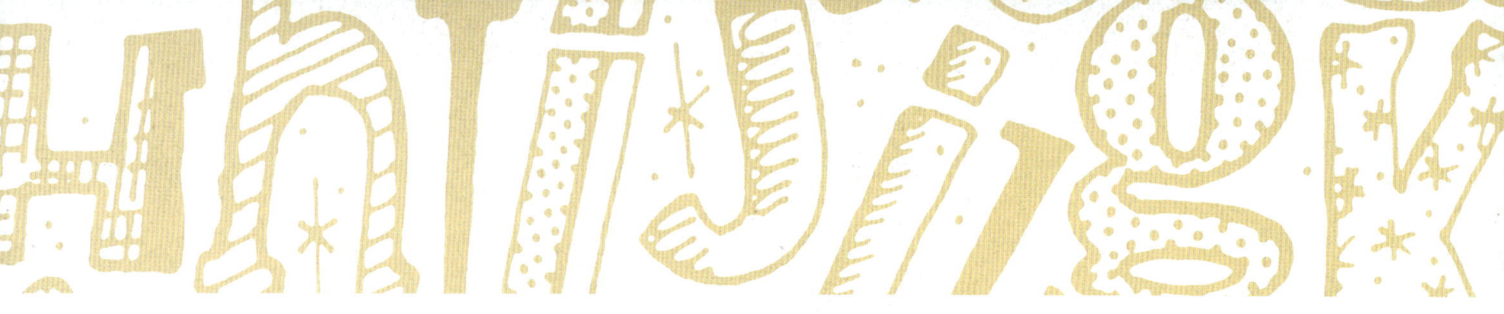

Abziehbild vorsichtig vom Papier an die vorgesehene Stelle (Foto A).

5. Mit dem Schwamm oder einer weichen Gumminiere reiben Sie von der Mitte zum Rand hin über das Abziehbild, um die dünne Wasserschicht darunter zu entfernen (Foto B). Lassen Sie das Abziehbild einen Augenblick ruhen, bevor Sie wieder von der Mitte zum Rand streichen. Ältere handelsübliche Bilder sind empfindlicher als neuere oder nach eigenen Vorlagen angefertigte Bilder. Behandeln Sie sie mit besonderer Vorsicht und üben Sie beim Auflegen und Reiben sanften Druck aus. Bis zum Einbrennen (Seite 84) lassen Sie das Stück mit dem Abziehbild liegen.

Hinweis: *Wenn ich viele Abziehbilder gleichzeitig verarbeiten will, sorge ich immer für sauberes Wasser. Zu viel Kleber von den Abziehbildern verändert das Wasser und führt dazu, dass die Abziehbilder nach dem Brand von einem Hof umgeben sind. Überhaupt sollte man sich angewöhnen, auf sauberes Wasser, einen sauberen Schwamm, gereinigte glasierte Oberflächen und eine saubere Werkstatt zu achten.*

ABZIEHBILDER VERÄNDERN

Statt ein vorgefertigtes Abziehbild auf die glasierte Ware zu applizieren, versuchen Sie, es umzugestalten. Nachfolgend finden Sie ein paar Ideen, wie Sie Ihre Keramik mit abgewandelten Abziehbildern noch interessanter machen können.

ZERSCHNEIDEN: Zeit, das Messer zu zücken! Schneiden Sie mehrere Exemplare desselben Bildes in Quadrate oder Streifen (Foto A auf Seite 82) und stellen Sie sie „falsch“ zusammen. Durch die Veränderung des Materials wird die Informationen zerteilt und zu einer neuen Komposition umsortiert.

EIN WEITERER TIPP: fragmentierte Strahlen. Setzen Sie Ihr Skalpell in der Mitte des Bildes an und schneiden Sie in gerader Linie bis zum Rand. Drehen Sie das Bild leicht und machen Sie weitere Schnitte, bis Sie die gewünschte Anzahl an Fragmenten haben. Legen Sie sie mit Abständen zwischen den Fragmenten so auf die Glasur, dass das ursprüngliche Bild erkennbar bleibt (Foto B auf Seite 82).

MISCHEN: Suchen Sie sich Abziehbilder aus, die sich zu einem neuen Bild zusammensetzen lassen: Wie wär's mit einem Katzenkopf auf den Schultern eines Eishockeyspielers? (Foto C auf Seite 82)

COLLAGE: Stellen Sie unterschiedliche Abziehbilder neu zusammen und legen Sie sie schichtweise zu ungewöhnlichen und interessanten Kompositionen aufeinander. Möglicherweise müssen Sie Ihre Arbeitsschritte genau durchdenken und zusätzliche Brände einplanen, um das gewünschte Ergebnis zu erzielen (Foto D auf Seite 82).

AUSSCHNEIDEN: Was passiert, wenn Sie wesentliche Elemente aus Abziehbildern von Gemälden oder Landschaften herausschneiden und die Lücken nach Ihren eigenen Vorstellungen füllen? Oder wenn Sie beim Bild eines Menschen die Augen entfernen (Foto E auf Seite 82)? Schaurig oder cool? (Das müssen Sie entscheiden.)

FIFTY SHADES OF ... Statt eine kleine Fläche mit einer bestimmten Glasurfarbe auszufüllen, können Sie entsprechende Farbflächen aus Abziehbildern ausschneiden und sie auf die Oberfläche übertragen (Foto F auf Seite 82).

LÜCKEN FÜLLEN: Egal, ob Sie ein lederhartes Stück mit Engobe oder Glasuren gestalten – legen Sie frühzeitig die Flächen fest, die sich geschickt mit Abziehbildern ausfüllen lassen.

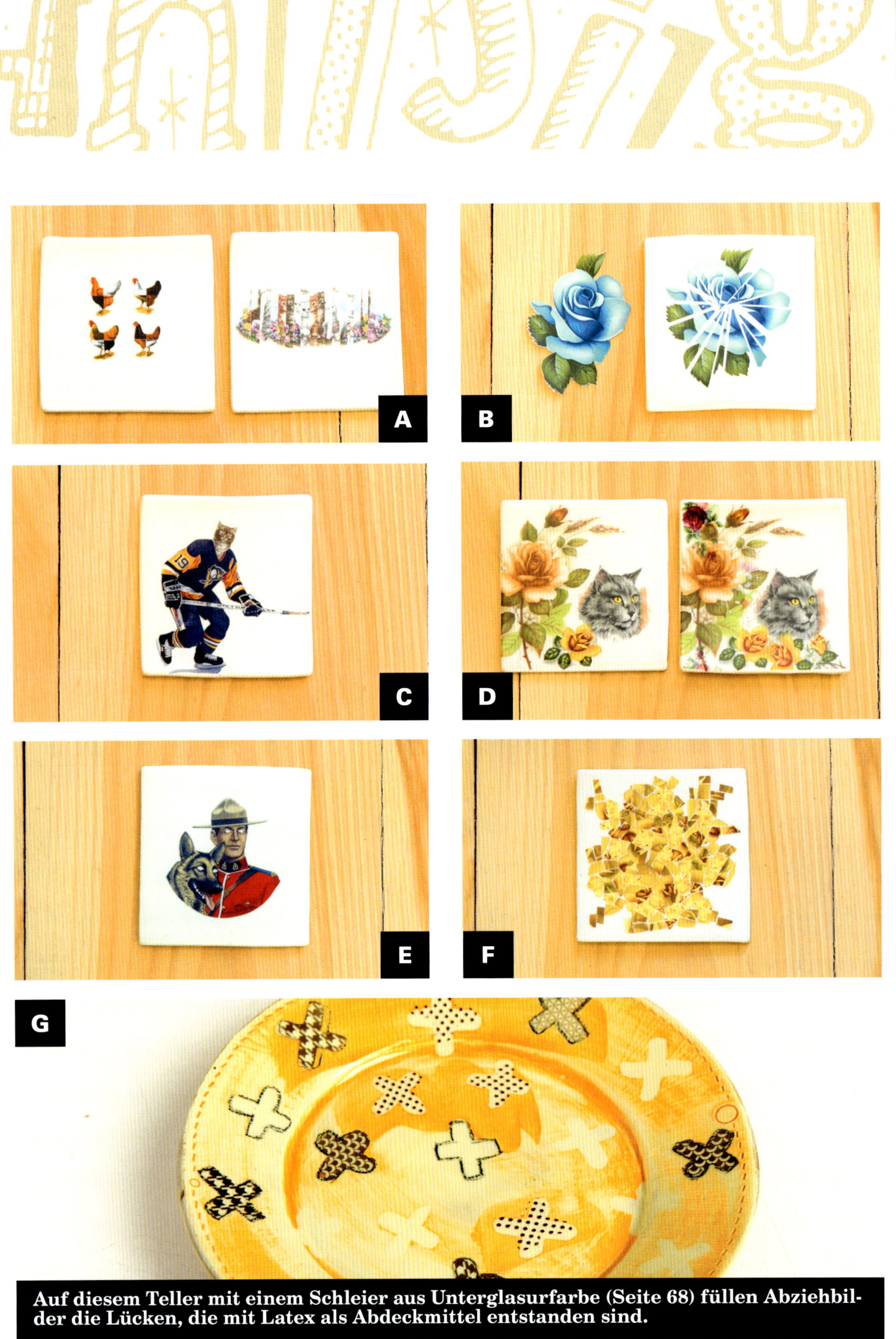

Auf diesem Teller mit einem Schleier aus Unterglasurfarbe (Seite 68) füllen Abziehbilder die Lücken, die mit Latex als Abdeckmittel entstanden sind.

LESLEY BAKER

TOUGH GUY (RAUER BURSCHE)

2013
15,2 x 15,2, 2,5 cm
Wiederverwerteter Teller, Abziehbilder in Sieb- und Digitaldruck, Brand der Abziehbilder bei Kegel 018
Foto der Künstlerin

WAS HAT SIE INSPIRIERT, MIT ABZIEHBILDERN ZU ARBEITEN?

Ich habe Architektur studiert und fand den Gedanken, was eine Fassade über das Innere eines Hauses aussagt oder verschweigt, immer schon faszinierend. So kam ich auf die Idee, eine Form beizubehalten, sie aber durch ihre Oberfläche zu verändern. Ich lernte mehr über Siebdruck und konnte nun Abziehbilder erst aus Porzellan- und dann aus Unterglasurfarbe schichtweise auf meine Arbeit auftragen. Abziehbilder im Siebdruck waren die ersten Bilder auf meinen Stücken. Davor hatte ich eher mit Texturen gearbeitet, doch sie brachten nicht die Informationsfülle, die ich wollte.

WELCHE THEMEN UND MOTIVE ERKUNDEN SIE?

Blumenmotive sind eine Konstante in meiner Arbeit. Sie lassen sich vielfältig deuten und sind außerdem leicht verfügbar. Da liegen Muster nahe, vor allem Tapetenmuster. Ich finde es faszinierend, die Natur ins Haus zu holen wie eine interne, aber unechte Fassade. Gerade befasse ich mich mit der Grenze zwischen Natürlichem und Künstlichem und möglichen Gefahren durch Interferenzen. Ein ernstes Thema, doch ich bringe gerne etwas Humor und sogar etwas Lächerliches mit hinein.

WIE BRENNEN SIE?

Meist arbeite ich mit Porzellan oder Steinzeug im mittleren, bei Terracotta im unteren Brennbereich. Die Idee bestimmt dabei die Wahl des Tons. Terracotta hat mit Mauerwerk oder Gebäuden zu tun, Porzellan eher mit Reinheit oder Gebrauchsgütern. Wenn ich die glasierte Oberfläche betone, nehme ich weißes Steinzeug. Es ist leichter zu verarbeiten als Porzellan. Steht die Form fest, bestimmen die gewünschten Bilderschichten den Brand. Bei Mehrfachbrand muss ich mich zu den niedrigsten Temperaturen vorarbeiten.

Bei recycelter Keramik nehme ich etwas, das auf den Müll sollte, und definiere es neu. Damit greife ich eines meiner Hauptthemen auf: der Mensch und seine Umgebung. Diese Stücke brenne ich nur mit 018er Abziehbildern und Lüster.

WELCHE ANDEREN KERAMIKER INSPIRIEREN SIE?

Ich hatte das Glück, sechs Jahre lang bei Richard Shaw an der UC Berkeley zu arbeiten. Er ist ein Meister der siebgedruckten Abziehbilder mit Porzellanfarben. Bei seinen trompe l'oeil-Arbeiten sehen Sie die Form, nicht die Bilder. Am meisten hat mich wahrscheinlich Robert Rauschenberg beeinflusst. In einer Retrospektive habe ich große keramische Paneele gesehen, die zeigten, welche Tiefe und Schichten man mit keramischen Oberflächen erzielen kann.

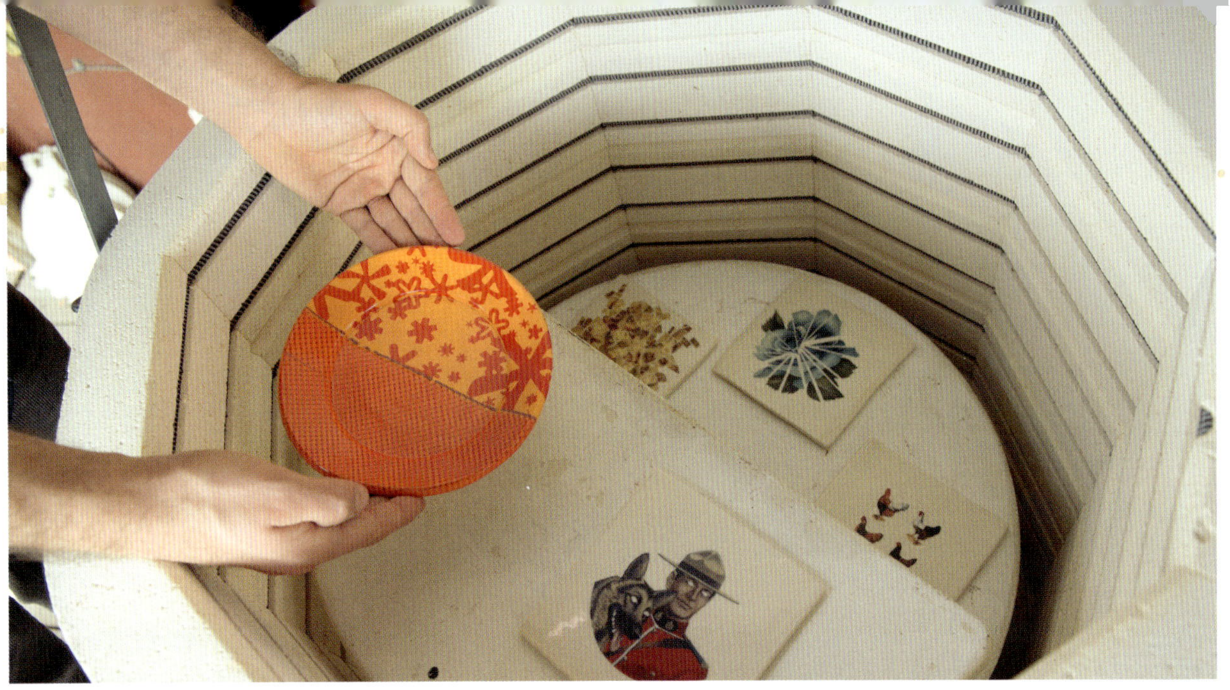

ABZIEHBILDER BRENNEN

Nun sollen Ihre Abziehbilder gebrannt (oder wieder gebrannt) werden. Es gibt viele Informationen zu diesem Thema, doch ich möchte hier beschreiben, wie ich sie in meiner Werkstatt brenne.

Zum Brennen brauchen Sie:

- **Keramikware mit Abziehbildern, getrocknet und fertig zum Brennen**
- **Brennofen (vorzugsweise Elektroofen)**
- **Atemschutzmaske mit Filtern gegen Gase und Dämpfe**

1. Das Allerwichtigste zuerst: Der Brennofen muss abseits von Arbeitsbereichen an einem gut belüfteten Ort stehen. Beim Brennen von Abziehbildern werden gesundheitsschädliche Gase freigesetzt, die zu Reizungen der Atemwege führen können.

2. Abziehbilder sollten 24 Stunden lang trocknen, bevor sie in den Brennofen geladen werden. Hantieren Sie vorsichtig, um die Bilder nicht aus Versehen zu verschieben. Ich habe gelernt, dass im Ofen rings um die Stücke mit Abziehbildern mindestens 2,5 cm Platz sein sollte, damit die Dämpfe entweichen können und keine Verzerrungen bei den Bildern auftreten.

3. Bestücken Sie Ihren Kiln-Sitter mit dem Kegel und programmieren Sie den gewünschten Temperaturverlauf.

4. Lassen Sie alle Schaulöcher unverschlossen. Während der ersten Brennphase sollte der Deckel etwa 15 cm geöffnet sein. Stellen Sie die langsame Aufheizgeschwindigkeit bis etwa 260 °C ein. Wenn Sie Abziehbilder zu schnell brennen, können sie sich lösen oder verziehen.

5. Wenn die Temperatur zwischen 260 °C und 315 °C liegt, stellen Sie die mittlere Aufheizschwindigkeit ein. Verringern Sie den Spalt des Ofendeckels auf etwa 5 cm, damit die beim Brennen entstehenden Gase entweichen können. Es ist normal, dass die Abziehbilder braun werden und verbrannt aussehen, wenn Sie einen kurzen Blick darauf werfen (an die Atemschutzmaske denken!).

6. Die verbrannten Bestandteile verschwinden bei etwa 426 °C. An diesem Punkt schließen Sie den Ofendeckel ganz und verstopften die Schaulöcher.

7. Wenn der Brennofen die gewünschte Temperatur erreicht hat, lassen Sie ihn abkühlen. Ich habe sogar gehört, dass eine langsame Abkühlphase bei einem computergesteuerten Ofen für eine bessere Haftung zwischen Abziehbild und Glasur sorgt und den Temperaturschock verhindert, der eine Belastung für keramische Ware darstellt. Wenn Sie mehrere Lagen von Abziehbildern und mehrfache Brände planen, sollten Sie diese Möglichkeit in Betracht ziehen.

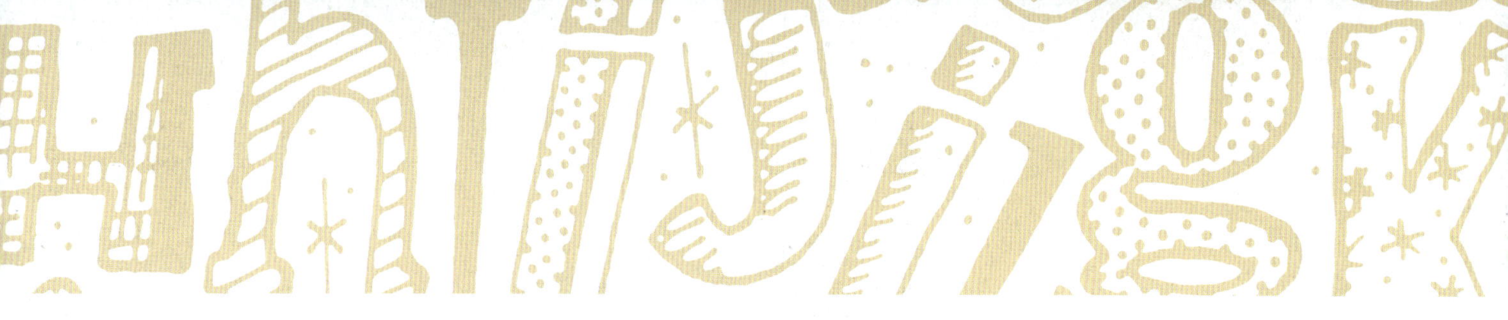

ÜBER ABZIEHBILDER

Zum Schluss möchte ich auf ein paar Punkte hinweisen, die bei der Arbeit mit Abziehbildern nützlich sein könnten.

NICHT ALLE GLASUREN SIND GLEICH: Abziehbilder eignen sich für Keramik aller Brennbereiche, doch vertragen manche Glasuren kein mehrmaliges Brennen: Sie bekommen Risse oder Sprünge und nehmen sogar eine andere Farbe an. Also: Testen Sie! Vor allem Glasuren für mittlere bis hohe Temperaturen sollten Sie testen. Jeder Brand stellt eine Belastung dar, doch auch, wenn Glasuren nicht bis zu einer bestimmten Gartemperatur gebrannt werden, kann sich die Farbe verändern.

ABZIEHBILDER MIT HOF: Eine Reihe von Faktoren kann dazu führen, dass nach dem Brand ein Hof und Ränder um das Abziehbild erkennbar sind.

- **Im Leitungswasser sind Mineralien. Nehmen Sie destilliertes Wasser.**
- **Sie haben die Abziehbilder in einen Eimer eingeweicht, den Sie beim Drehen benutzen.**
- **Das Trägerpapier hat nicht die beste Qualität.**
- **Der glasierte Untergrund war nicht richtig sauber.**
- **Die Brenntemperatur war zu niedrig.**
- **Die Deckschicht auf dem Abziehbild mindert die Qualität des Bildes. Prüfen Sie bei speziell angefertigten Abziehbildern, welche Deckschicht verwendet wurde und welche Brenntemperatur empfohlen wird. Oft schützt die Deckschicht das Bild vor Schäden. Manche (nicht alle) Deckschichten enthalten Fritten und brennen glänzend auf matten Glasuren. Schneiden Sie das Abziehbild möglichst so aus, sodass nur wenig von der Deckschicht um das Bild stehen bleibt und daher kein Hof entsteht. Und: Testen Sie!**

BRENNTEMPERATUR: Lässt sich Ihr Abziehbild nach dem Brand ganz verschieben, reichte die Brenntemperatur nicht aus, um Bild und Glasur miteinander zu verschmelzen. Bei geisterhaften, blassen oder verschwundenen Bildern war die Temperatur zu hoch.

GOLD: Bei Abziehbildern mit Gold können Sie mit der Temperatur etwas höher gehen als empfohlen. Ich brenne sie bis Kegel 05 und empfehle diese Temperatur vor allem bei Glasuren im mittleren oder hohen Brennbereich.

LEBENSMITTEL: Viele speziell angefertige Abziehbilder sind sowieso lebensmittelecht oder werden auf Bestellung mit lebensmittelechten Pigmenten gedruckt. Manche Bilder enthalten jedoch Blei. Falls Sie sich nicht sicher sind, sollten Sie Abziehbilder nicht verwenden, wenn sie mit Lebensmitteln in Kontakt kommen.

LANGSAM BRENNEN: Ich brenne meine Stücke mit Abziehbildern langsam. Dadurch vermeide ich starke Temperaturschwankungen, die eine Belastung für die Bilder, Glasuren und Gefäße bedeuten. Hier sind einige Temperaturempfehlungen für die Anfangsphase bei handelsüblichen Abziehbildern:

BRENNBEREICHE & KEGEL DER GLASUREN	ABZIEHBILDER, BRAND BEI
Niedrig – Kegel 05-1	Kegel 018-017
Mittel – Kegel 2-7	Kegel 016-015
Hoch – Kegel 8-10	Kegel 016-015

Hinweis: *Speziell angefertigte Abziehbilder (Seite 74) können abweichende Brenntemperaturen haben.*

PATTIE CHALMERS

BFF HUNTERS (BEST FRIENDS FOREVER JÄGER)

2010
27,9 cm
Porzellan, Abziehbilder, pinkfarbene Einlegearbeit (Mishima-Technik), Oxidation, hoher Brennbereich
Foto des Künstlers

WAS HAT SIE INSPIRIERT, MIT ABZIEHBILDERN ZU ARBEITEN?

Ich machte Gefäße mit Mishima-Technik und Schellackmustern, als ich anfing, zusätzlich alte Abziehbilder einzufügen, die ich gekauft, aber nie verwendet hatte. Mir gefiel die Vorstellung, die Ästhetik der industriell gefertigten und der handgefertigten Keramik zu mischen.

WOHER NEHMEN SIE DIE IDEEN FÜR IHRE GEFÄSSE?

Für die Bilder verwende ich Fotos aus dem Internet oder aus Fotoalben und Zeichnungen aus meinen Skizzenbüchern, von denen ich ganze Stapel besitze.

WELCHE THEMEN UND MOTIVE ERKUNDEN SIE AM LIEBSTEN UND WARUM?

Die Geschichten auf meinen Gefäßen schwingen zwischen dem Erkennbaren und dem Unergründlichen. Sie zeigen, wie sich die Grenze zwischen Realität und Erzählung allmählich auflöst – Berichte von Vater oder Mutter, vom Lehrer, ein Film oder ein Traum werden zu Fragmenten, übertrieben oder abgeschwächt dargestellt und so angeordnet, wie sie in der Erinnerung verankert sind. Sie beschreiben einen Standpunkt und lassen so viel unerklärt.

WIE BRENNEN SIE?

Ich nehme entweder Porzellan oder Irdenware. Das Porzellan brenne ich oxidierend bei Kegel 10 und reduziere die Temperatur bei niedrigbrennenden Glasuren. Die Abziehbilder, Porzellanfarben und Lüster brenne ich bei Kegel 016 bis 018.

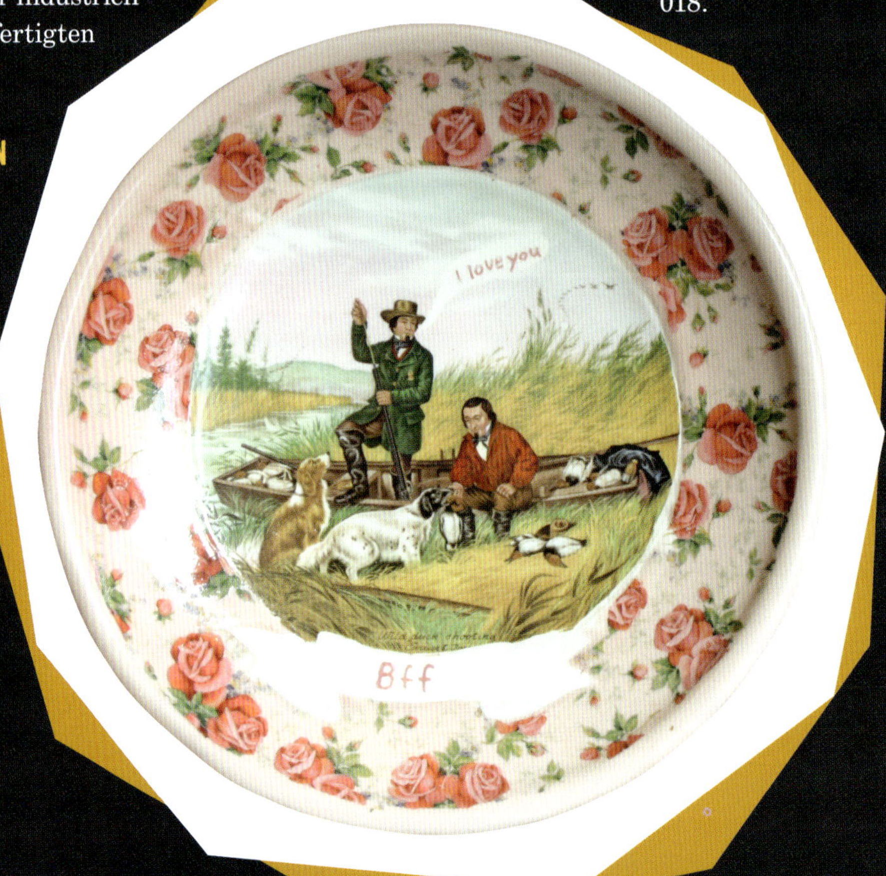

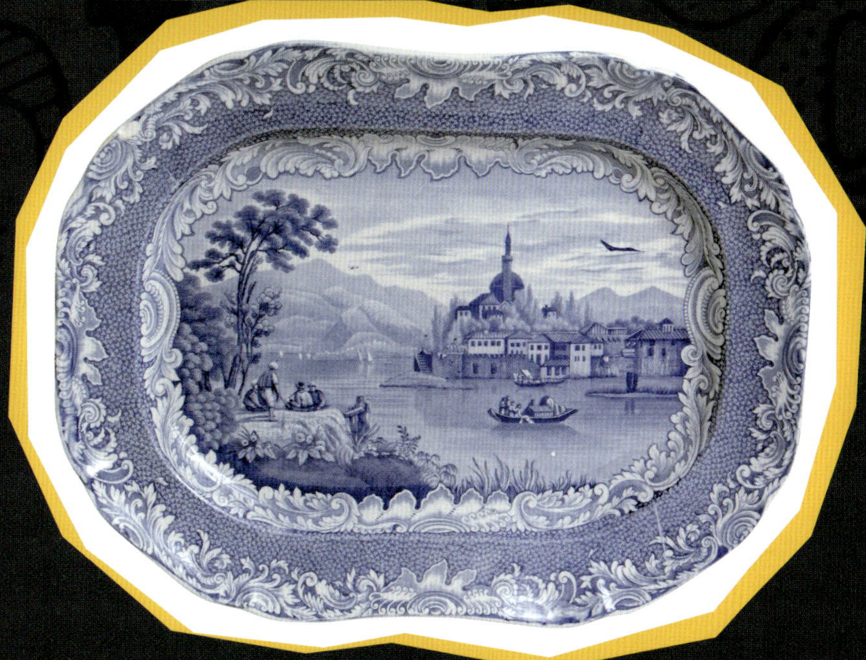

PAUL SCOTT

SCOTT'S CUMBRIAN BLUE(S), SCENERY, YANINA (SCOTTS CUMBRISCHE BLAUE SERIE, LANDSCHAFT, YANINA)

Teller, ca. 1840
Inglasur-Abziehbildcollage, Goldlüster auf Teller von Copeland & Garrett Late Spode
Foto: Leslie Ferrin

WAS BRACHTE SIE DAZU, BILDER AUF KERAMIK ZU ÜBERTRAGEN?

Ich komme ursprünglich aus dem Bereich Druck und Malerei. Daher war es für mich selbstverständlich, keramische Oberflächen mit Bildern zu versehen. Richard Shaws surreale *trompe l'oeil*-Arbeiten haben mich darin bestärkt.

WAS SIND DIE ENTSCHEIDENDEN MOMENTE IN IHREM KREATIVEN PROZESS?

Der aufregendste Moment ist immer, wenn sich ganz verschiedene Ideen und Gedanken zu einem realisierbaren Ausdruck wandeln, wenn sich also eine Idee zu einem umsetzbaren Stück entwickelt. Das ist nur vergleichbar mit der Fertigstellung der Illustrationen der Oberfläche.

WELCHE THEMEN UND MOTIVE ERKUNDEN SIE?

Landschaften und Eingriffe des Menschen im Laufe des zwanzigsten und einundzwanzigsten Jahrhunderts.

WIE WAR ES MITZUERLEBEN, WIE DIESE TECHNIKEN IMMER POPULÄRER WURDEN?

Damit hatte ich nicht gerechnet, aber es war sehr befriedigend. Ich schrieb das Buch, weil dieser Bereich nicht genügend erforscht und viel zu selten angewandt wurde. Es war ermutigend zu sehen, wie sich Drucke auf Keramik geradezu explosionsartig verbreiteten, doch manchmal frage ich mich, welche Geister wir da geweckt haben. Auf Keramik zu drucken ist wirklich ganz einfach, doch es ist nicht so einfach, es gut zu machen.

HABEN SIE IRGENDWELCHE KONSTRUKTIVE KRITIK IM HINBLICK AUF DRUCKEN AUF KERAMIK?

Es gibt viele im Bereich der Keramik und des Druckens, die sich über die Technik oder das Verfahren definieren, das sie anwenden. Es geht nicht nur um Techniken, sondern um das, was Sie damit machen.

WO SEHEN SIE DRUCK UND KERAMIK IN FÜNFZIG JAHREN?

Wer weiß? In den letzten zwanzig Jahren haben sich die Dinge so schnell verändert. Ich rechne damit, dass sich digitale Technologien noch stärker darauf auswirken, wie Kunst geschaffen, verbreitet und konsumiert wird. Ich wünsche mir, dass Materialität in der Zukunft immer noch von Bedeutung ist, doch wir wachsen in einer medien- und bilderreichen Welt auf, die digital übermittelt, konsumiert und bewohnt wird. Für mich ist die Schnittstelle zwischen digital und analog das Interessanteste von allem. Die Interaktion und Beziehung zwischen beidem erzeugt eine Reibung, die Energien freisetzt und zu neuen Sichtweisen, Gefühlen und In-der-Welt-Sein führt.

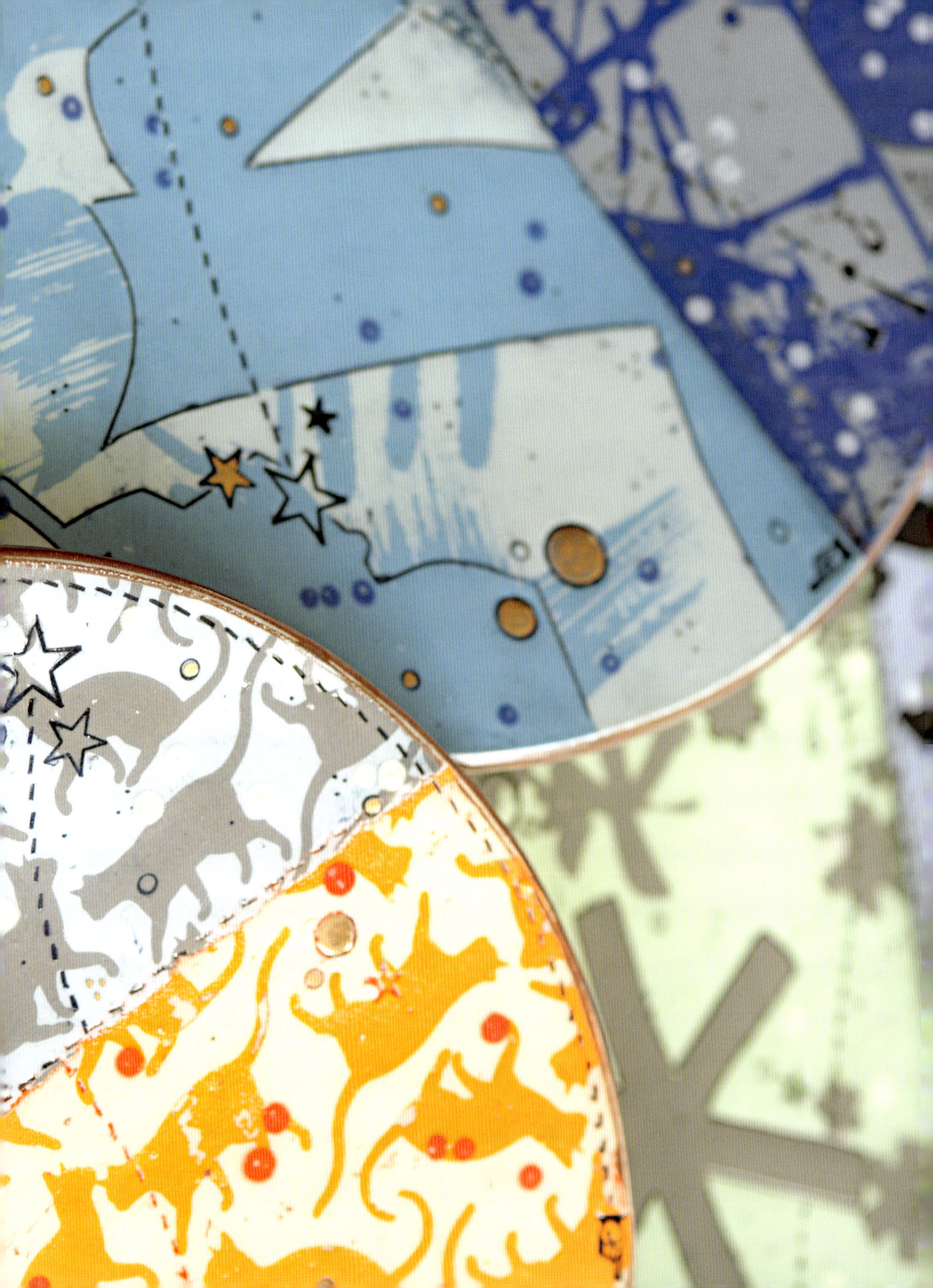

Teil II

BEDRUCKTE KERAMIK-OBERFLÄCHEN

Nach all den Dekortechniken, denen wir in Teil I begegnet sind, stellt sich die Frage, warum Sie Bilder im Siebdruck auf Papier bringen und sie von dort auf Ihre keramischen Oberflächen übertragen sollten. Nun, mit Siebdruck können Sie auf einem einzigen Sieb ein Muster erstellen und es sehr schnell, präzise und so oft Sie wollen auf lederharten Ton drucken. Und dann können Sie zeichnen, ritzen oder mit anderen Techniken weitermachen, wie sie im ersten Teil des Buches vorgestellt wurden. Egal, ob Sie Keramik mit spannenden Oberflächeneffekten oder eine einzigartige Skulptur mit gedruckten Mustern gestalten wollen: Siebdruck ist einfach unglaublich.

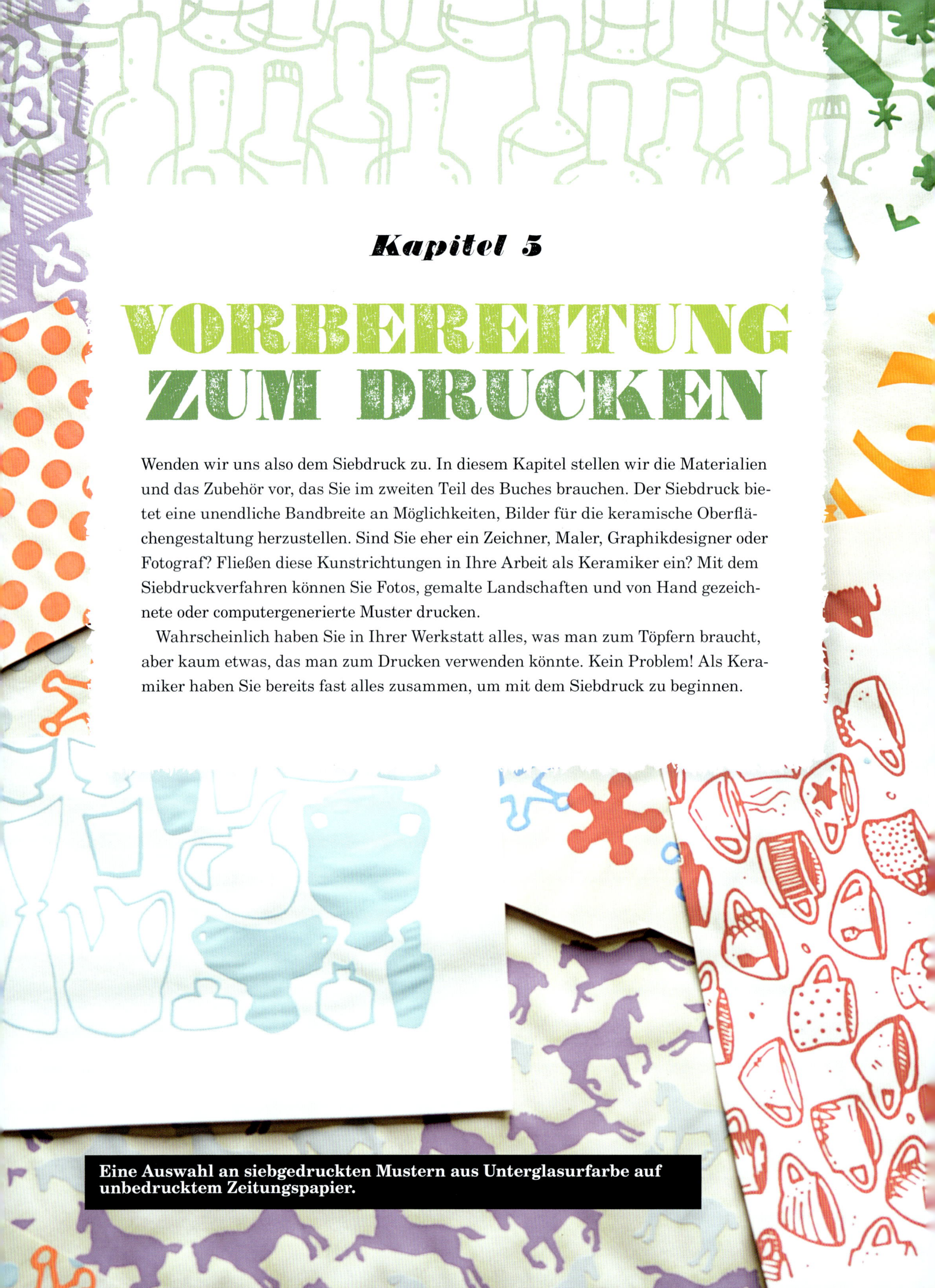

Kapitel 5

VORBEREITUNG ZUM DRUCKEN

Wenden wir uns also dem Siebdruck zu. In diesem Kapitel stellen wir die Materialien und das Zubehör vor, das Sie im zweiten Teil des Buches brauchen. Der Siebdruck bietet eine unendliche Bandbreite an Möglichkeiten, Bilder für die keramische Oberflächengestaltung herzustellen. Sind Sie eher ein Zeichner, Maler, Graphikdesigner oder Fotograf? Fließen diese Kunstrichtungen in Ihre Arbeit als Keramiker ein? Mit dem Siebdruckverfahren können Sie Fotos, gemalte Landschaften und von Hand gezeichnete oder computergenerierte Muster drucken.

Wahrscheinlich haben Sie in Ihrer Werkstatt alles, was man zum Töpfern braucht, aber kaum etwas, das man zum Drucken verwenden könnte. Kein Problem! Als Keramiker haben Sie bereits fast alles zusammen, um mit dem Siebdruck zu beginnen.

Eine Auswahl an siebgedruckten Mustern aus Unterglasurfarbe auf unbedrucktem Zeitungspapier.

MATERIALIEN, WERKZEUGE, ARBEITSBEREICH

UNTERGLASURFARBE: Wie ich bereits erwähnt habe, meine ich damit das fertig gemischte Produkt, das man im Handel bekommt, keine nach eigenem Rezept gemischte Farbe. Mit transparenter Acryltinte lässt sich aus Unterglasurfarbe eine Funktionstinte für Siebdruck machen, die ich von nun an *Tinte aus Unterglasurfarbe* nenne.

ZEITUNGSPAPIER: Unbedrucktes Zeitungpapier oder Druckausschusspapier gibt es als lose Blätter in unterschiedlichen Formaten und in unterschiedlichen Stärken. Nehmen Sie 45,7 x 61 cm große Bögen und testen Sie, welche Stärke für Sie am besten passt.

KLEBEBAND: Beim Drucken reicht gewöhnliches Abklebeband, Sie können aber auch robusteres Malerband nehmen. Mit den Klebestreifen werden Passermarken gesetzt, das Zeitungspapier an Ort und Stelle gehalten und die Drucke zum Trocknen an die Wand gehängt.

SPRÜHKLEBER: Zum Fixieren des Zeitungspapiers. Nur in gut durchlüfteten Räumen und mit entsprechenden Atemschutzmasken zu verwenden.

PAKETKLEBEBAND: Eignet sich sehr gut als Sperrmittel, um zu verhindern, dass Tinte aus Unterglasurfarbe an Stellen durch das Sieb sickert, an denen Sie es nicht wollen. Lässt sich rückstandslos entfernen.

KUNSTSTOFFBEHÄLTER: Sogenannte Weithalsflaschen mit Schraubdeckel sind ideal für fertig gemischte Tinte aus Unterglasurfarbe. Außerdem kommt man beim Drucken problemlos mit dem Löffel an den Inhalt.

HEISSLUFTPISTOLE/FÖN: Zum Trocknen der Unterglasurfarbe, die Sie zu Tinte verarbeiten wollen, und um den Druckvorgang zu beschleunigen. Vorsicht! Nicht die Siebe damit trocknen, das Gewebe wird beschädigt.

LINEAL/ZOLLSTOCK: Um beim Belichten den Abstand zwischen Sieb und Gewebe zu messen und um das Zeitungspapier auszumessen, um es dann zu zerschneiden.

VENTILATOR: Ist nützlich, weil während des gesamten Druckvorgangs immer wieder etwas getrocknet werden muss.

SKALPELL/CUTTER: Sie brauchen entweder das eine oder das andere. Mit dem Cutter lassen sich Pappe (für Abstandhalter) und Stapel von Zeitungspapier (für das richtige Druckformat) gut schneiden, wenn Sie aber nur ein Skalpell haben, reicht das auch. Andererseits ist ein Skalpell besser für kleinformatige Arbeiten geeignet.

SELBSTHEILENDE SCHNEIDEUNTERLAGE: Schneiden Sie Klebebänder, Pappe und Papierschablonen auf einer solchen Unterlage und nicht direkt auf Ihrer Arbeitsfläche.

PINSEL: Sie brauchen eine Auswahl unterschiedlicher Pinsel, um die Siebdruck-Zeichenflüssigkeit auf das Sieb aufzutragen.

ZERSTÄUBER: Beim Übertragen von Bildmotiven kann es hilfreich sein, sie mit Wasser einzusprühen.

WEICHE GUMMINIEREN: Sind flexibel und vielseitig einsetzbar.

SCHERE: Brauchen Sie, um Folien und Zeitungspapier zurechtzuschneiden.

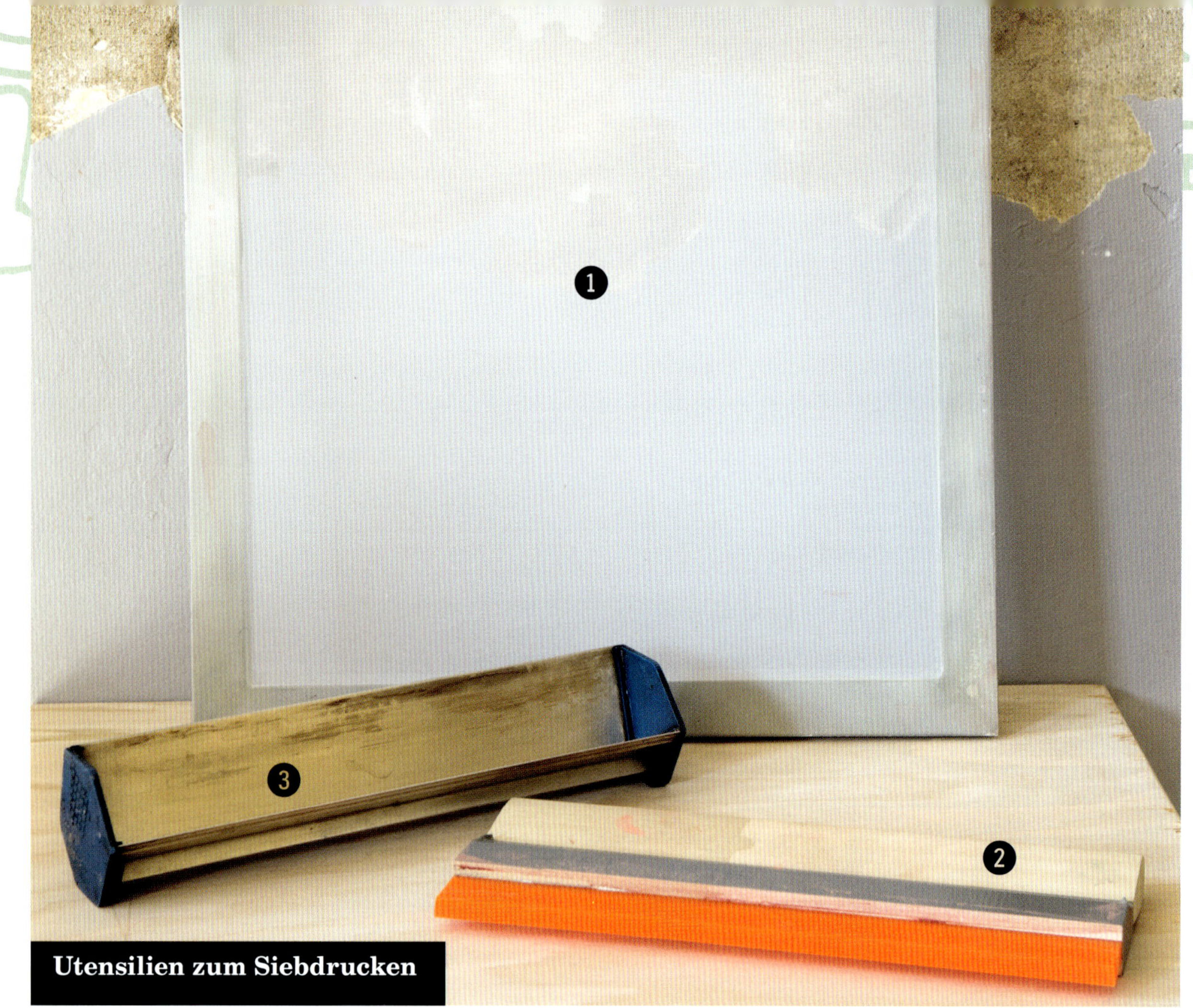

Utensilien zum Siebdrucken

DAS WICHTIGSTE ZUM SIEBDRUCKEN

Die folgenden Dinge brauchen Sie unbedingt zum Siebdrucken.

❶ **SIEB:** Bei der Auswahl des Siebs gibt es zwei Aspekte zu bedenken: das Siebgewebe und der Rahmen.

Siebgewebe: Siebgewebe gibt es in unterschiedlichen Maschenweiten. Eine kleinere Maschenzahl bedeutet, dass es weniger Fäden pro Inch (2,5 cm) gibt. Daher sind die Löcher größer als bei einem feineren Gewebe mit höherer Maschenzahl und es gelangt mehr Farbe auf Ihren Druck. Manche Keramiker fertigen Drucke von fotografischen Vorlagen mit Unterglasurfarbe und einem feinen Gewebe mit hoher Maschenzahl an. Ich nehme normalerweise 110er bis 160er Gewebe, das sich durch seine Haltbarkeit auszeichnet. Außerdem können Sie mit Sieben mit dieser Fadenzahl auch auf Textilien drucken, falls Sie Ihre Motive nicht nur auf Keramik, sondern auch auf Servietten oder Geschirrtücher drucken wollen.

Behandeln Sie Ihre Siebe pfleglich! Wenn Sie oft drucken, kann das Gewebe mit der Zeit an Spannung verlieren. Die meisten Siebdruck-Zulieferer spannen Siebe gegen ein kleines Entgelt nach, falls das passiert. Scharfkantige Gegenstände, die sich in das Gewebe drücken, können die Fäden durchtrennen oder dehnen, sodass beim Drucken undeutliche Stellen erscheinen. Lehnen Sie Ihre Siebe also nicht gegen Kanten oder Ecken.

Rahmen: Die Maße Ihres Rahmens bestimmen die Größe des Druckbildes, der Beschichtungsrinne und der Rakel. Bei den Projekten in diesem Buch verwende ich einen 50,8 x 61 cm großen Rahmen, ein gängiges Format. Sie haben die Wahl zwischen

Aluminium- und Holzrahmen. Mir ist Aluminium lieber, weil Holz sich mit der Zeit verzieht und dadurch Probleme beim Drucken auftreten können.

❷ **RAKEL:** Es gibt viele unterschiedliche Arten von Rakeln: mit Aluminiumgriff, mit Holzgriff, für beide Hände oder für eine Hand. Meine Rakel ist 35,6 cm lang. So passt sie in den Rahmen, ohne am Rand anzustoßen, und eignet sich für eine große Bandbreite von Bildgrößen.
Nehmen Sie ein Rakelblatt mit einer Shore-Härte von 60, das weich und biegsam ist. Das bedeutet, dass etwas mehr Farbe durch die Maschen geschoben werden kann. Ein höherer Härtegrad, z.B. 80, bedeutet ein härteres und steiferes Blatt. Ein solches Blatt verwendet man bei Sieben mit hoher Maschenzahl, geringem pigmentiertem Farbauftrag und feinen Details im Motiv. Geben Sie gut auf Ihre Rakel acht, denn Dellen und Scharten im Blatt können zu ungenauen Drucken führen. Reinigen Sie sie nach jedem Druck mit Wasser und einem Schwamm.

❸ **BESCHICHTUNGSRINNE:** Mit ihrer Hilfe (und etwas Übung!) können Sie eine glatte, gleichmäßige Emulsionsschicht auf Ihr Sieb auftragen. Eine Beschichtungsrinne brauchen Sie nur, wenn Sie Siebe mit lichtempfindlicher Emulsion herstellen wollen. Auch bei Beschichtungsrinnen gibt es Unterschiede. Ich empfehle Ihnen eine Breite, die 5 cm kleiner ist als die Rahmenbreite, sodass sie gut in den Rahmen passt und nur das Gewebe beschichtet. Behandeln Sie vor allem die Kanten der Beschichtungsrinne gut, denn Kerben oder andere Beschädigungen können Streifen in der Emulsionsschicht hinterlassen. Außerdem können sie das Gewebe zerreißen. Die Emulsion darf nicht auf den Kanten antrocknen, daher sollten Sie die Beschichtungsrinne nach ihrem Einsatz gründlich reinigen.

REINIGUNG UND SICHERHEIT

Beim Drucken verwende ich keine gesundheitsschädlichen Chemikalien, doch trockene Substanzen wie Silica (Kieselgel) und Sensibilisatoren, die beim Siebdruck zum Einsatz kommen, machen Schutzmaßnahmen erforderlich. Im Zweifel ziehen Sie das SDB (Sicherheitsdatenblatt) eines Produkts zu Rate. Sie finden es im Internet oder können es über den Hersteller beziehen.

STAUBMASKE/ATEMSCHUTZMASKE: Tragen Sie zur Vorsicht eine Maske zum Schutz vor schädlichen Stoffen, vor allem, wenn Sie mit lichtempfindlichen Materialien hantieren oder die Engobe nach dem Rezept auf Seite 147 mischen. Sie sollten Ihre Atemschutzmaske vor Staub und

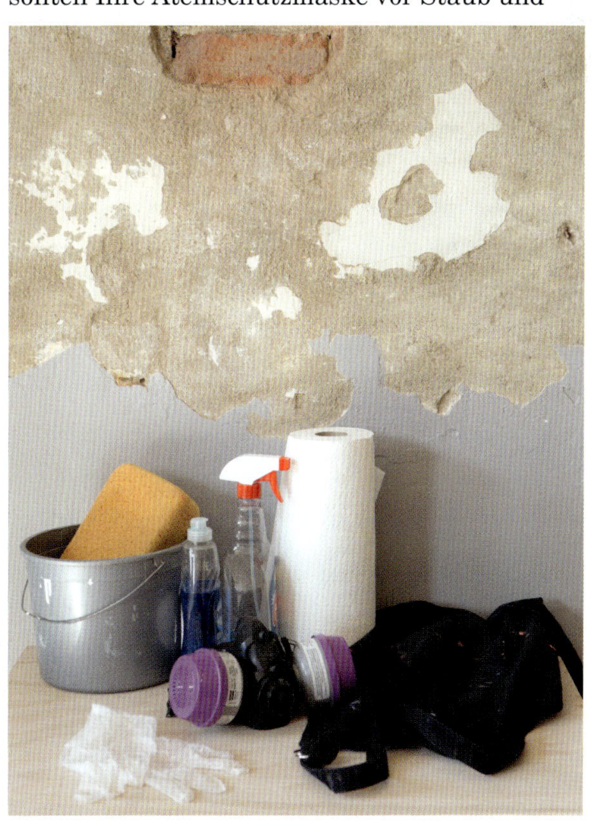

Beschädigungen wie Verformungen schützen und sie weder extremen Temperaturen noch allzu großer Feuchtigkeit aussetzen. Lassen Sie sie nicht einfach irgendwo hängen und werfen Sie sie auch nicht achtlos in Ihre Werkzeugkiste. Bewahren Sie sie in einem luftdicht abschließenden Behälter auf. Passen Sie auf sich auf, indem Sie auf Ihre Atemschutzmaske aufpassen.

SCHÜRZE: Nehmen Sie eine Schürze aus festem Material, das sich nicht vollsaugt. Wir wissen, dass die Arbeit mit Ton und Glasuren keine ganz saubere Sache ist, doch Druckmaterialien wie Sensibilisatoren, Siebfüller und viele bunte Tinten aus Unterglasurfarbe bieten noch viel mehr Möglichkeiten, sich schmutzig zu machen.

HANDSCHUHE: Nehmen Sie Handschuhe aus Vinyl oder Latex oder Gummihandschuhe, wie man sie beim Geschirrspülen anzieht. Sie schützen Ihre Hände vor Flecken und vor aggressiven Chemikalien.

EIMER UND MEHRZWECKSCHWÄMME: Stellen Sie einen Eimer mit sauberem Wasser in Reichweite, um für mögliche „Unfälle“ mit Engoben, Unterglasurfarbe und anderen Druckmaterialien gerüstet zu sein. Große gelbe Mehrzweckschwämme sind ideal.

GLASREINIGER UND KÜCHENTÜCHER: Sind nützlich, um Glasscheiben zu reinigen, wie Sie sie beim Belichten und beim Mischen von Tinten aus Unterglasurfarben brauchen.

ENTFETTER: Manche Entfetter enthalten aggressive Chemikalien, die Ihren Sieben nicht gut bekommen. Benutzen Sie nur Entfetter, die bei Herstellern für Siebdruck-Zubehör angeboten werden.

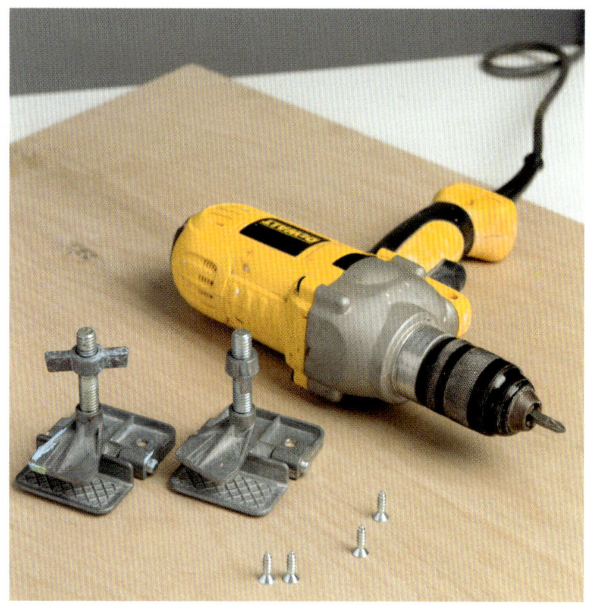

BAUANLEITUNG: EIN MOBILER DRUCKTISCH

Meine Werkstatt ist hauptsächlich für die Arbeit mit Ton ausgerichtet, doch bisweilen will ich auch Muster siebdrucken. Zu diesem Zweck habe ich einen tragbaren Drucktisch gebaut, den ich leicht verstauen und bei Bedarf hervorholen kann. Das Sieb wird dabei sicher am Tisch befestigt, sodass Sie einen präzisen Druck nach dem anderen machen können.

Für einen Drucktisch für Ihr 50,8 x 61 cm großes Sieb brauchen Sie:

- **Siebklemmen (Scharnierklemmen für Siebdruckrahmen, 2 Stück)**
- **Sperrholz, 71,1 x 55,8 x 1,6 cm**
- **Vier Holzschrauben, 1,9 cm**
- **Bohrer und Borspitzen für Schrauben**

1. Legen Sie die Sperrholzplatte auf eine ebene Arbeitsfläche. Machen Sie an einer der 55,9 cm langen Seiten zwei Markierungen: eine bei 12,7 cm und eine bei 43,2 cm.

2. Zentrieren Sie die Siebklemmen an den beiden Markierungen. Die rückwärtigen Kanten der Scharniere müssen bündig mit der Sperrholzplatte abschließen, sonst lässt sich das eingespannte Sieb nicht hochheben.

3. Schrauben Sie die Siebklemmen fest.

Seien Sie nett zu Ihrem Drucktisch! Unter feuchten Bedingungen kann er sich im Laufe der Zeit verziehen. Greifen Sie lieber ein bisschen tiefer in die Tasche und kaufen Sie qualitativ hochwertiges Sperrholz. Wenn Sie mit einem größeren Sieb drucken wollen, ändern Sie einfach die Maße der Basis und messen Sie die Markierungen für die Scharniere neu aus. Machen Sie das Sieb aber nicht zu groß – die Reichweite Ihrer Arme ist begrenzt!

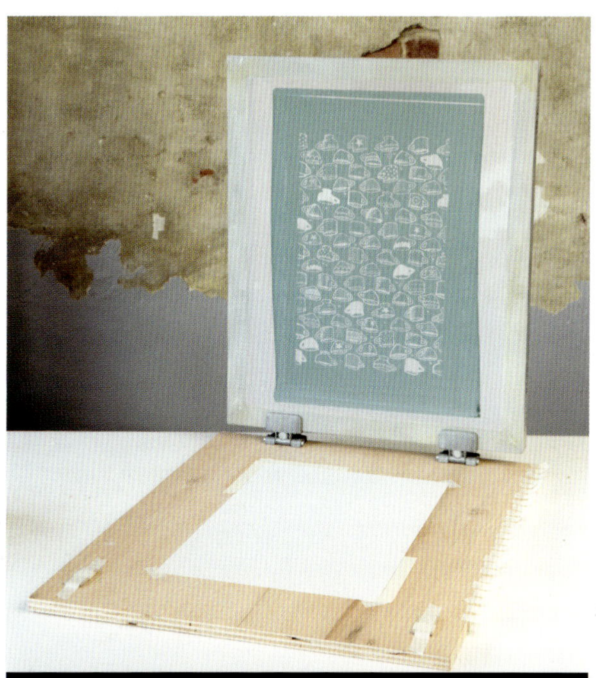

Ein fertiger Drucktisch, mit Klebestreifen als Passermarken für das Papier. Sie brauchen Sie bei wiederholten Drucken.

VORBEREITUNG: PAPIER, ABSTANDHALTER UND KLEBESTREIFEN

Normalerweise brauchen die Vorbereitungen zum Drucken mehr Zeit als der Druck selbst und die nachfolgenden Aufräumarbeiten. Die Tinte ist angerührt, der Drucktisch ist bereit und nun kommen Papier, Klebeband und Abstandhalter an die Reihe. Dazu brauchen Sie:

- **Block mit rauem Zeitungspapier, 45,7 x 61 cm.**
- **Skalpell oder Cutter**
- **Lineal und/oder Zollstock**
- **Bleistift oder Filzstift**
- **Selbstheilende Schneideunterlage**
- **Malerkrepp**

1. Legen Sie das Zeitungspapier auf die Schneideunterlage und machen Sie auf den beiden Längsseiten (61 cm) eine Markierung bei 30,5 cm. Zeichnen Sie die Mittellinie ein, indem Sie die Markierungen verbinden.

2. Schneiden Sie mit dem Cutter vorsichtig entlang der Mittellinie (Foto A). Wahrscheinlich brauchen Sie mehrere Schnitte, bis Sie alle Bögen (und den Papprücken) zerteilt haben. Zum Schluss haben Sie zwei Stapel Zeitungspapier, jeweils 45,7 x 30,5 cm groß. Bis auf ein Pappstück legen Sie alles beiseite.

3. Schneiden Sie zwei jeweils 2,5 x 10 cm große Pappstreifen zu.

4. Falten Sie die Pappstreifen der Länge nach auf die Hälfte und kleben Sie die Hälften mit

Klebeband zusammen. Dies sind Ihre Abstandhalter beim Drucken (Foto B).

5. Bereiten Sie vier 2,5 cm lange Klebestreifen vor, mit denen Sie beim Drucken das Papier an den Ecken auf die Basis kleben. Kleben Sie die Streifen griffbereit auf den Rand des Drucktisches (Foto C). Dann sind sie zur Stelle, wenn Sie sie brauchen. Ich bereite meist an die vierzig Klebestreifen vor.

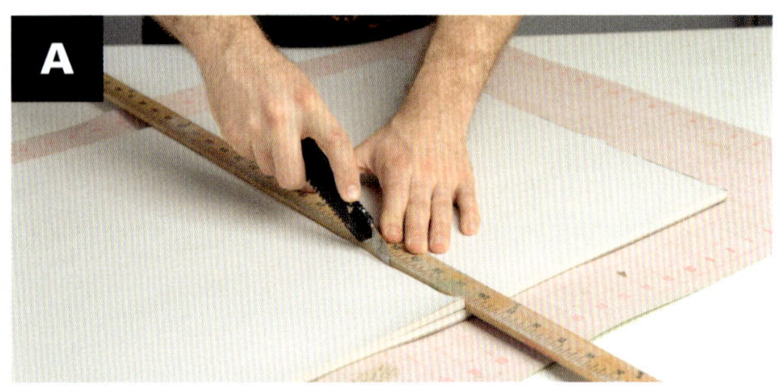

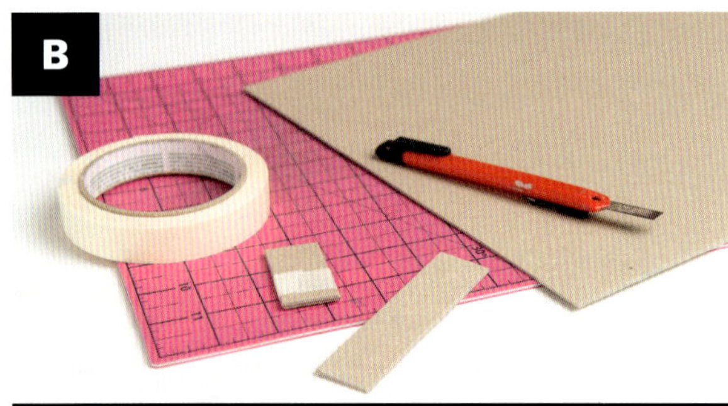

Diese Abstandhalter aus Pappe gleichen die Lücke zwischen Basis und Rahmen aus, die durch die Scharniere entstehen. Außerdem verhindern sie, dass das Sieb beim Drucken am Papier klebt.

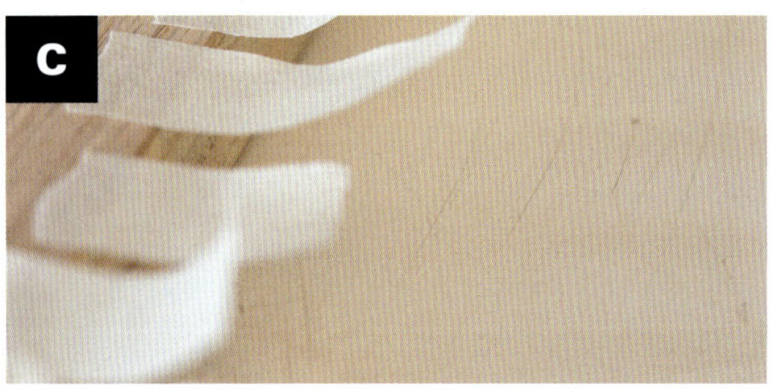

TINTE AUS UNTERGLASURFARBE HERSTELLEN

Ich finde fertig gemischte Unterglasurfarbe, wie man sie im Laden kaufen kann, ungemein praktisch. Es gibt sie in vielen verschiedenen Farbtönen und die Metalloxide und keramischen Partikel darin sind schon fein genug zum Siebdrucken. Daher sehe ich keine Notwendigkeit, die Unterglasurfarbe für meine Siebdrucktinte selbst zu mischen (ziehe aber den Hut vor den Künstlern, die es tun).

Der Keramikkünstler Paul Andrew Wandless hat mir die Methode verraten, die ich hier beschreiben möchte. Dafür brauchen Sie:

- **450 ml flüssige handelsübliche Unterglasurfarbe**
- **2-3 Esslöffel Transparentmedium für Textil-/Acrylfarben**
- **1 Glasscheibe mit geschliffenen Kanten, am besten Hartglas (48,3 x 38,1 x 0,6 cm)**
- **Malerspachtel, Metall oder Plastik, 10 cm breit**
- **Löffel**
- **Heißluftpistole, Fön und/oder Ventilator**
- **Wasser**

Hinweis: *Suchen Sie sich eine Glaserei in Ihrer Nähe und lassen Sie sich die Glasplatte zuschneiden. Das kostet nicht viel, sodass Sie sich gleich mehrere anschaffen können, für den Fall, dass eine Scheibe zerbricht oder dass Sie mehrere Unterglasurfarben gleichzeitig zum Drucken vorbereiten wollen. Außerdem sollten Sie sich die Kanten glätten und schleifen lassen, damit Sie sich das Siebgewebe nicht zerschneiden. Sie brauchen das Glas später auch beim Belichten und Hartglas verträgt direkte Hitzeeinwirkung.*

1. Legen Sie die Glasscheibe auf eine ebene Arbeitsfläche. Ich nehme meist eine Ränderscheibe.

2. Gießen Sie die Unterglasurfarbe auf das Glas und verteilen Sie sie gleichmäßig mit dem Malerspachtel (Foto A).

3. Trocknen Sie die Unterglasurfarbe, bis sie eine festere Konsistenz hat als das Transparentmedium. Es gibt mehrere Möglichkeiten, das zu erreichen. Ich lege die Glasplatte über Nacht vor einen Ventilator. Wenn die Farbe dann immer noch zu flüssig ist, nehmen Sie eine Heißluftpistole oder einen Fön, bis sie die richtige Viskosität hat (Foto B). Mischen Sie feuchte und trockene Stellen mit dem Malerspachtel und verteilen Sie die Farbe gleichmäßig auf dem Glas. Dabei wird die Farbe natürlich klumpig (Foto C).

4. Wenn die Unterglasurfarbe dicker ist als das Transparentmedium, fügen Sie 3 Esslöffel (15 ml) des Mediums hinzu (Foto D). Vermischen Sie das Medium mit dem Malerspachtel mit der Unterglasurfarbe, bis Sie eine gleichmäßige Masse haben (Foto E). Es ist nicht schlimm, wenn nicht alle kleinen Klumpen in der Unterglasurfarbe verschwinden – sie verflüssigen

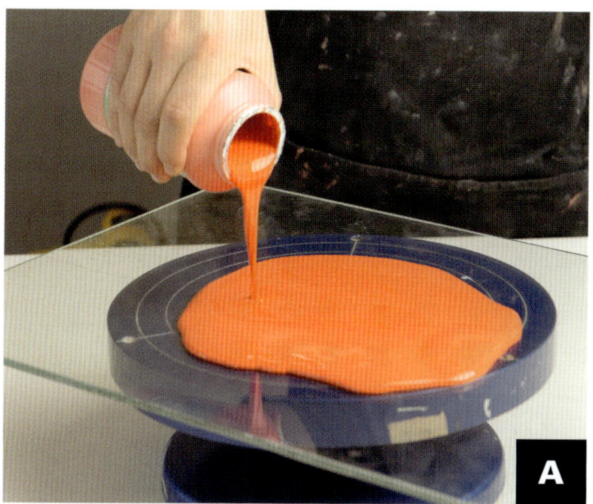

A

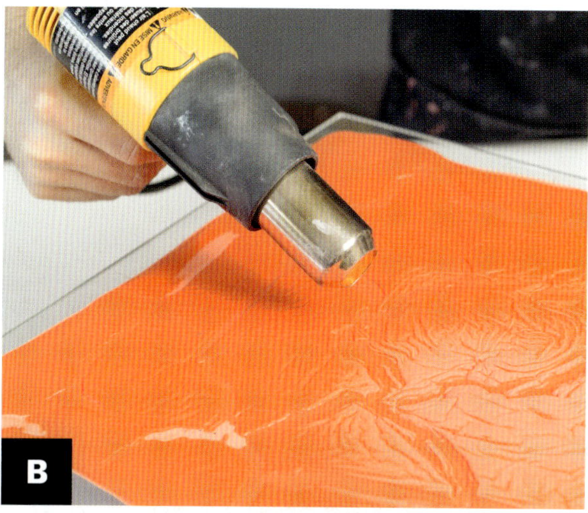

B

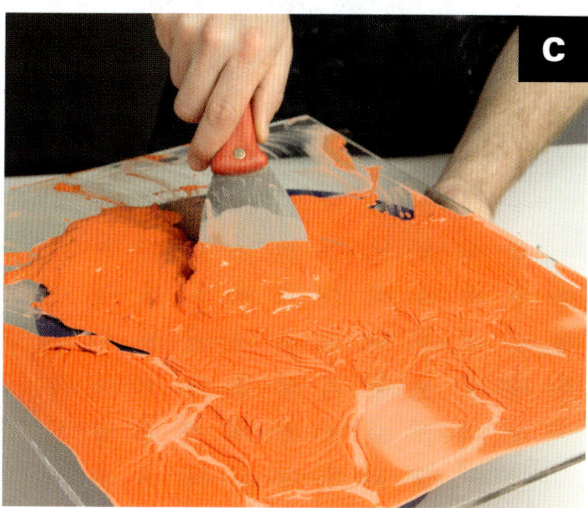

C

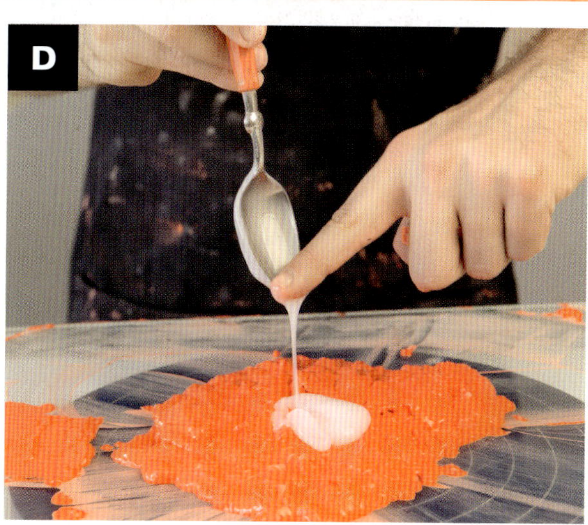

D

sich wieder. Kratzen Sie die Farbe zusammen und füllen Sie sie in einen 500 ml-Behälter aus Plastik.

5. Die fertige Tinte aus Unterglasurfarbe sollte eine ähnliche Konsistenz haben wie das Transparentmedium. Wenn sie immer noch zu fest ist, nachdem Sie das Transparentmedium untergemischt haben, fügen Sie nach und nach etwas Wasser hinzu, bis die Viskosität stimmt. Wenn ein großer Klecks Tinte vom Löffel rutscht und der Rest daran haftet, ist sie richtig (Foto F). Ist sie zu dünnflüssig, läuft alles vom Löffel (Foto G), ist sie zu fest, bleibt sie ganz am Löffel kleben (Foto H).

Das Transparentmedium ist speziell für den Siebdruck gemacht. Es verhindert, dass die Unterglasurfarbe zu schnell trocknet, sodass Sie Zeit zum Drucken haben, bevor das Sieb verstopft. Der Acrylanteil der Mischung sorgt dafür, dass die Tinte aus Unterglasurfarbe am Zeitungspapier haftet, während der keramische Bestandteil Feuchtigkeit aufnehmen und sich beim Übertragen vom Papier lösen kann.

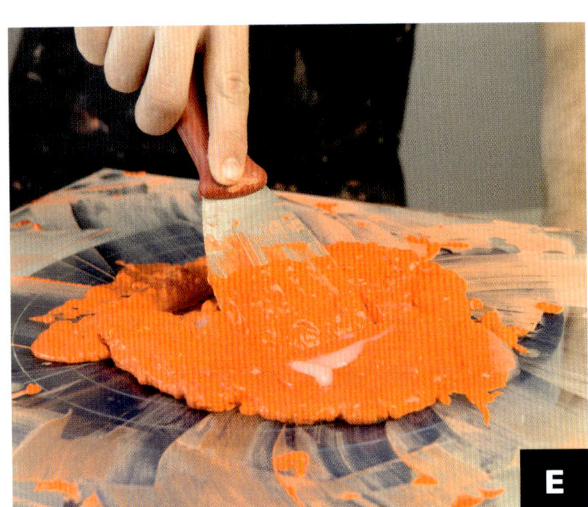
E

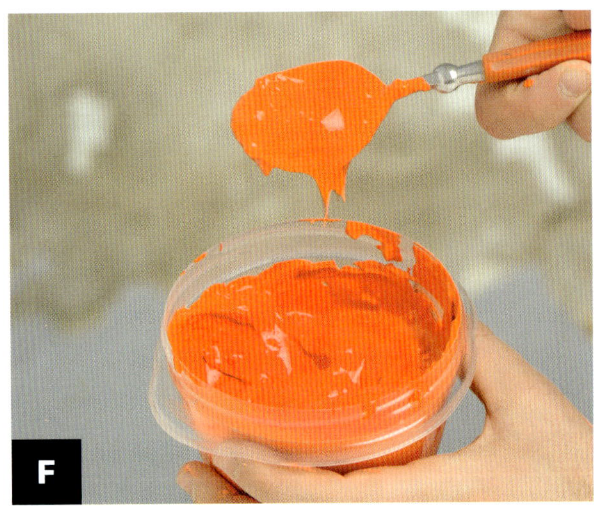
F

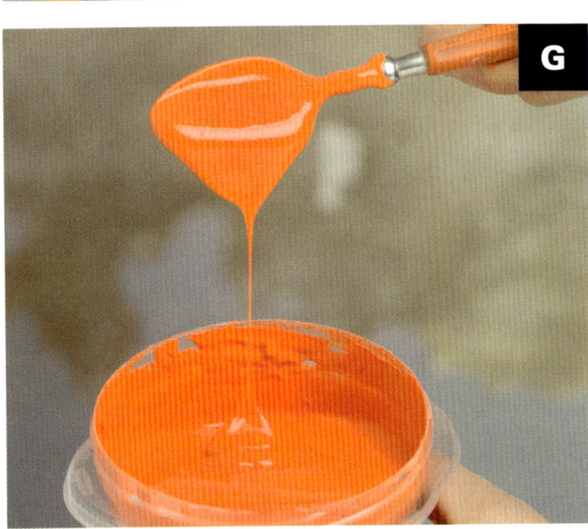
G

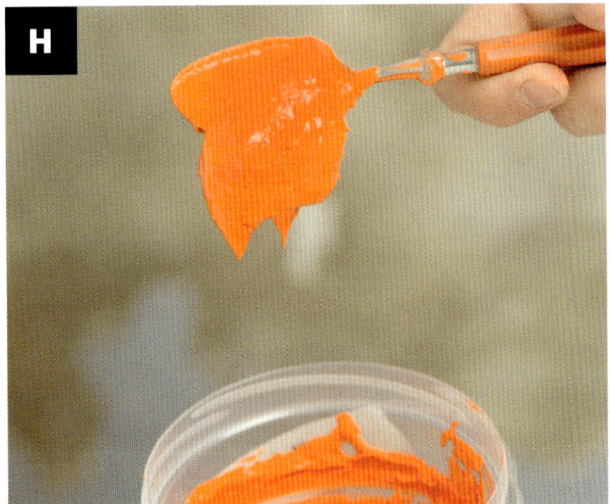
H

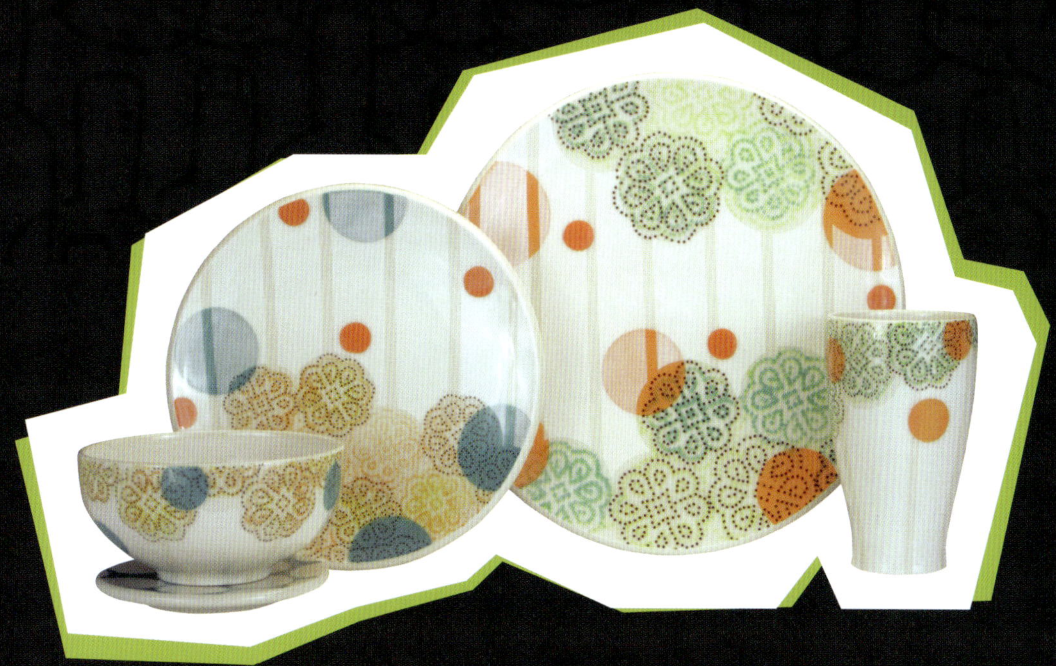

MEREDITH HOST

DOT DOT DOILY DINNER SETTING (PUNKT-PUNKT-DECKCHEN, GESCHIRRSET)

2013
Essteller: 26,7 x 26,7 x 2,5 cm
Salatteller: 22,9 x 22,9 x 2,5 cm
Kleiner Teller: 10,2 x 10,2 x 13 cm
Schale: 12,7 x 12,7 x 7,6 cm
Becher: 7,6 x 7,6 x 12,7 cm
Alle Porzellan mit Abziehbildern
Foto der Künstlerin

WELCHE VERFAHREN VERWENDEN SIE BEI SIEBDRUCK UND ABZIEHBILDERN?

Ich arbeite mit mehreren Schichten aus Siebdruck, Schablonen und Abziehbildern. Dabei spiele ich mit einer Asymmetrie in Farben und Mustern, um komplexe und dynamische Oberflächen zu gestalten. Ich verwende Thermofax-Siebdruckverfahren mit Unterglasurfarbe auf lederhartem Ton. Auf Rohware nehme ich Papierschablonen und auf Schrühware oder glasierten Stücken verwende ich Schablonen aus Vinyl. Als Abziehbilder nehme ich entweder individuelle, im Siebdruckverfahren mit Aufglasurporzellanfarbe hergestellte Bilder oder welche, die ich selbst auf einem Kopierer fertige.

WOHER KOMMEN DIE IDEEN ZU IHREN GEFÄSSEN?

Meine Punktmuster stammen aus meiner „Muster, die niemand sieht"- Sammlung, also z.B. Muster auf Toiletten- oder Haushaltspapier. Ich liebe die kleinen Noppenmuster auf den Papierprodukten, die wir täglich sehen, benutzen und wegwerfen. Ich gebe diesen Mustern eine neue Bedeutung, indem ich sie von einem Material auf ein anderes übertrage und aus etwas Vergänglichem etwas Beständiges mache, das aber immer noch für den Gebrauch im Alltag bestimmt ist.

WELCHE KERAMIKTINTE BENUTZEN SIE ZUM DRUCKEN?

Ich nehme Unterglasurfarben der Serie Amaco Velvet. Manche Farben verwende ich direkt aus der Flasche, doch meist mische ich die Farben zu meinem ganz persönlichen Farbspektrum.

WIE BRENNEN SIE?

Die Glasuren brenne ich oxidierend bei Kegel 6. Bei niedrigbrennenden Glasuren oder speziell angefertigten Abziehbildern brenne ich bei Kegel 05 und bei siebgedruckten Abziehbildern mit Porzellanfarben bei Kegel 016-015.

KÖNNEN SIE EIN PAAR TIPPS FÜR DEN SIEBDRUCK VERRATEN?

Damit die Unterglasurfarbe die richtige Konsistenz für den Siebdruck bekommt, lässt man sie am besten von selbst trocknen. Wenn's schnell gehen soll, kann man ein wenig Unterglasurfarbe dadurch andicken, dass man etwas Zellulosegummi auf die Oberfläche streut. Ich mische das Pulver in die Unterglasurfarbe und zermahle es mit einem Palettenmesser. Es darf nicht zu viel Zellulosegummi sein, sonst löst sich die gedruckte Unterglasurfarbe vom Untergrund.

FORREST LESCH-MIDDELTON

PITCHER (KRUG)

25,4 x 15,2 cm
In Reduktionsatmosphäre abgekühltes Steinzeug, volumetrische Bildübertragung
Foto des Künstlers

WIE SIEBDRUCKEN SIE?
Ich mische Tapetenkleister in ein keramisches Medium (das habe ich von Lesley Baker gelernt) und drücke die Mischung durch ein belichtetes Sieb mit Druckmotiven auf Zeitungspapier. Der Kleister als Bindemittel macht das Medium zu einem klebrigen Pigment, das zugefügte Engoben und Oxide am Zeitungspapier haften lässt.

Wenn ich die Anzahl der Musterwiederholungen festgelegt habe, messe ich sehr genau, um den Durchmesser meines gedrehten Zylinders zu ermitteln. Der fertige Zylinder wird mit verflüssigter Engobe eingestrichen, die ich klebrig antrocknen lasse. Dann lege ich das Abziehbild auf einen porösen Untergrund, z.B. Gipskarton oder unbehandeltes Holz, und überziehe die mit Farbe eingestrichene Seite mit derselben Engobe. Wenn sich Zylinder und Papier beide klebrig anfühlen, lege ich das Bild um den Zylinder. Dann streiche ich von unten nach oben mit einer Gumminiere darüber. Schließlich ziehe ich das Papier ab, sodass das Muster auf der Oberfläche des Zylinders erscheint.

Und nun wird's lustig! Ich greife in den Zylinder und dehne ihn von innen. Dabei achte ich darauf, dass ich die Bilder auf der Außenseite nicht verschmiere. Die Drehscheibe dreht sich und ich schiebe den Ton mit einer Gumminiere nach außen. Dabei dehnt und verzerrt sich das Bild mit dem Ton.

KÖNNEN SIE EIN PAAR TIPPS FÜR DEN SIEBDRUCK VERRATEN?
Meine beiden besten Tipps betreffen das Siebdruckmedium. Ich verflüssige meine Engobe so, dass ich den besten Überzug mit möglichst wenig Wasser bekomme, und mische Tapetenkleister als Bindemittel in das Medium, sodass es am Zeitungspapier haftet.

WELCHE ANDEREN KERAMIKKÜNSTLER INSPIRIEREN SIE?
Richard Shaw war ein Vorreiter der modernen Abziehbildtechniken und seine Arbeiten sind einfach unvergleichlich. Bei Paul McMullan habe ich zum ersten Mal Techniken der Bildübertragung auf Keramik gesehen und seine Arbeiten inspirieren mich immer wieder, meine eigenen Techniken zu überdenken. Lesley Baker ist im Bereich der Transfertechniken sicherlich die erfahrenste Künstlerin, die ich kenne. Und David Linger schafft mit seinen Transfertechniken ganz einzigartige Stücke.

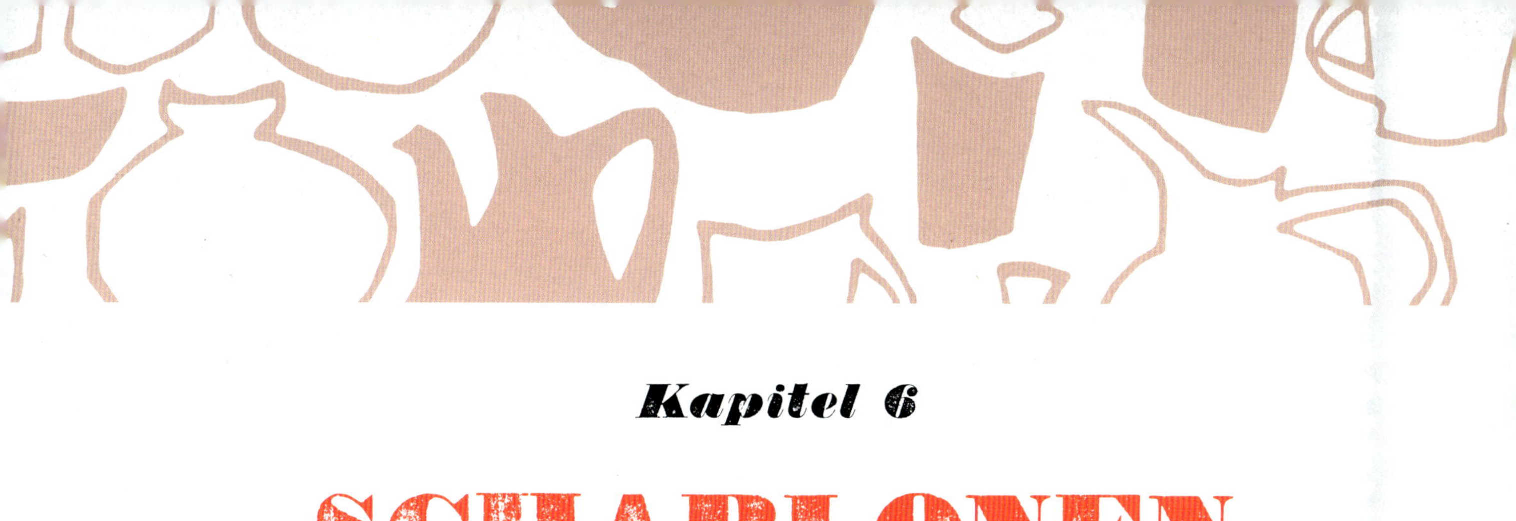

Kapitel 6

SCHABLONEN FÜR SIEBDRUCK

Okay, Sie haben alles zum Drucken vorbereitet: Ihr Drucktisch ist aufgebaut und die Tinte ist bereit. Nun stellt sich die Frage, was Sie drucken wollen. Ein von Hand gezeichnetes Motiv, Kritzeleien aus Ihrem Skizzenbuch oder ein bearbeitetes Foto? All das und noch viel mehr kann man mit Siebdruck machen. Aus Siebgewebe, einer undurchdringlichen Substanz (Siebfüller, Seite 104) und Fotoemulsion (Seite 107) entsteht eine Schablone, durch die Sie Tinte drücken, um ein Bild zu erzeugen. In diesem Kapitel erkunden wir, wie man unterschiedliche Arten von Schablonen herstellt, je nachdem, für welche Bilder, Materialien und Methoden Sie sich entscheiden. Wenn diese Faktoren feststehen, können Sie mit dem Drucken beginnen.

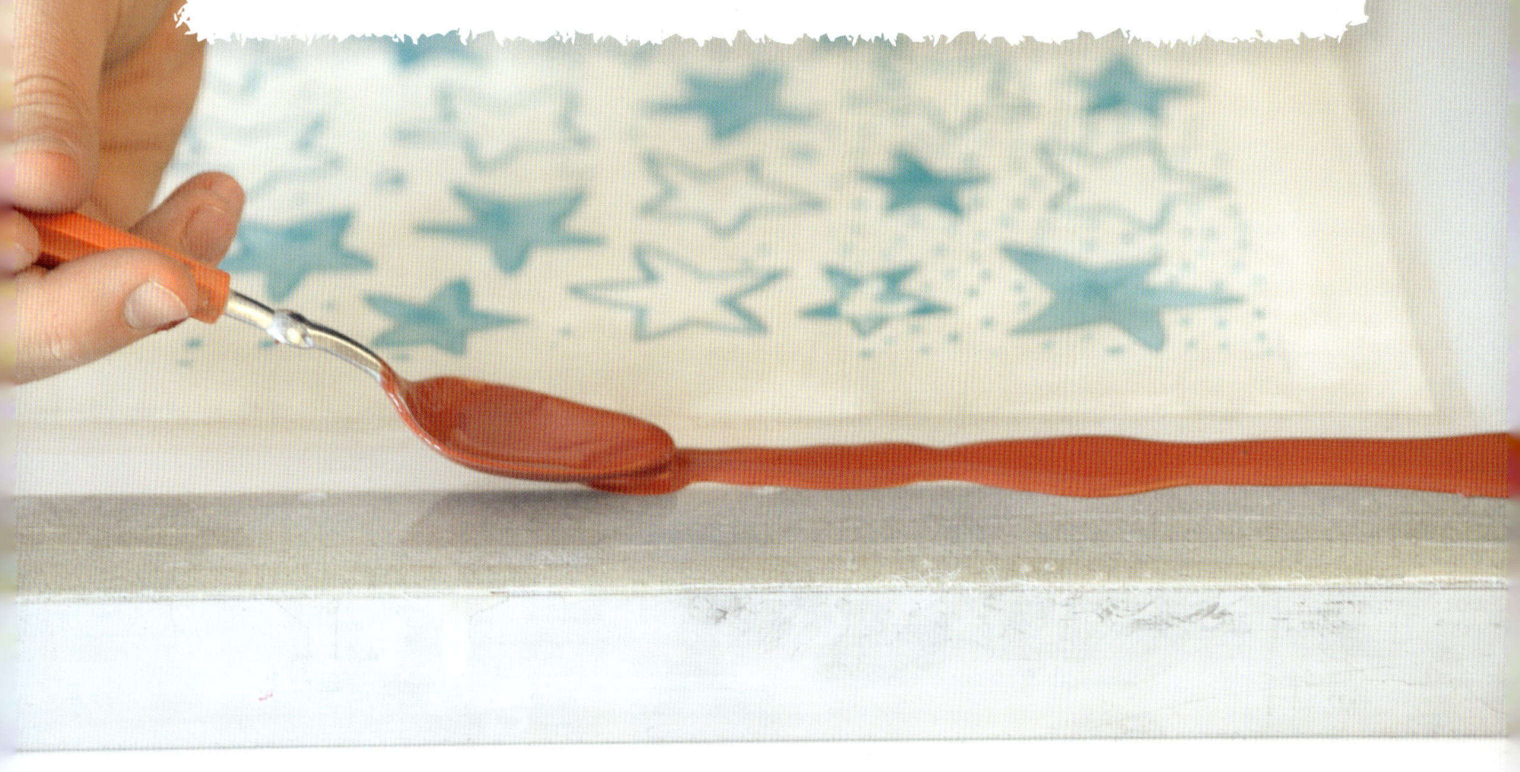

EIN SIEB MIT ZEICHENFLÜSSIGKEIT UND SIEBFÜLLER HERSTELLEN

Mit Zeichenflüssigkeit und Siebfüller können Sie einfache, aber wirkungsvolle Schablonen aus Ihren Sieben machen. Diese Methode eignet sich vor allem für handgezeichnete Motive und Texte und ist außerdem ein preiswerter Einstieg ins Thema, sodass Sie herausfinden können, ob Sie mehr über Siebdruck lernen möchten. Grundsätzlich geht es darum, das gewünschte Druckmuster mit Zeichenflüssigkeit auf das Sieb zu malen und trocknen zu lassen. Dann füllen Sie den Rest des Siebes mit Siebfüller aus. Es ist wirklich ganz einfach.

Sehen wir uns also genauer an, wie das funktioniert. Sie brauchen die folgenden Materialien:

ZEICHENFLÜSSIGKEIT UND SIEBFÜLLER: Am besten benutzen Sie beides vom selben Hersteller. Mit Zeichenflüssigkeit, einer Substanz auf Wasserbasis, kann man Muster als Positiv direkt auf das Siebgewebe malen: Im Druck erscheint es so wie auf dem Sieb. Mit dem Siebfüller werden die Lücken im Sieb ausgefüllt. Er wirkt als Sperrschicht, sodass nach dem Auswaschen der Zeichenflüssigkeit eine Schablone zurückbleibt.

ENTSCHICHTER: Es gibt eine Reihe unterschiedlicher Produkte auf dem Markt. Prüfen Sie am besten, welchen Entschichter der Hersteller für den Siebfüller empfiehlt, mit dem Sie arbeiten.

BLEISTIFT UND RADIERGUMMI: Auf das Sieb kann man Muster wie auf Pauspapier kopieren. Nehmen Sie dazu einen Bleistift in 6B oder HB. Er darf nicht zu spitz sein und nicht fest aufgedrückt werden, weil sonst das Siebgewebe beschädigt werden kann. Mit einem weichen Radiergummi lassen sich Bleistiftstriche entfernen.

MEHRERE HAARPINSEL: Zum Auftragen von Zeichenflüssigkeit und Siebfüller.

STÜTZEN: Sorgen Sie mit vier Abstandhaltern oder anderen gleichhohen Stützen wie Flaschendeckeln, Holzwürfeln (5 cm Kantenlänge) oder kleinen Pappbechern dafür, dass Zeichenflüssigkeit und Siebfüller auf dem Gewebe nicht mit Ihrer Arbeitsfläche in Kontakt kommen.

RAKEL: Damit tragen Sie den Siebfüller auf. Außerdem brauchen Sie eine Schürze, einen Ventilator – und natürlich einen Eimer mit Wasser und Schwamm, um zum Schluss den Siebfüller oder versehentliche Kleckse zu beseitigen.

ZEICHENFLÜSSIGKEIT AUFTRAGEN

Nachfolgend finden Sie einige Tipps für das Auftragen der Zeichenflüssigkeit auf das Sieb. Das Gute an Zeichenflüssigkeit ist, dass Sie sie jederzeit wegstellen und später damit weitermachen können. Kleckse und Spritzer beseitigen Sie vorsichtig mit einem weichen, feuchten Schwamm. Lassen Sie das Gewebe trocknen, bevor Sie weitermalen. Achten Sie darauf, dass keine Bereiche mit zu viel Zeichenflüssigkeit entstehen, sonst sammeln sich auf der Unterseite des Gewebes große Tropfen, die viel Zeit zum Trocknen brauchen.

Wenn das Positiv fertig ist, helfen Sie beim Trocknen mit einem Ventilator nach. Da das Material beim Trocknen glänzt, prüfen Sie leicht mit der Fingerspitze, wie feucht es noch ist.

STRICHE, PUNKTE, KLECKSE: Zeichenflüssigkeit ist ideal für alle, die gerne mit dem Pinsel arbeiten. Experimentieren Sie mit unterschiedlichen

Pinselstärken und kombinieren Sie Punkte und Kleckse mit forschen Pinselschwüngen und zarten Linien mit dem Malbällchen (Foto A).

FREIHANDZEICHNEN: Statt abstrakter Formen malen Sie mit einem Pinsel ein Bild oder Motiv mit Zeichenflüssigkeit auf Ihr Siebdruckgewebe: ein Stillleben, ein geometrisches Muster oder irgendetwas anderes, das Sie inspiriert (Foto B).

AUFKLEBER: Kleben Sie Aufkleber auf und malen Sie mit Zeichenflüssigkeit darüber (Foto C). Bilden Sie einen Namen oder Text aus Buchstaben. Gestalten Sie Muster aus geometrischen Formen oder kaufen Sie sich im Ausverkauf nach dem Valentinstag lauter Klebeherzen. Die Aufkleber bilden eine Sperrschicht auf dem Gewebe, die keine Zeichenflüssigkeit annimmt. Diese Stellen werden dann vom Siebfüller ausgefüllt, sodass Sie den negativen Raum um die Aufkleber drucken. Probieren Sie später, ohne Zeichenflüssigkeit zu arbeiten und Aufkleber als Sperrschicht gegen den Siebfüller zu verwenden.

ABPAUSEN: Legen Sie das Bild (Foto, Muster, Fotokopie), das Sie abpausen wollen, auf eine saubere Arbeitsfläche. Richten Sie das Sieb mit der Druckseite nach unten darauf aus. Auf der Rakelseite des Siebes zeichnen Sie das Muster wie auf Pauspapier nach (Foto D). Dann drehen Sie das Sieb um und zeichnen das Muster auf der Druckseite mit Zeichenflüssigkeit nach.

Hinweis: *Jedes Sieb hat zwei Seiten. Die Seite, die mit der zu bedruckenden Oberfläche in Berührung kommt, nennt man Druckseite. Die andere Seite, die vom Rahmen umgeben ist und auf der die Tinte verteilt wird, ist die Rakelseite. Malen oder kleben Sie Buchstaben so auf die Druckseite, wie sie gelesen werden sollen (Foto E). Beim Drucken erscheinen sie seitenverkehrt, auf den Ton übertragen aber richtig herum.*

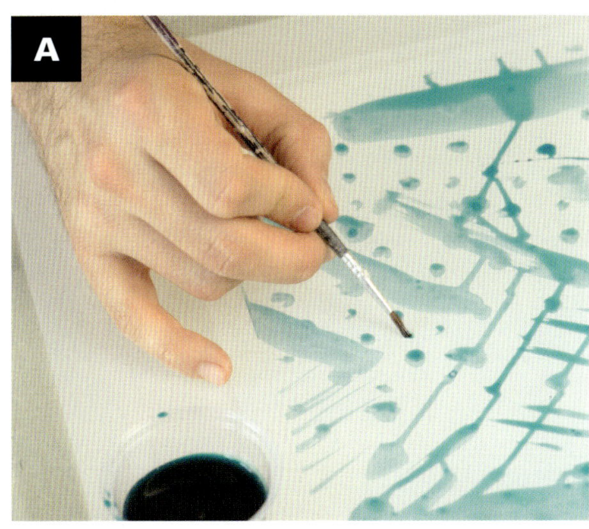

A

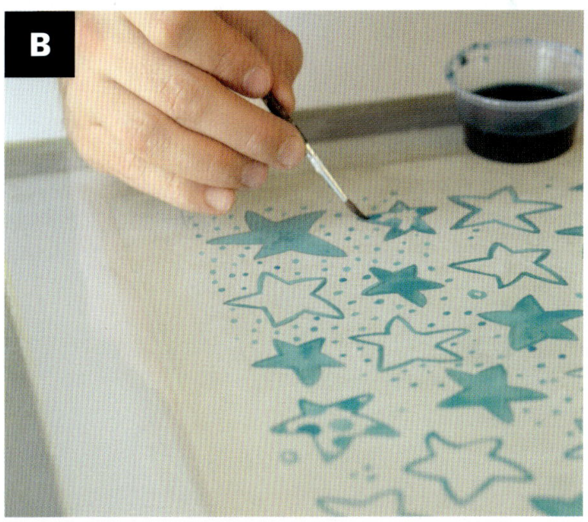

B

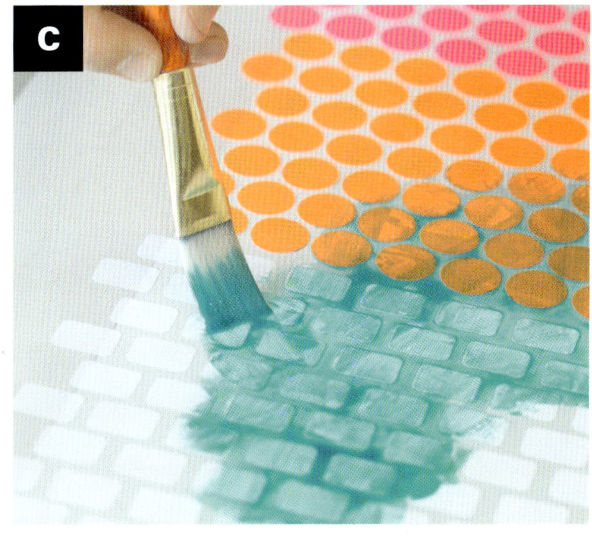

C

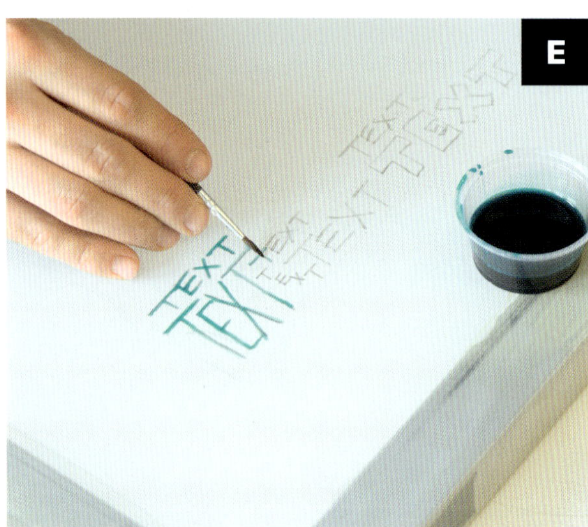

SIEBFÜLLER AUFTRAGEN

Es gibt zwei Methoden, Siebfüller aufzutragen: Der Siebfüller wird (1) mit einer Rakel in die Negativräume eines Bildes geschoben oder (2) mit einem Pinsel auf das Gewebe gebracht, das zuvor nicht mit Zeichenflüssigkeit bearbeitet wurde.

RAKEL

1. Wenn Sie Zeichenflüssigkeit aufgetragen haben, lassen Sie sie durchtrocknen. Dann kleben Sie auf der Seite, auf der sich die Zeichenflüssigkeit befindet, die Geweberänder mit Paketklebeband ab. So streichen Sie den Siebfüller nicht dorthin, wo das Gewebe mit dem Rahmen in Kontakt kommt. Das könnte nämlich mit der Zeit zu Problemen führen. Das Klebeband sollte 1,3 cm vom Rahmen und etwa 6,4 cm vom benachbarten Gewebe abdecken. Ich finde diese Begrenzung nützlich, wenn ich Siebfüller auftrage, außerdem bekomme ich auf diese Weise saubere Kanten.

2. Rühren Sie den Siebfüller vorsichtig um, bis er eine gleichmäßige Konsistenz ohne Luftblasen hat. Gießen oder geben Sie einen Streifen Siebfüller mit einem Löffel auf das Klebeband am Siebrand (Foto A).

3. Ziehen Sie den Siebfüller mit der Rakel zu sich hin (Foto B). Falls Lücken bleiben, wiederholen Sie diesen Schritt. Falls Sie nicht genug Siebfüller hatten, lassen Sie alles trocknen, bevor Sie mehr auftragen. Der Siebfüller weicht die Zeichenflüssigkeit an, sodass das Muster leicht verwischt werden kann. Füllen Sie Lücken im Auftrag oder Nadelstiche (kleine offene Stellen – Foto C) später mit dem Pinsel aus.

4. Nehmen Sie überschüssigen Siebfüller mit einem Löffel ab. Wischen Sie Tropfen mit einem feuchten Schwamm vom Klebeband, dann ziehen Sie es ab.

5. Um einen gleichmäßigen Auftrag zu erhalten, muss der Siebfüller auf dem flach liegenden Sieb durchtrocknen. Helfen Sie mit einem Ventilator nach.

6. Spülen Sie die Zeichenflüssigkeit unter kaltem fließendem Wasser ab. Sie können beide Gewebeseiten vorsichtig abspülen. Hartnäckige Flecken reiben Sie sanft mit einem Schwamm ab. Dann lassen Sie das Sieb durchtrocknen (Foto D).

7. Auf Seite 125 sehen Sie, wie es weitergeht (Fluten, drucken, antrocknen).

PINSEL

Fangen Sie am besten mit einem einfachen Muster an, das Sie mit Bleistift auf Ihr Sieb zeichnen. Dann tragen Sie den Siebfüller auf. Sie benutzen keine Zeichenflüssigkeit. Wenn Ihnen diese Methode liegt, denken Sie daran, nur die Negativräume um Ihre Motive mit Siebfüller zu bemalen. Er fungiert wie eine Schablone, die die Tinte daran hindert, auf das Papier zu gelangen. Ein Nachteil: Bei diesem Verfahren lassen sich Fehler nicht korrigieren.

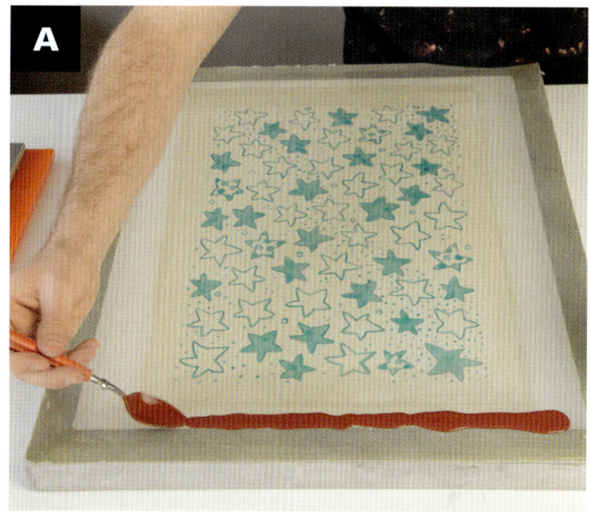
A

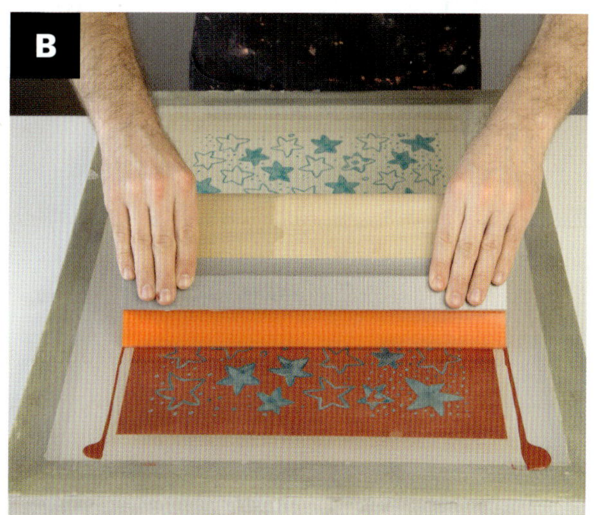
B

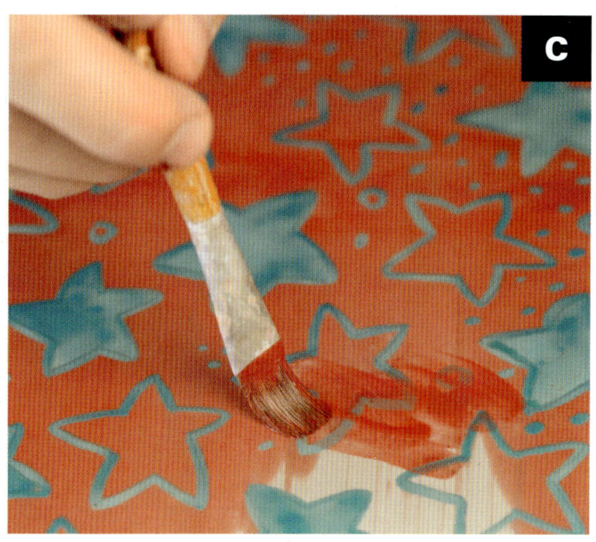
C

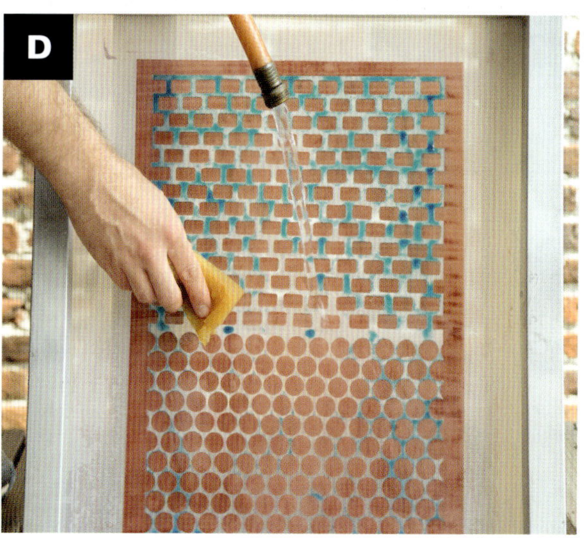
D

DAS SIEB VOM SIEBFÜLLER BEFREIEN

Nun ist es Zeit, das Bild zu entfernen und das Sieb für das nächste Projekt vorzubereiten. Bevor Sie zur Tat schreiten, denken Sie daran, dass Ihr Bild einzigartig ist. Beseitigen Sie es also nur, wenn Sie es bestimmt nicht mehr brauchen. Mit heißem Wasser, etwas Fleiß und bestimmten Chemikalien wird Ihr Sieb wieder wie neu. Sie brauchen:

- **Im Handel erhältlicher Siebreiniger (Herstellerhinweise lesen!)**
- **Entfetter**
- **Schürze und Handschuhe**
- **Bürste mit Nylonborsten**
- **Schwamm**

Lesen Sie sich die Gebrauchsanleitung für den Siebreiniger durch oder recherchieren Sie im Internet. Die Produkte unterscheiden sich ein wenig in der Anwendung, doch meist gehen Sie folgendermaßen vor:

1. Spülen Sie die Tinte aus Unterglasurfarbe ab, entfernen Sie das Paketklebeband und tragen Sie Entfetter auf das Sieb auf.

2. Tragen Sie mit Pinsel oder Sprühflasche Siebreinger auf beide Seiten des Siebes auf und fahren Sie mit der Nylonbürste darüber.

3. Legen Sie das Sieb waagrecht hin, tragen Sie beidseitig eine weitere Schicht Siebreiniger auf und lassen Sie sie 3 bis 5 Minuten lang einwirken.

4. Fahren Sie noch einmal mit der Bürste darüber. Dann spülen Sie das Sieb mit einem kräftigem, heißem Wasserstrahl gründlich ab (Fotos A und B).

5. Wiederholen Sie die Schritte 2 und 3 bei hartnäckigen Siebfüllerresten.

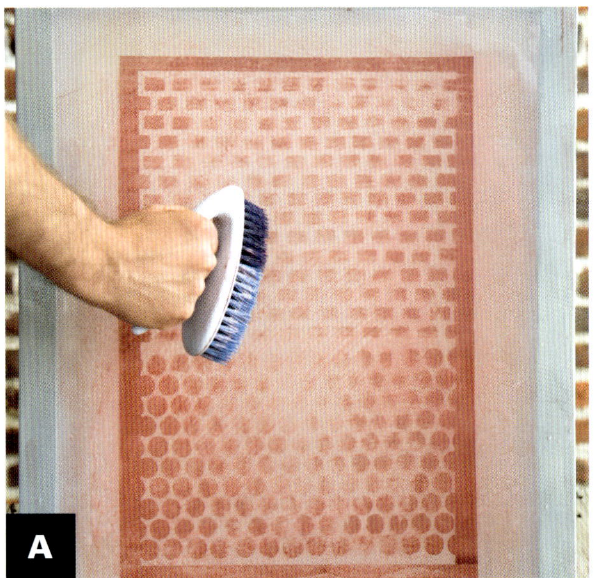

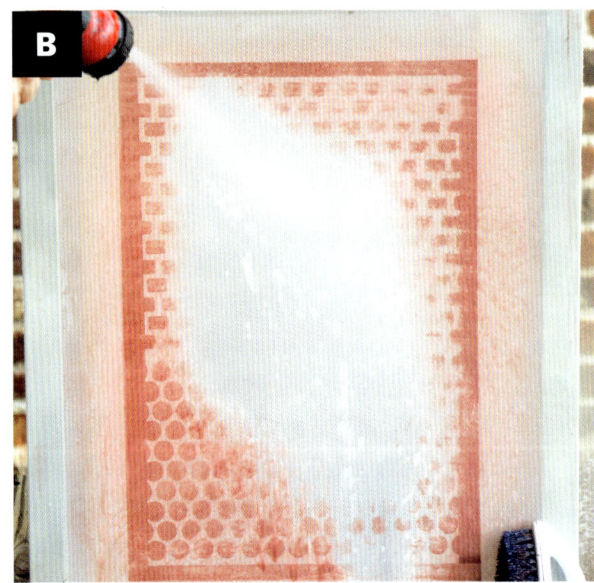

Hinweis: *Üben Sie mit der Nylonbürste nicht zu viel Druck auf das Sieb aus. Die Borsten sollen die Siebfüllerschicht aufbrechen, sie können aber auch den Gewebefasern zusetzen. Bei hartnäckigen Resten tragen Sie zusätzlichen Siebreiniger auf, bürsten Sie über die Stelle und wiederholen Sie diese Schritte bei Bedarf.*

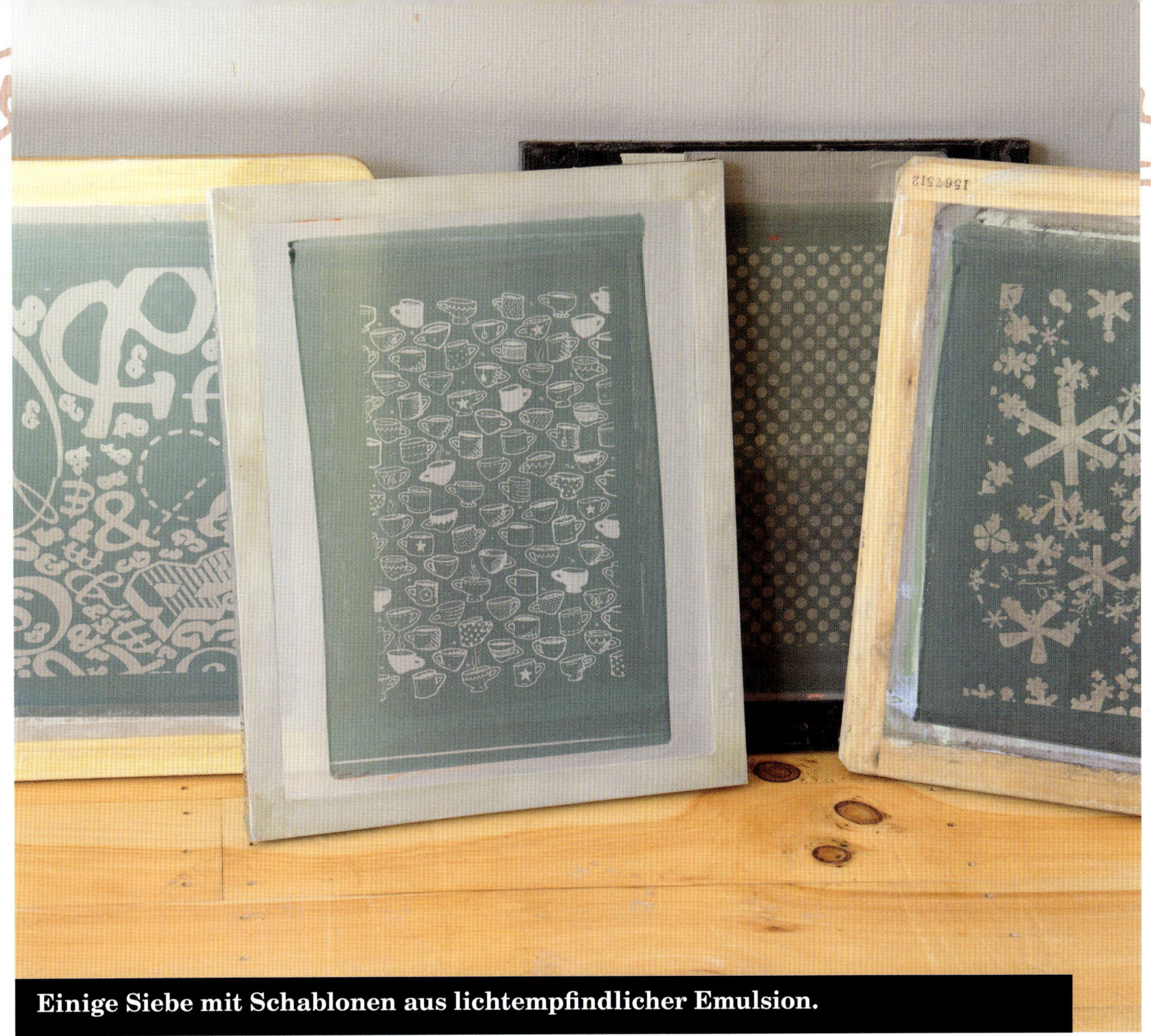

Einige Siebe mit Schablonen aus lichtempfindlicher Emulsion.

SCHABLONEN MIT LICHTEMPFINDLICHER EMULSION HERSTELLEN

Im Vergleich zu Schablonen, die mit Zeichenflüssigkeit und Siebfüller hergestellt werden, geht es bei Schablonen mit lichtempfindlicher Emulsion etwas technischer zu. Die Ergebnisse lohnen jedoch die Mühe. Bei Zeichenflüssigkeit und Siebfüller malen Sie Ihr Muster direkt auf das Sieb, doch bei lichtempfindlicher Emulsion können Sie bereits gedruckte oder computergenerierte Motive mit vielen Details benutzen. Und die Schablone ist jederzeit und immer wieder einsetzbar.

Im Grunde ist es ganz einfach: Das Sieb bekommt eine Kopierschicht aus lichtempfindlicher Emulsion. Parallel dazu wird ein Diapositiv erstellt, das auf das Sieb gelegt und belichtet wird. Die positiven (schwarzen) Stellen auf dem Film (ich benutze gerne gezeichnete Motive auf OHP-Folie) sind lichtundurchlässig, während die anderen Bereiche des Siebes belichtet werden, sodass auf dem Sieb ein Negativ des Druckbildes entsteht.

Was Sie an Zubehör für die einzelnen Arbeitsschritte brauchen ist aufgelistet, andere Dinge sind jedoch nicht zwingend. Lesen Sie sich auf jeden Fall die Materiallisten durch.

LICHTEMPFINDLICHE EMULSION UND SENSIBILISATOR: Emulsion ist eine sirupähnliche Flüssigkeit, in der lichtempfindliche Partikel schweben. Oft werden Emulsion und Sensibilisator als Zwei-Komponenten-Mischung verkauft. Lesen Sie in der Gebrauchsanleitung, wie lange die fertig angerührte Mischung haltbar ist. Es gibt viele Arten von Emulsionen, die sich in ihrer Zubereitung unterscheiden. Folgen Sie den Herstellerhinweisen, wie Sie den Entschichter für die Kopierschicht anwenden.

ENTSCHICHTER FÜR DIE KOPIERSCHICHT: Damit wird die belichtete Emulsion neutralisiert und der chemischen Prozess rückgängig gemacht, um die Kopierschicht vom Sieb zu entfernen.

BESCHICHTUNGSRINNE: Das ist eine längliche Metallwanne für den Auftrag von Emulsion. Es gibt sie in unterschiedlichen Längen. Die Beschichtungsrinne sollte etwa 5 cm kürzer sein als die Innenmaße des Rahmens. Achten Sie besonders auf die Auftragskante der Beschichtungsrinne und reinigen Sie sie gründlich: Scharten und angetrocknete Emulsion beeinträchtigen die Qualität des Auftrags.

FILMPOSITIVE: Diapositive für die fotomechanische Schablonenherstellung lassen sich auf unterschiedliche Weise anfertigen. Sie können mit opaken Tinten auf Acetatfolie und Pauspapier zeichnen, die beim Belichten der Kopierschicht kein Licht durchlassen. Auch handelsübliche OHP-Folien und Kopierpapier aus dem Drucker sind geeignet. Wenn Sie die Vorlage auf einem Fotokopierer machen, vergewissern Sie sich, dass der Toner wirklich lichtundurchlässig ist. Wenn er nicht richtig deckt, ändern Sie die Druckstärke oder kleben Sie zwei Ausdrucke der Vorlage aufeinander, sodass Sie die doppelte Opazität bekommen. Bei pfleglicher Behandlung können Sie mehrere Siebe mit diesen Vorlagen belichten.

GELB- ODER ROTLICHT: In der Dunkelkammer können Sie mit diesen Lichtquellen genug sehen, um die Siebe zu beschichten und trocknen zu lassen, ohne dabei die Kopierschicht auf Ihrem Sieb versehentlich zu belichten. Beim Siebdruckzubehör gibt es auch farbige Manschetten, mit denen man Neonröhren ummanteln kann.

STABILE SCHWARZE MÜLLSÄCKE: Je fester, desto besser! Damit verhängen Sie die Fenster und alle Ritzen, durch die Tageslicht in die Dunkelkammer dringen und die Siebe belichten könnte. Sie eignen sich auch gut zur Aufbewahrung beschichteter, noch nicht belichteter Siebe (siehe Seite 115).

ABDECKPLANE AUS PLASTIK: Spritzer sind fast unvermeidlich, wenn Sie mit Emulsion und Beschichtungsrinne arbeiten, sie hinterlassen aber Flecken und sind kaum zu entfernen, wenn sie trocken sind.

GLASPLATTE MIT GESCHLIFFENEM RAND: Einfache klare Glasscheiben gibt es in allen Stärken und Größen. Ich rate Ihnen zu einer 48,3 x 38,1 x 0,6 cm großen Platte, die nicht UV-geschützt sein darf. Sie brauchen UV-Strahlen zum Belichten, weil die lichtempfindlichen Partikel darauf reagieren. Die Kanten sollten geschliffen sein, damit Sie und Ihr Sieb keinen Schaden nehmen.

BILDBEARBEITUNGSPROGRAMM (OPTIONAL): Ein Computer ist nur nötig, wenn Sie computergenerierte Vorlagen erstellen wollen.

TINTENSTRAHL-, LASERDRUCKER ODER FOTOKOPIERER (OPTIONAL): Mit jedem dieser Geräte können Sie Diapositive mit schwarzer Tinte drucken. Mit dem Dia wird auf dem Sieb eine Schablone hergestellt.

KLEINER HOCHDRUCKREINIGER: Ist nötig, um das Sieb gründlich zu reinigen, nachdem der Entschichter aufgetragen wurde. Sie brauchen einen Wasserdruck zwischen 70 und 103 bar. Wenn Sie sich keinen eigenen Hochdruckreiniger kaufen wollen, gehen Sie zur nächsten SB-Waschbox, werfen eine Münze ein und stellen das Programm „Klarspülen" ein, damit nur Wasser herauskommt.

STÜTZEN: Sägen Sie drei 5 cm lange Stücke von einem Kantholz (2,5 x 2,5cm). Sie lassen sich gut aufbewahren und sind nützlich, wenn Sie mehrere Siebe trocknen. Jedes Sieb braucht drei Stützen (Seite 111 und 112).

DIE DUNKELKAMMER

Um eine Dunkelkammer einzurichten, brauchen Sie einen Ort, den Sie gegen Tageslicht abschirmen und an dem Sie ein paar Stunden lang ungestört arbeiten können. Sie brauchen die folgende Ausstattung:

- **Gelb- oder Rotlicht**
- **Pro Sieb je drei Stützen**
- **Stabile schwarze Müllsäcke**
- **Abdeckplane (optional)**
- **Eimer mit Wasser und Schwamm**
- **Kleiner Lampenfuß/Klemmleuchte (optional)**
- **Ventilator (optional)**

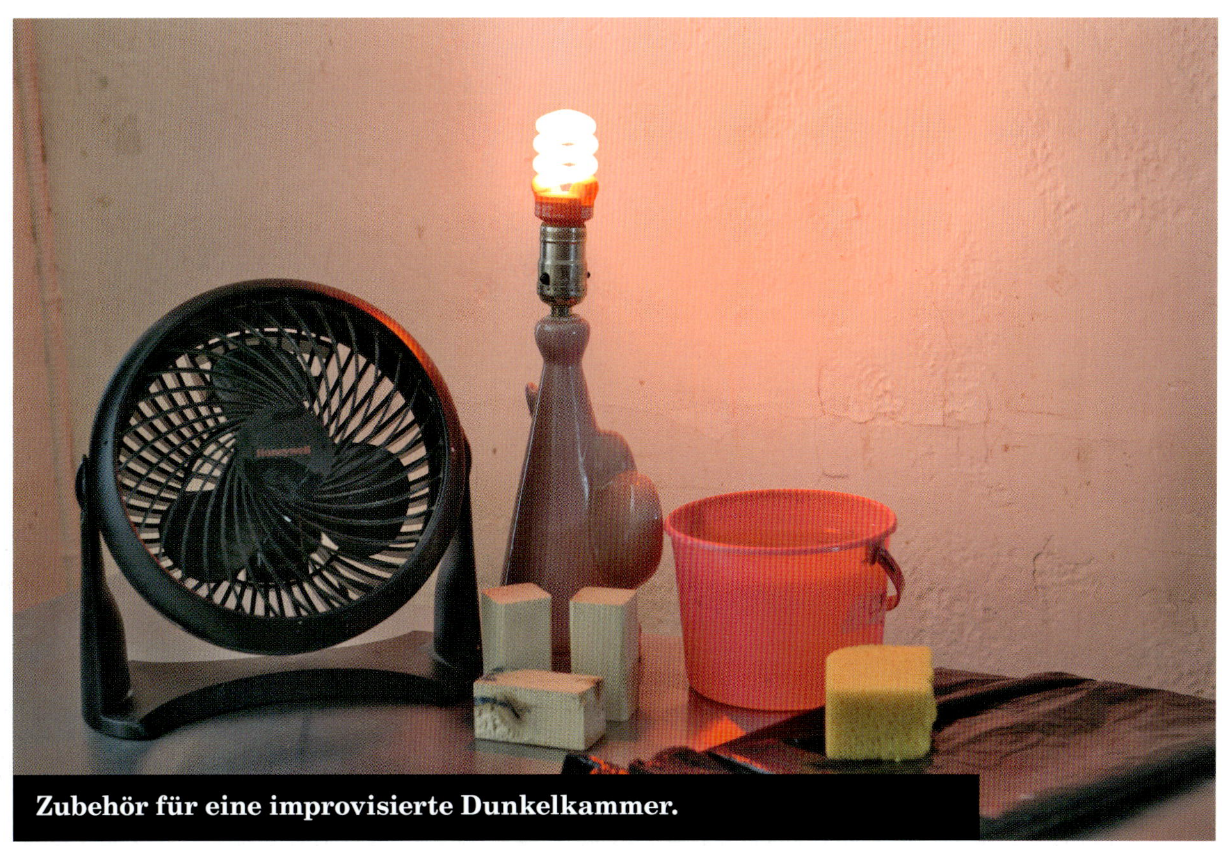

Zubehör für eine improvisierte Dunkelkammer.

FOTOEMULSION AUFTRAGEN

Es braucht ein bisschen Übung, um das Sieb mit der Emulsion zu beschichten, doch wenn Sie es ein paarmal probiert haben, wird es Ihnen ohne Probleme gelingen. Am besten tragen Sie probeweise ein paar Schichten auf und spülen sie wieder ab, bis Sie einen gleichmäßigen Auftrag hinbekommen. Vor dem Belichten ist die Emulsion wasserlöslich.

Entfetten und reinigen Sie Ihr Sieb gründlich. Spülen Sie es gut ab und lassen Sie es durchtrocknen, bevor Sie mit der Beschichtungsrinne die Emulsion auftragen. Die folgenden Materialien sollten Sie sich in Ihrer Dunkelkammer zurechtlegen.

- **Sieb**
- **Lichtempfindliche Emulsion und Sensibilisator, fertig gemischt nach Anleitung**
- **Schürze und Handschuhe**
- **Beschichtungsrinne**
- **Plastiklöffel**
- **Schwamm und Eimer mit Wasser**
- **Ventilator (optional)**
- **Stabile schwarze Müllsäcke**
- **Holzstützen**

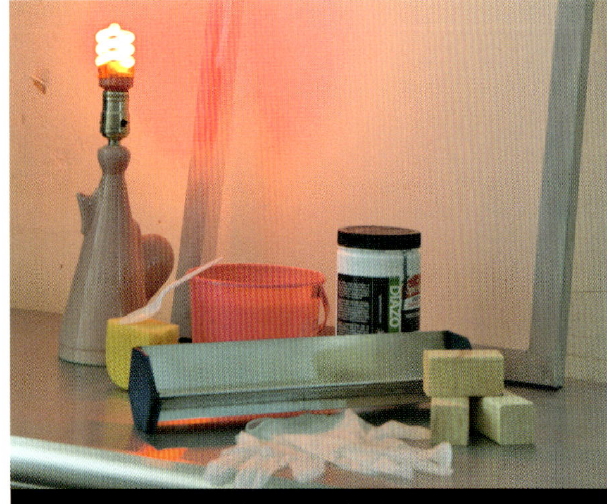

Zubehör, das Sie zum Auftragen von lichtempfindlicher Emulsion brauchen.

1. Rühren Sie die angemischte Emulsion vorsichtig um, damit keine Luftblasen entstehen. Füllen Sie die Beschichtungsrinne zur Hälfte mit Emulsion.

2. Halten Sie mit einer Hand das Sieb senkrecht. Die Druckseite ist der Hand zugewandt, in der Sie die Beschichtungsrinne halten. Für einen einheitlichen Auftrag sollte die Emulsion gleichmäßig in der Rinne verteilt sein (Foto A).

3. Legen Sie die Kante der Rinne am unteren Ende des Siebes etwa 1,3 cm oberhalb des Rahmens an. Es ist wichtig, dass Sie die Rinne sanft auf das Sieb drücken, damit der Kontakt zum Gewebe nicht unterbrochen wird und die Emulsion aus der Rinne tropft (Foto B).

4. Neigen Sie die Beschichtungsrinne langsam, sodass die Emulsion in Richtung Sieb läuft.

5. Sobald ein wenig Emulsion das Gewebe berührt, drehen Sie die Rinne ganz zum Sieb, bis der ganze Strang Emulsion mit dem Gewebe in Kontakt ist. Üben Sie weiterhin Druck aus.

6. Schieben Sie die Rinne bis zum oberen Rand des Siebes (Foto C). Wenn sich die Rinne der Oberkante nähert, neigen Sie das obere Ende des Siebes der Rinne zu, sodass überschüssige Emulsion hineinlaufen kann (Foto D).

7. Wenn Sie die Rinne abrupt abziehen, kann es passieren, dass etwas Emulsion am Sieb herunterläuft. Am besten drücken Sie die Rinne fest an das Gewebe und schieben sie leicht zur Seite weg. So fließt keine Emulsion nach und der Auftrag schließt mit einer sauberen Kante ab.

8. Mit einer alten Kreditkarte oder einer Gumminiere wischen Sie überschüssige Emulsion weg, die sich an der Seite bei der Beschichtungsrinne gesammelt hat. Reinigen Sie Siebränder und Rahmen mit einem feuchten Schwamm von Emulsionsspritzern.

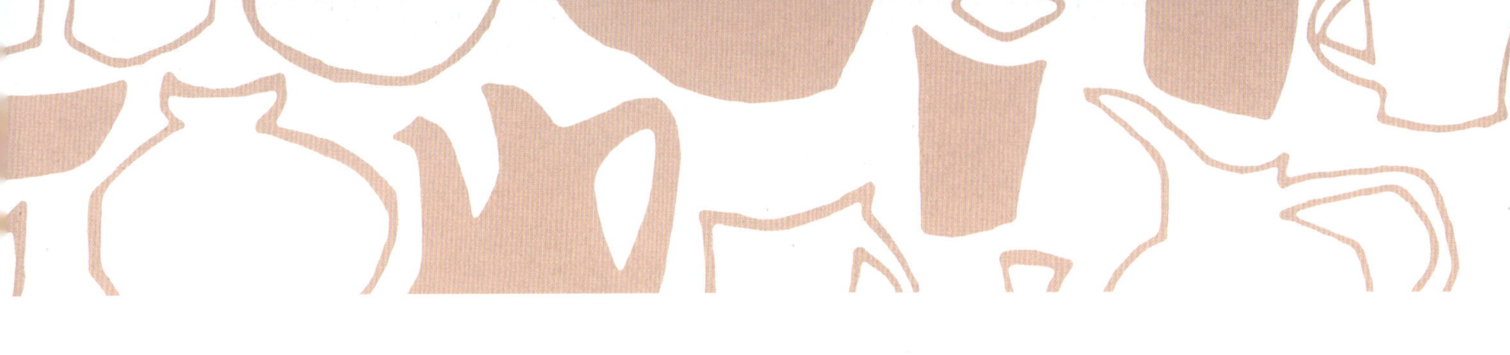

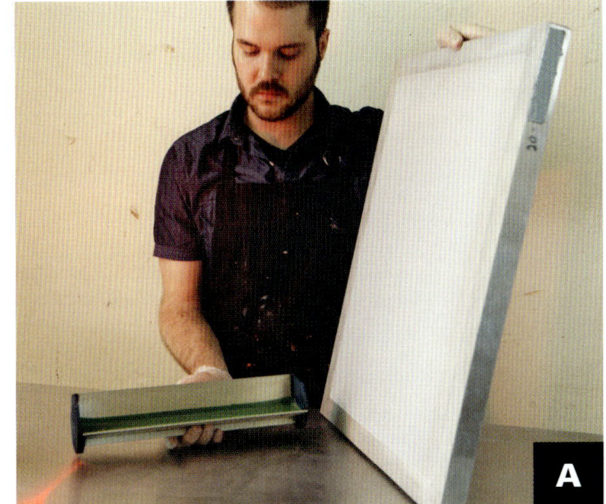

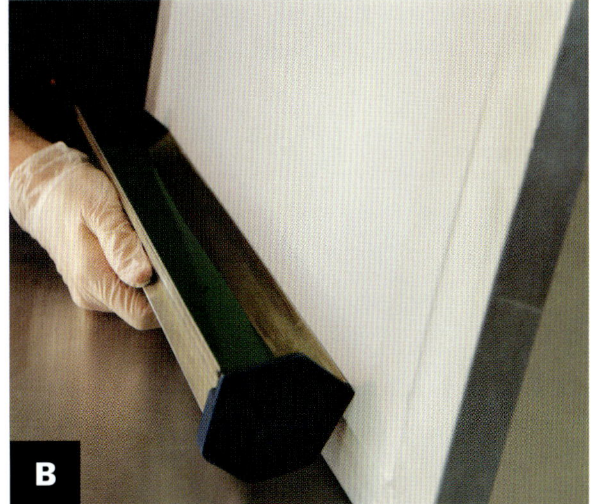

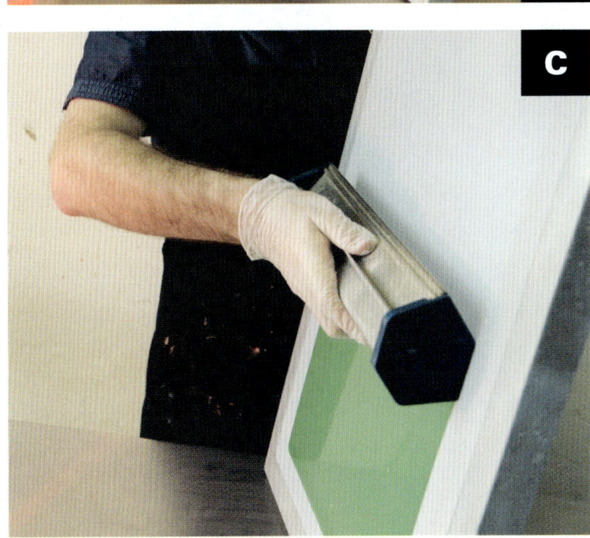

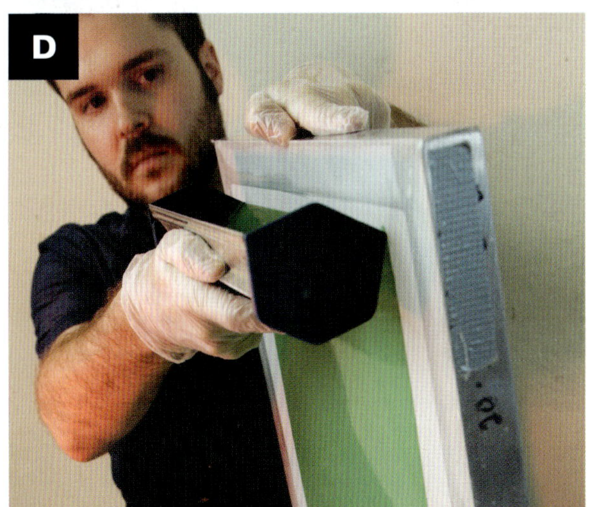

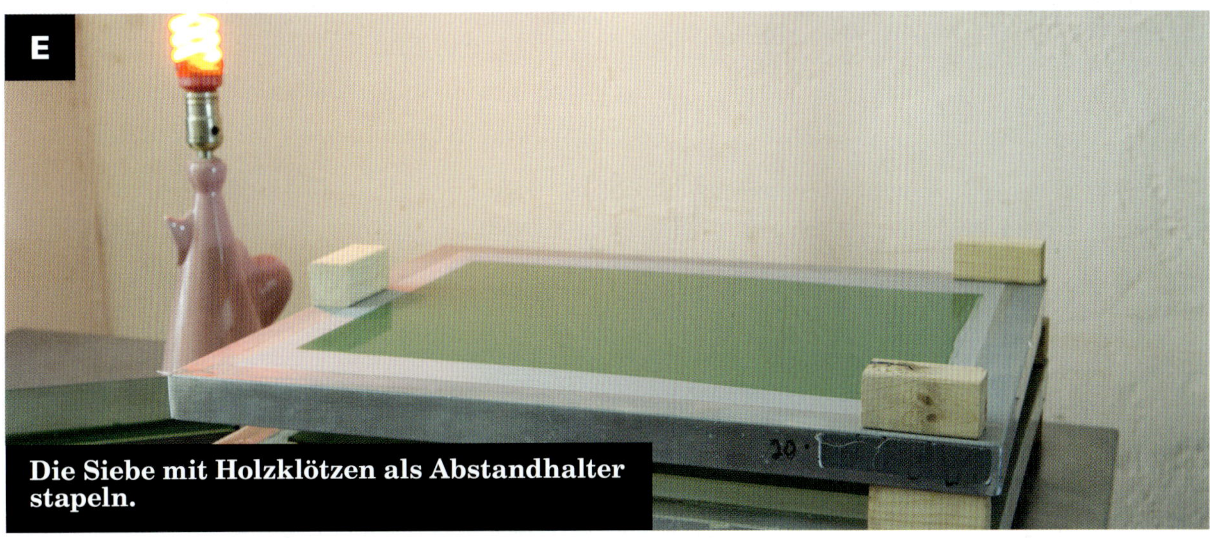

Die Siebe mit Holzklötzen als Abstandhalter stapeln.

Wichtig: *Solange die Emulsion unbelichtet ist, sollte sie nicht mit Wasser in Berührung kommen. Sie ist immer noch wasserlöslich, sodass die Kopierschicht durch Wassertropfen ungleichmäßig werden kann. Sie können jedoch ohne Probleme Folien auf die Siebe kleben, ohne dass die Kopierschicht Schaden nimmt.*

9. Prüfen Sie die Kopierschicht auf Bereiche, in denen die Emulsion zu dick oder ungleichmäßig aufgetragen ist. Im Zweifelsfall spülen Sie die Emulsion ab, trocknen das Sieb und fangen von vorn an.

10. Wenn die Kopierschicht gut aussieht, schieben Sie Stützen unter den Siebrahmen, sodass das Gewebe die Arbeitsfläche nicht berührt: je eine Stütze unter eine Rahmenecke und die dritte unter die Mitte des gegenüberliegenden Rahmenteils, sodass sie ein Dreieck bilden. Die beschichtete Siebseite zeigt nach oben. Wenn Sie weitere Rahmen aufstapeln wollen, platzieren Sie Holzklötze als Stützen an die entsprechenden Stellen auf dem untersten Rahmen und legen das nächste Sieb darauf (Foto E). Diese platzsparende Aufbewahrungsmethode lässt ausreichend Luft zwischen den Sieben zirkulieren, um die Emulsion zu trocknen. Sie können den Trockenvorgang auch mithilfe eines Ventilators beschleunigen.

Achten Sie darauf, dass weder Wasser noch Schmutz auf die Emulsionsschicht kommen, solange sie feucht ist. Je nach Luftfeuchtigkeit und Temperatur kann es zwischen 45 Minuten und einer ganzen Nacht dauern, bis sie trocknet. Die Emulsion ist wasserlöslich, solange sie nicht belichtet ist, daher sollten Sie Wasser von ihr fernhalten.

Wenn die Kopierschicht aus lichtempfindlicher Emulsion trocken ist, lassen sich die Siebe in schwarzen Plastiksäcken verstauen. So sind sie vor UV-Licht geschützt. Wenn Sie sich nicht ganz sicher sind, stecken Sie sie lieber in zwei ineinander geschobene Plastiktüten und bewahren sie an einem dunklen Ort auf, bis sie belichtet werden sollen. Ein unbelichtetes trockenes Sieb bleibt ein paar Tage bis eine Woche lang brauchbar.

Nachdem die Kopierschicht belichtet wurde, ist die getrocknete Emulsion, die durch die lichtundurchlässige Tinte abgedeckt war, immer noch wasserlöslich. Der Rest der Kopierschicht ist dagegen wasserdicht. Bevor Sie mit dem Sieb drucken, warten Sie ein paar Stunden, bis die Emulsion ganz ausgehärtet ist.

Hinweis: Es gibt Siebdruckzulieferer und professionelle Siebdruckbetriebe, die Siebe beschichten und belichten. Wenden Sie sich an Betriebe in Ihrer Nähe oder recherchieren Sie im Internet, wo es einen solchen Belichtungsservice gibt. Wenn Sie nicht mit flüssiger Emulsion und Beschichtungsrinnen hantieren wollen, können Sie die Emulsion auch plattenweise kaufen und auf Ihr Gewebe platzieren.

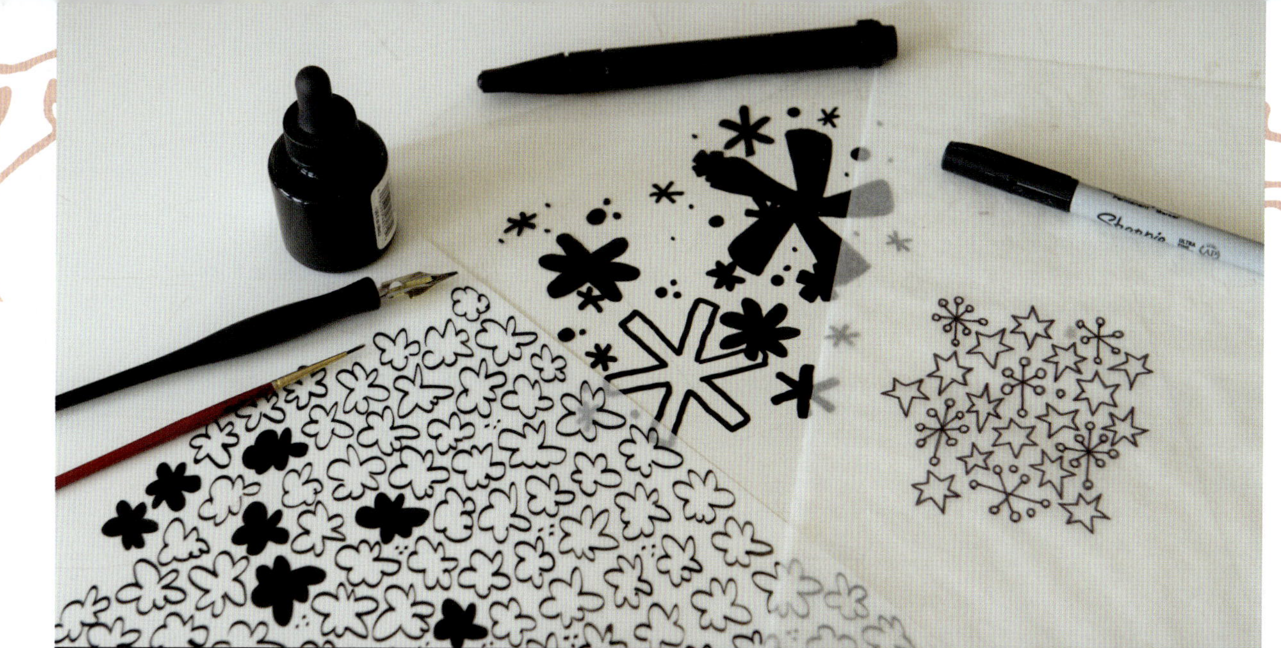

Beispiele für Diapositive mit Tusche, Retouchierstiften und Permanentmarkern auf Velinpapier, Acetatfolie und Pauspapier.

DIAPOSITIVE UND MOTIVE

Die Kopierschicht ist trocken und fertig zum Belichten. Nun müssen Sie ein Muster oder Bilder aussuchen, die Sie auf Ihr Sieb bringen wollen. Mit einem Diapositiv stellen Sie eine Schablone auf dem Sieb her. Sie können OHP-Folien, Acetatfolie, Pauspapier und/oder Kopierpapier verwenden. Darauf zeichnen, malen oder drucken Sie etwas. Experimentieren Sie mit Scherenschnitten oder andere flach aufliegenden Dingen wie Papierdeckchen, Konfetti und Blättern und erkunden Sie die ganze Vielfalt an Techniken und Materialien. Ich finde, die Herstellung von Dias ist das Spannendste am Siebdruck.

Die Wahl des Diamaterials kann sich auf die Belichtungszeit auswirken, daher sollten Sie immer einen Testdurchlauf mit demselben Diapositiv und einem vorbereiteten Sieb machen (Seite 117).

Behandeln Sie Ihre Dias gut! Bewahren Sie sie in Mappen, Plastikhüllen oder anderswo auf, wo sie keinen Schaden nehmen und jederzeit wieder benutzt werden können.

DIAPOSITIVE/FOLIEN: Es gibt so viele Arten von Folien, daher ist es wichtig zu wissen, welche Folie zu welchem Drucker passt. Wenn Sie Ihr Motiv mit einem Tintenstrahldrucker, Laserdrucker oder Fotokopierer auf Folie übertragen wollen, sollten Sie sich vergewissern, dass die Folie für das entsprechende Gerät geeignet ist.

ZEICHNEN

Das ist die einfachste Methode, Diapositive herzustellen. Nachfolgend finden Sie Hinweise zu den Werkzeugen, mit denen Sie Muster und Bilder zeichnen oder Bilder abpausen können. Retouchierstifte: Sie sind speziell für Folien und Acetat gedacht. Es gibt sie in verschiedenen Stärken und unterschiedlichen Spitzenformen. Eine Investition, die sich lohnt!

TUSCHFEDERN & FÜLLHALTER: Gibt es mit unterschiedlichen Federbreiten, die Tinte ist opak. Sie eignen sich für Folien, Acetat, durchsichtiges Velin und Pauspapier.

PERMANENTMARKER: Sie sind nicht so zuverlässig wie die oben beschriebenen Stifte, doch wenn man alle Linien zweimal nachfährt, funktionieren sie ganz gut. Zeichnen Sie erst auf einer Seite des Paus- oder Velinpapiers, drehen Sie das Blatt dann um und zeichnen Sie die Linien noch einmal nach. Permanentmarker enthalten Farbstoffe, die etwas Licht durchlassen. Testen Sie sie.

FETTSTIFTE: Sie haben eine dicke, wachsartige Mine, mit der man gut auf Pauspapier oder rauer Acetatfolie zeichnen kann. Die Farbe ist lichtundurchlässig.

Es gibt viele unterschiedliche Methoden, Schablonen von gezeichneten Vorlagen zu erstellen und meist braucht man dafür mehr als ein paar Filzschreiber. Hier seien einige Verfahren vorgestellt.

KRITZELEIEN: Sie können beiläufig Hingekritzeltes ebenso am Computer bearbeiten wie sorgfältig komponierte Bilder. Dafür brauchen Sie einen Scanner und ein Bildbearbeitungsprogramm. Zeichnen Sie ein Motiv mit schwarzer Tinte, scannen Sie es ein, speichern Sie es im Graustufenmodus und spielen Sie damit: Vergrößern, wiederholen, Umrisse glätten – die Möglichkeiten sind endlos (Foto A).

TINTENSTRAHL-, LASERDRUCKER & KOPIERER: Diese Geräte sind bei der Diaherstellung nützlich, weil Sie damit Ihre computergenerierten Motive auf Folien übertragen können. Achten Sie aber unbedingt darauf, dass die Folien zum Drucker/Kopierer passen. Wenn Sie sich nicht sicher sind, testen Sie die Folie oder lassen Sie die Finger davon, bevor Sie Probleme bekommen.

FOLIEN: Am besten machen Sie zwei Ausdrucke von Folienvorlagen, die Sie sorgfältig übereinander kleben. So gehen Sie sicher, dass die Opazität der Tinte ausreicht und kein Licht auf die Kopierschicht dringt (Foto B). Manche Folien für Tintenstrahldrucker haben eine bessere Qualität und nehmen die Tinte gut auf, sodass Sie nur eine Folie brauchen. Prüfen Sie Ihre Druckereinstellungen: Am besten drucken Sie nur mit schwarzer Tinte, denn das Schwarz aus farbigen Tinten ist manchmal nicht opak genug. Bei Laserdruckern und Fotokopierern stellen Sie die Druckqualität hoch ein oder erhöhen Sie Kontrast und Farbdichte, um ein tieferes Schwarz zu bekommen.

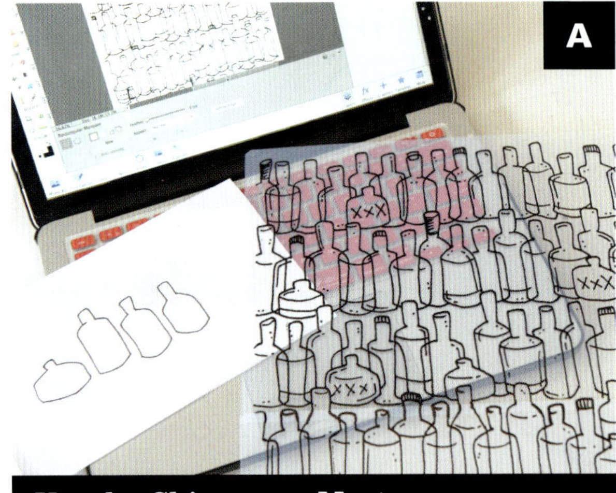

A

Von der Skizze zum Muster.

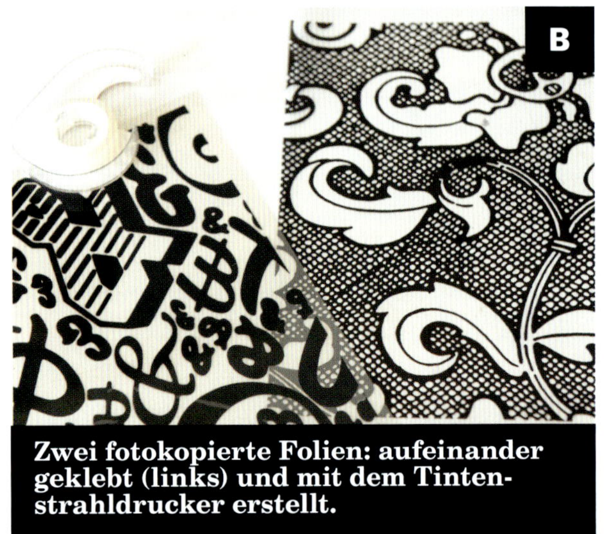

B

Zwei fotokopierte Folien: aufeinander geklebt (links) und mit dem Tintenstrahldrucker erstellt.

Hinweis: *Versuchen Sie es mit Scherenschnitten, Lasercutvorlagen aus dem Scrapbook-Bereich, Konfettischnipsel, Servierdeckchen und anderen Fundstücken wie Aufklebern oder Blättern. Meist sind diese Dinge lichtundurchlässig und eignen sich daher für die fotomechanische Schablonenherstellung.*

SELBSTGEBAUTER BELICHTUNGSTISCH

Ein handelsüblicher Belichtungstisch mit allem Schnickschnack ist praktisch und bei Vorlagen mit feinen Details sicher besser als ein selbstgebauter, doch für das Verfahren, das ich hier vorstelle, brauchen Sie es nicht. Um Siebdruckschablonen zu Hause oder in der Werkstatt herzustellen, reichen zwei Klemmlampen mit warmweißen, 75-200 Watt starken Glühbirnen aus.

Außer den Lichtquellen brauchen Sie folgendes Zubehör für Ihren einfachen Belichtungstisch:

- **Zwei Klemmlampen mit warmweißen, 75-200 Watt starken Glühbirnen**
- **Glasplatte, 48,3 x 38,1 x 0,6 cm**
- **Drei Bögen schwarze Schaumpappe, jeweils 50,8 x 35,6 cm**
- **Verlängerungskabel (optional)**
- **Lineal**
- **Bierkasten (oder einen anderen stabilen Unterbau als Stütze für das Sieb)**
- **Glasreiniger**
- **Sieb, beschichtet und trocken**
- **Diapositiv mit Mustern**
- **Klares Klebeband**
- **Schlauch und Düse**
- **Stoppuhr**

1. Legen Sie zwei Bögen Schaumpappe auf die umgedrehte Bierkiste. Sie stützen das Sieb auf der Druckseite.

2. Stellen Sie die saubere Glasplatte so bereit, dass sie nicht zerbricht und leicht zu erreichen ist. Achten Sie darauf, dass sie vollkommen sauber und ohne Flecken ist, die sich auf der Kopierschicht abbilden könnten. Benutzen Sie bei Bedarf Glasreiniger.

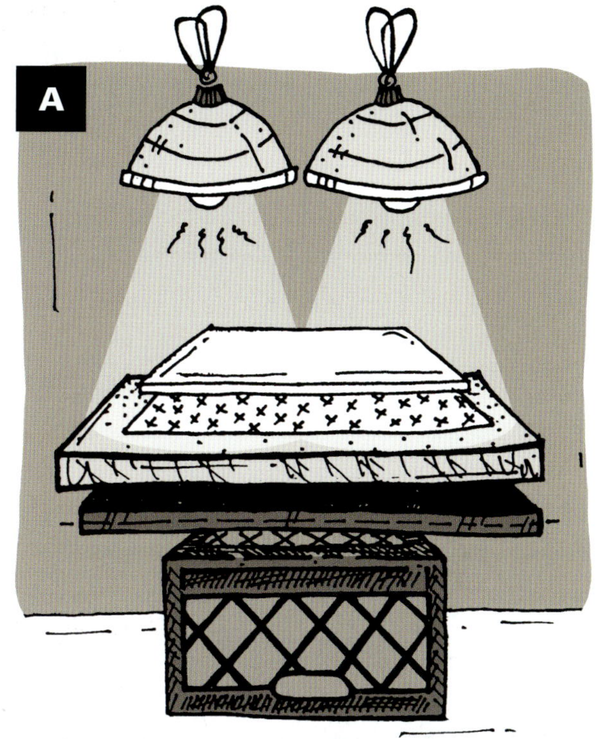

Der Aufbau eines improvisierten Belichtungstisches. Von oben nach unten: Klemmleuchten, 30,5 cm Abstand, Glasplatte, Diapositiv, Sieb, trocken und beschichtet, Schaumpappen und eine stabile Auflage (hier ein Bierkasten), auf der alles ruht.

3. Befestigen Sie die beiden Klemmleuchten 30,5 cm über der Schaumpappe. Sie sollten aneinanderstoßen, auf gleicher Höhe und parallel zur Schaumpappe hängen (Zeichnung A).

DAS SIEB BELICHTEN

1. In der Dunkelkammer richten Sie Ihre Folie oder das Dia mittig aus und befestigen es mit Klebeband so an der Druckseite des Siebes, dass es so aussieht, wie es auf dem Ton erscheinen soll.

2. Legen Sie das Sieb mit der Druckseite und der gezeichneten Vorlage nach oben auf die Schaumpappe. Die Schaumpappe sollte genau in den Rahmen passen.

3. Legen Sie die Glasplatte vorsichtig darauf. Sie ist so schwer, dass sie die Vorlage auf das Sieb drückt und kein Licht unter das Bild gelangt.

4. Starten Sie die Stoppuhr und schalten Sie sofort die Lampen ein und belichten Sie das Sieb so lange wie nötig (Foto A; siehe Seite 117 zu Belichtungstests).

5. Wenn die Belichtungszeit um ist, schalten Sie die Lampen aus. Dann entfernen Sie vorsichtig die Glasplatte und die Vorlage mitsamt Klebeband und legen beides an einem sicheren Ort ab. Da die Belichtung der Emulsion weitergeht, bis das Sieb abgespült ist, sollten Sie sich beeilen.

6. Sprühen Sie beide Seiten des Siebes 5 Sekunden lang mit dem Schlauch, den Sie zuvor bereitgelegt haben, mit kaltem Wasser ab. Stellen Sie den Strahl so ein, dass er sanften Druck ausübt. Lassen Sie die nicht belichtete Emulsion das Wasser 30 Sekunden lang aufnehmen (Foto B).

7. Sprühen Sie das ganze Sieb mit mittlerem bis starkem Wasserstrahl ab, die Druckseite zuerst. An den nicht belichteten Stellen löst sich die Emulsion allmählich vom Sieb, sodass das Negativ der Vorlage auf dem Gewebe sichtbar wird (Foto C). Ich verwende am liebsten eine verstellbare Düse an einem Gartenschlauch. Zunächst weiche ich das Sieb mit weichem Strahl ein und spüle dann die Muster mit gleichmäßigem, mittelstarkem Strahl aus. Das Sieb ist nun zwar belichtet, kann aber durch Druck immer noch beschädigt werden. Stellen Sie den Strahl also nicht zu hart ein.

8. Lassen Sie das Sieb an einem gut belichteten Ort trocknen, damit es weiter aushärtet. Beginnen Sie nicht sofort mit dem Drucken, sondern warten Sie ein paar Stunden oder sogar über Nacht, doch dann können Sie richtig loslegen.

9. Beim Drucken folgen Sie der Anleitung auf Seite 125.

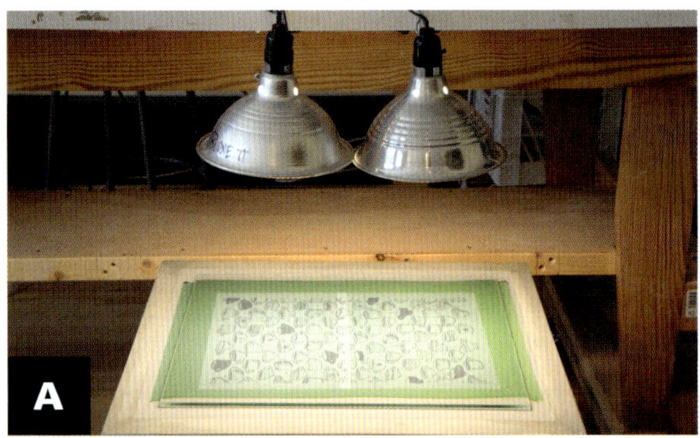
A

B

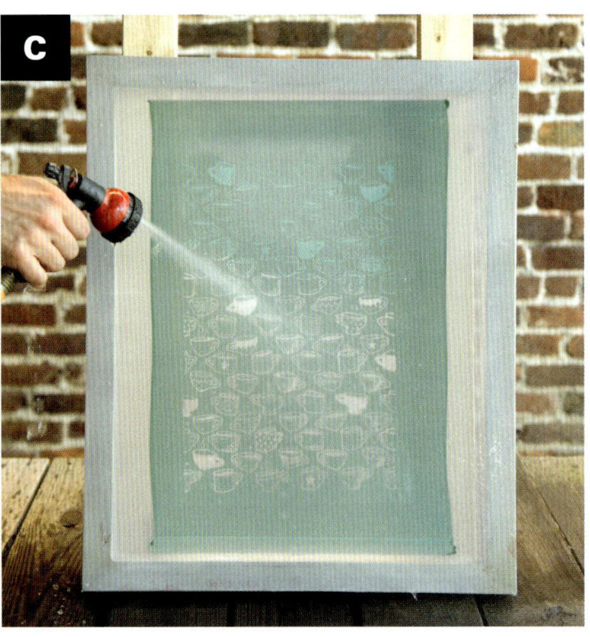
C

Hinweis: *Recherchieren Sie im Internet, wie andere Künstler ihre Siebe belichten. Vielleicht gibt es neben meiner Methode noch andere, die für Sie passen.*

TESTS: EMULSION UND BELICHTUNGSZEIT

Bei der Arbeit mit Emulsion spielen viele Faktoren eine Rolle. Vielleicht ist sie alt oder Sie benutzen eine andere Marke oder einen anderen Belichtungstisch als zuvor. Daher sollten Sie immer erst ein Testsieb belichten. Das erspart Ihnen viel Ärger über misslungene Belichtungen. Die nachfolgende Anleitung geht davon aus, dass Sie an einem selbstgebauten Belichtungstisch arbeiten, wie er auf Seite 115 beschrieben ist.

1. Suchen Sie ein Diapositiv aus, das den Druckbereich ausfüllt. Am besten geeignet ist eins mit einem gleichmäßig verteilten Muster.

2. In der Dunkelkammer kleben Sie das Diapositiv fest. Schneiden Sie einen Klebestreifen zu, der so lang wie eine Längsseite der Vorlage ist und kleben Sie ihn auf den Rahmen. Der Klebestreifen sollte parallel zu dem Diapositiv verlaufen.

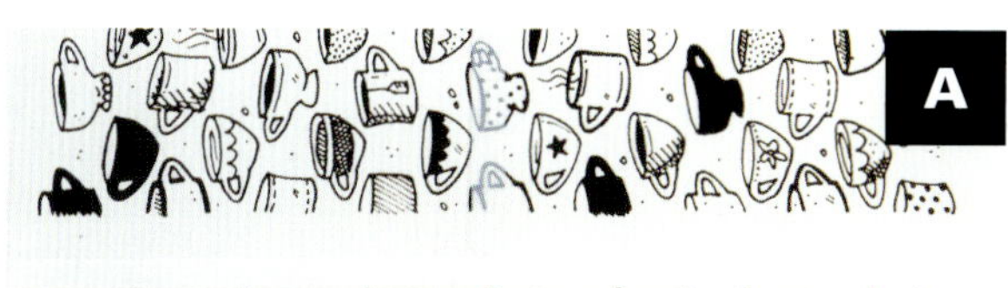

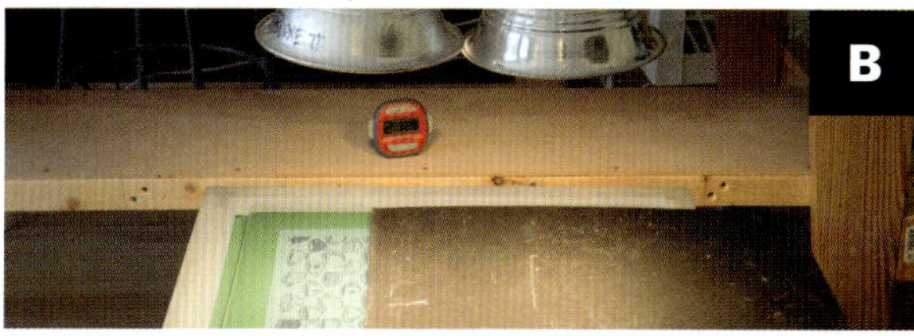

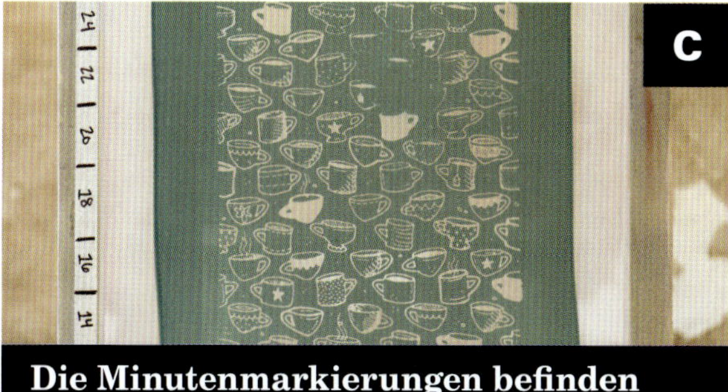

Die Minutenmarkierungen befinden sich an der Längsseite des Diapositivs.

3. Machen Sie in regelmäßigen Abständen Markierungen für die Minuten. Versuchen Sie es mit 10, 12, 14, 16, 18, 20, 22 und 24 (Foto A).

4. Wenn der Belichtungstest vorbereitet ist und das dritte Stück Schaumpappe greifbar ist, legen Sie Sieb und Glas auf die anderen beiden Stücke Schaumpappe.

5. Mit dem dritten Stück Schaumpappe (oder anderem flachen, lichtundurchlässigen Material) bedecken Sie das Sieb bis zur 24-Minuten-Markierung (Foto B). Beschweren Sie die Pappe, damit kein Licht unter ihr auf das unbelichtete Sieb sickert und es unter den Lampen nicht wellig wird.

6. Starten Sie die Stoppuhr und schalten Sie die Lampen an, um das Sieb zu belichten. Schieben Sie die Pappe alle zwei Minuten zur nächsten Markierung hinunter, sodass der nächste Streifen des Siebes belichtet wird: erst zu 22 Minuten, dann zu 20 und so weiter. Wenn die Stoppuhr bei 10 Minuten anzeigt, nehmen Sie die Pappe vom Sieb.

7. Wenn die Zeit abgelaufen ist, schalten Sie die Lampen aus, nehmen Glas und Schaumpappe ab und spülen das Sieb mit Wasser ab (siehe Seite 116, Schritt 7). Von einem Teil des Siebs wird sich die gesamte Emulsion (oder mehr, als Sie wollen) auswaschen lassen, weil er unterbelichtet war. Das andere Ende war überbelichtet und lässt sich gar nicht mehr auswaschen. Dazwischen wird sich das Bild jedoch so zeigen, wie Sie es sich vorgestellt haben. Nehmen Sie die mittlere Belichtungszeit aus diesem Bereich (Foto C).

8. Belichten Sie Ihre Siebe mit der ermittelten Belichtungszeit. Das Drucken rückt immer näher!

DAS SIEB REINIGEN

Nun muss das Sieb gereinigt werden. Das Ziel ist dasselbe wie zuvor (Seite 106), doch die Vorgehensweise ist etwas anders. Sie brauchen das folgende Zubehör:

- **Entschichter für lichtempfindliche Emulsion**
- **Handelsüblicher Entfetter für Siebdruckgewebe**
- **Schürze und Handschuhe**
- **Atemschutzmaske (falls nötig)**
- **Schwamm mit Scheuervlies**
- **Hochdruckreiniger, SB-Waschbox oder Gartenschlauch mit einstellbarer Düse**

Informieren Sie sich, welche Entschichter für die verwendete lichtempfindliche Emulsion empfohlen werden und welche Chemikalien sie enthalten. Manche Entschichter sollte man eher nicht einatmen.

1. Spülen Sie die Tinte aus Unterglasurfarbe vom Sieb, entfernen Sie alle Klebestreifen und verteilen Sie Entfetter auf dem Gewebe.

2. Sprühen Sie Vorder- und Rückseite des Siebs gleichmäßig mit Entschichter ein und lassen Sie es etwa 2 Minuten lang aufrecht stehen. Der Entschichter darf nicht auf dem Sieb trocknen, sonst nimmt das Gewebe später keine Emulsion mehr an.

3. Farbveränderungen bei der Emulsion zeigen, dass der Entschichter wirkt und die Emulsion aufweicht. Nach zwei Minuten reiben Sie sie vorsichtig mit dem Scheuervlies des Schwammes von beiden Seiten des Siebes (Foto A).

4. Lehnen Sie das Sieb im Freien an eine Wand, die nass werden darf. Richten Sie den Schlauch oder Hochdruckreiniger mit voller Stärke (in einer Waschbox das Programm „Klarspülen“, nicht „Wachs“ wählen!) auf das Sieb.

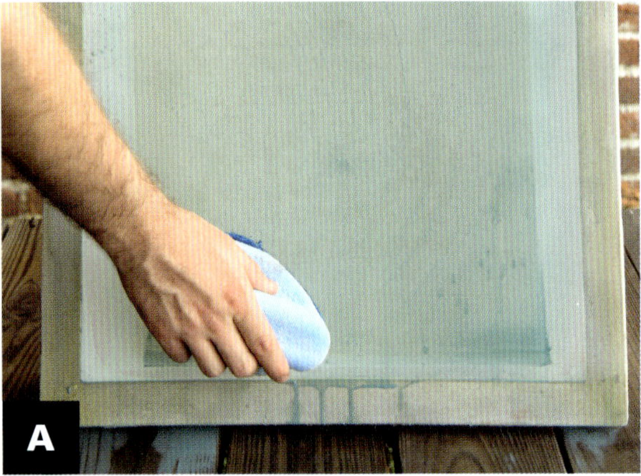

A

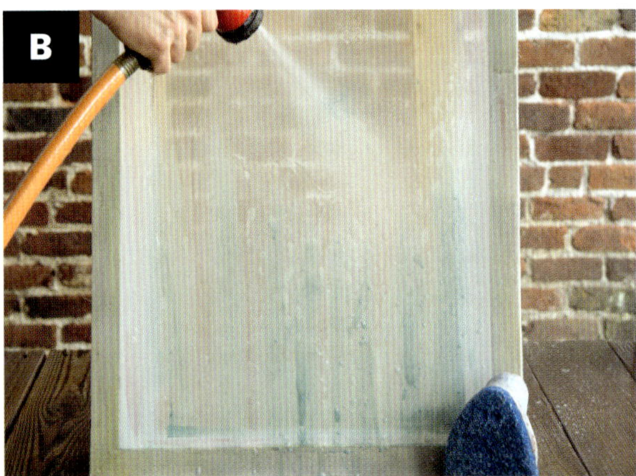

B

So spülen Sie es gründlich ab und entfernen auch hartnäckige Emulsionsreste. Spülen Sie die Chemikalien von oben nach unten und aus dem Gewebe (Foto B).

5. Wenn das ursprüngliche Bild an manchen Stellen sichtbar bleibt oder Reste sich nicht lösen lassen, gehen Sie mit der Spritzdüse nah an das Sieb heran. Wenn das nicht hilft, weichen Sie die Stelle 30 Sekunden lang mit Entschichter ein, reiben mit dem Schwamm darüber und spritzen sie mit dem Schlauch ab.

6. Mit einem Klecks Entfetter (so groß wie eine 2-Cent-Münze) auf einem sauberen Schwamm entfetten Sie das Gewebe gründlich und spülen es gut ab. Nach dem Trocknen ist das Sieb wie neu.

ISRAEL DAVIS

CAROLINE'S RADIO FLYER DREAMING (CAROLINE, TRÄUMEND IM RADIO FLYER)

Kegel 04 im Elektroofen
Foto des Künstlers

WIE SIEBDRUCKEN SIE?

Am liebsten in direktem Siebdruck auf Tonplatten. Ich lasse eine Platte lederhart werden und siebdrucke dann mit Engobe oder Unterglasurfarbe darauf. Dann befeuchte ich den Ton, sodass ich ihn weiterverarbeiten kann. Ich habe schon mit unterschiedlichen Transfermethoden experimentiert.

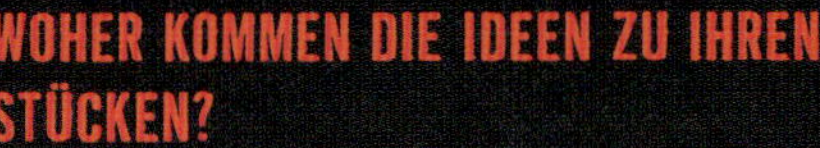

WOHER KOMMEN DIE IDEEN ZU IHREN STÜCKEN?

Musik zu hören und zu machen inspiriert mich. Für mich haben die Bilder, die ich verwende, mit Liedtexten zu tun, die Geschichten erzählen. Obwohl ich unterschiedliche Objekte herstelle, komme ich immer wieder auf Gebrauchskeramik zurück. Neuerdings bestimmt jedoch der Markt meine Arbeit, das heißt, es gibt eine Nachfrage nach Ausstellungen und Verkauf meiner Gebrauchsstücke. Ich mache zwar gerne Gebrauchskeramik, doch meine Leidenschaft gilt metaphorischen Stücken, die Bedeutung transportieren, wie meine Flugzeugarbeiten. Da kommen Objekt und Bild wirklich zusammen und erzählen eine Geschichte.

MIT WELCHER KERAMIKTINTE DRUCKEN SIE?

Ehrlich gesagt, ich nehme die Unterglasurfarbe von Speedball direkt aus der Flasche, ohne irgendwelche Zusätze. Ab und zu mische ich schwarze Engobe zum Drucken: 70 Red Art, 30 Nephelinsyenit, 2 Kobaltoxid, 15 schwarzes Eisenoxid und 15 Kupferoxid. Das alles kommt für 4 bis 8 Stunden in die Kugelmühle, dann pro 1000g Trockengewicht 224g Maissirup hinzufügen. Wasser dazu, bis die gewünschte Konsistenz erreicht ist. So kann man aus jeder Engobe eine Druckengobe machen.

WIE BRENNEN SIE?

Meine Temperaturen sind meist Kegel 04 im Elektroofen und Kegel 11 im Holzbrandofen. Beim Holzbrand entstehen unvergleichliche atmosphärische Eigenarten. Ich überlege auch genau, wie ich den Ofen bestücke. Manche Arbeiten sind in Brennkapseln mit Löchern oder Schlitzen gestapelt oder abgeschirmt, um die Flamme um die Bilder zu steuern. Ich möchte die Bilder nicht auslöschen. Ich strebe eher eine Einheit aus Asche, Atmosphäre und Bildern an. Daher entscheide ich mich oft für den hinteren Teil der Brennkammer, weg vom unmittelbaren Kontakt mit der Flamme. Wenn es jedoch voll wird, nah an der Feuerung, können Ascheansammlungen und Tropfenspuren vorkommen, die den Bildern Energie und Bewegung verleihen.

KÖNNEN SIE EIN PAAR TIPPS FÜR DEN SIEBDRUCK VERRATEN?

Man muss wissen, worauf und womit man druckt. Man muss sich Zeit nehmen, alle Variablen des Prozesses zu bewältigen, von der Herstellung der Bilder über die Belichtung eines Siebes bis hin zum Drucken. Wer das kann und sich selbst die Zeit gibt, die einzelnen Schritte zu erlernen, kann mit diesen Techniken umgehen wie mit jedem Werkzeug in seiner Werkzeugkiste.

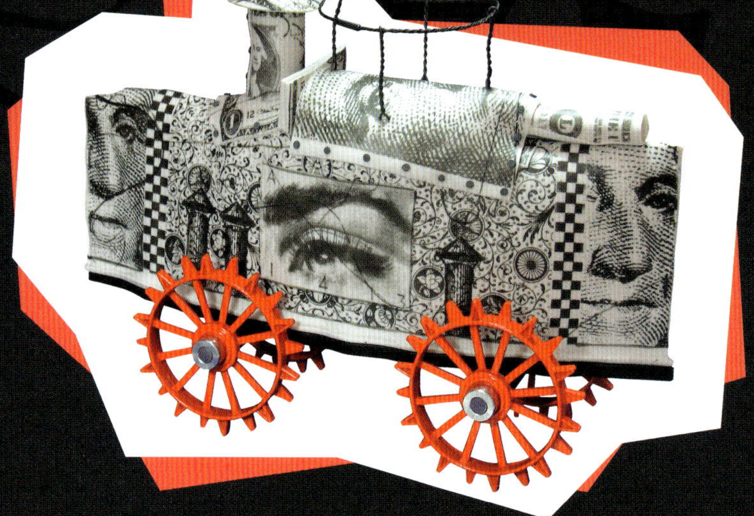

LES LAWRENCE

NEW VISION A1413 WITH RED WHEELS (NEW VISION A1413MIT ROTEN RÄDERN)

35,6 x 8,9 x 22,9 cm
Porzellan, Blech, Edelstahl, Monoprint, alte Räder
Foto des Künstlers

WIE BRINGEN SIE BILDER IN IHRE ARBEITEN EIN?

Ich habe vier Phasen durchlaufen. Erst zeichnete ich fotografische Projektionen auf nassen Ton. Als ich jedoch den Siebdruck mit fotografischen Vorlagen lernte, veränderte sich meine Arbeit sehr. Ein entscheidender Vorteil dieses Verfahrens ist, dass ich den feuchten Ton bearbeiten und verzerren kann. In meiner dritten Phase wechselte ich zu Siebdrucktinte auf Ölbasis mit Glasurfarbkörpern.

Heute (in meiner vierten Phase) gieße ich Gipsplatten auf Glas. Sie haben eine sehr glatte Oberfläche, auf die ich siebdrucke. Zum Drucken verwende ich weiterhin eine Mischung aus Porzellanengobe und Glasurfarbkörpern, die Bilder für die Schablonen erstelle ich mit Photoshop. Diese Bilder siebdrucke ich dann auf die Gipsplatten. Ich kann sie bearbeiten und mit anderen Elementen kombinieren, z.B. stellenweise mit sauberem Wasser entfernen oder mit einem Pinsel verändern. Schließlich streiche ich mehrere Schichten Porzellanengobe auf den siebgedruckten Gips, bis zur gewünschten Dicke. Die Engobe trocknet langsam und genau zum richtigen Zeitpunkt kann ich die Platte aus Porzellanton vom Gips abnehmen. Die Bilder sind nun auf den Porzellanplatten. Zum Schluss baue ich meine Stücke von Hand aus den bedruckten Porzellanplatten auf.

WELCHES SIND DIE WICHTIGEN MOMENTE IN IHREM KREATIVEN PROZESS?

Zwei Momente sind besonders spannend. Es ist aufregend, die Bilder beim Siebdrucken auf der Gipsplatte zu positionieren, von der ich später die gedruckten Bilder abnehme. Wenn dieser Prozess abgeschlossen ist, ist es spannend, die Formen aufzubauen. Ich mache Gefäße, aber sie sind nicht für den täglichen Gebrauch bestimmt. Es sind Skulpturen von Teekannen, Schalen und so weiter.

WIE BRENNEN SIE JETZT, WIE FRÜHER?

Phase 1: Salz- oder Sodabrand bis Kegel 6-10 in Reduktionsatmosphäre.
Phase 2: Oxidationsbrand bis Kegel 6.
Phase 3: Oxidationsbrand bis Kegel 6.
Phase 4: Frühe Stücke – Oxidationsbrand bis Kegel 11.
Phase 4: Spätere Stücke – Oxidationsbrand bis Kegel 5 ½.

Ich habe ein Programm von Windows, mit dem ich von meinem Laptop alle Brände steuere. Ich überfeure nicht mehr und vergesse auch nichts. Es ist bestimmt zehn Jahre her, dass ich in ein Guckloch geschaut habe.

WELCHE ANDEREN KERAMIKER INSPIRIEREN SIE?

Die Arbeiten von Robert Rauschenberg und Roy De Forest habe ich immer bewundert, ebenso die graphischen Tonstücke von Richard Shaw. Ich mag Erik Gronborgs Arbeiten mit keramischen Abziehbildern und finde, dass Paul Scott ein wichtiger Künstler und Erneuerer im Bereich des Druckens auf Keramik ist.

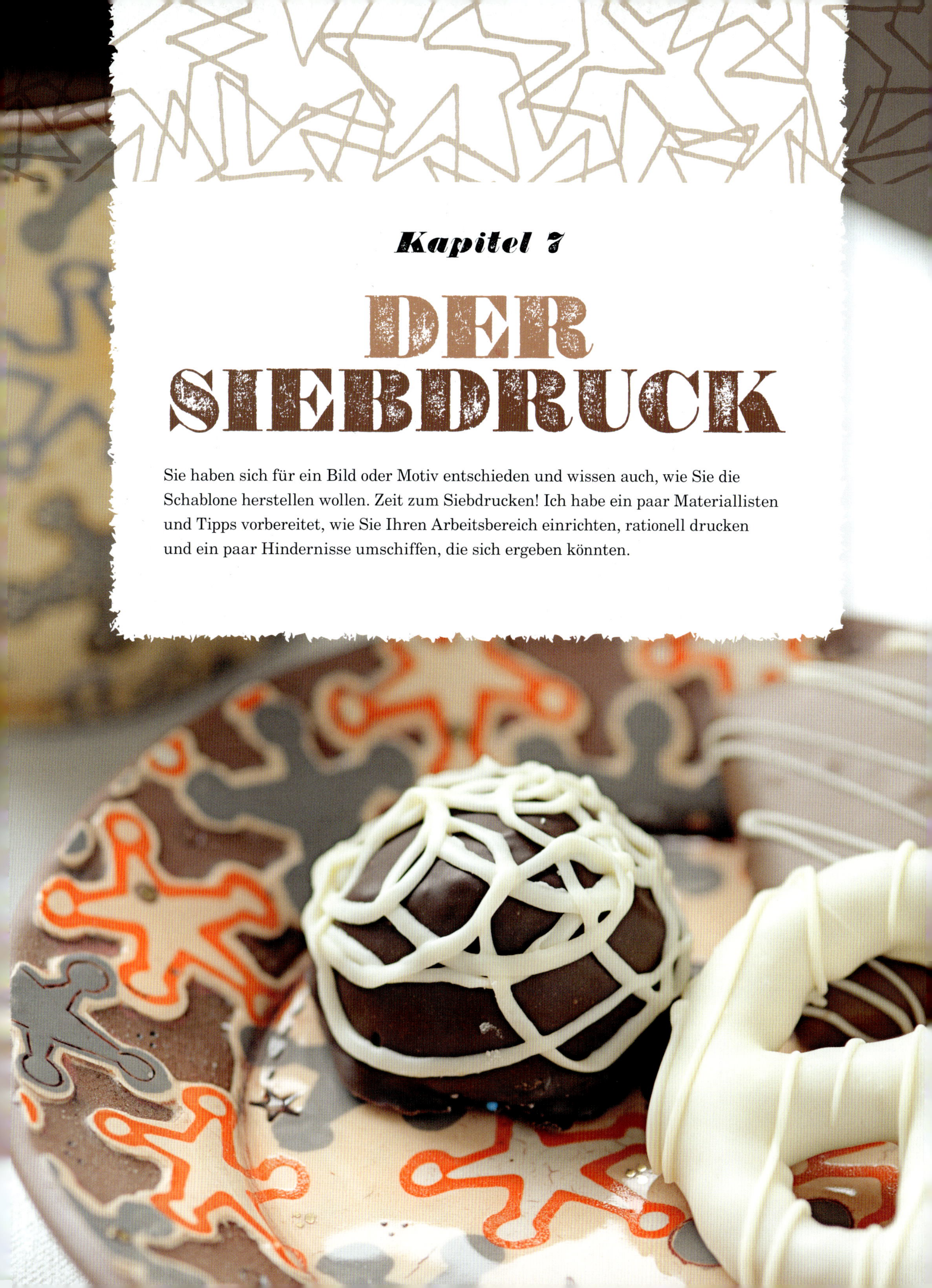

Kapitel 7

DER SIEBDRUCK

Sie haben sich für ein Bild oder Motiv entschieden und wissen auch, wie Sie die Schablone herstellen wollen. Zeit zum Siebdrucken! Ich habe ein paar Materiallisten und Tipps vorbereitet, wie Sie Ihren Arbeitsbereich einrichten, rationell drucken und ein paar Hindernisse umschiffen, die sich ergeben könnten.

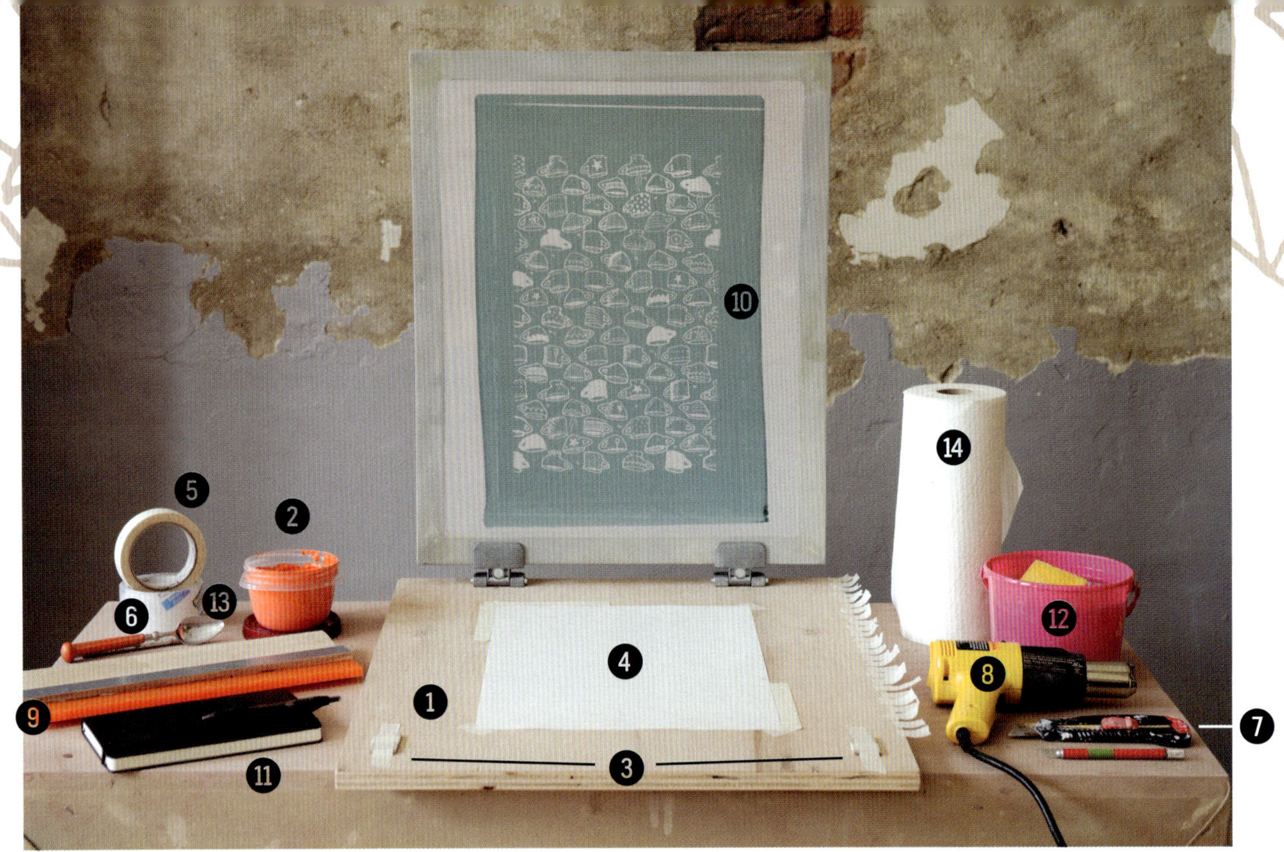

ALLES BEREIT ZUM DRUCKEN

Hier ist eine Liste der Dinge, die das Drucken vereinfachen und die Sie an Ihrem Arbeitsplatz haben sollten. Es braucht Übung, um Hindernisse zu überwinden und akzeptable Ergebnisse zu erzielen. Notieren Sie beim Drucken, was funktioniert und welche Probleme auftreten.

1. **Tragbarer Drucktisch**
2. **Tinte aus Unterglasurfarbe (mit der richtigen Druckkonsistenz)**
3. **Abstandhalter aus Pappe**
4. **Zeitungspapier (Bögen, 45,7 x 30,5 cm)**
5. **Abklebeband**
6. **Klares Paketklebeband**
7. **Skalpell/Cutter**
8. **Heißluftpistole/Fön**
9. **Rakel**
10. **Sieb**
11. **Notizbuch/Skizzenblock**
12. **Eimer mit sauberem Wasser und Schwamm, für Tropfen und Spritzer**
13. **Löffel**
14. **Küchenrolle**

1. Bauen Sie den Drucktisch in einer bequemen Höhe auf, um unnötige Belastungen von Schultern und Rücken zu vermeiden (Fotos A, B & C). Beim Drucken sind die Arme nach vorn gestreckt, was problematisch für den Rücken sein kann, vor allem, wenn die Füße nebeneinander stehen. In Schrittstellung können Sie das Gewicht von einem Bein aufs andere verlagern, wenn Sie die Rakel vom oberen Siebrand zu sich heranziehen.

2. Kleben Sie die Geweberänder auf der Druckseite mit klarem Paketklebeband so ab, dass es 6,4 cm über den Rand des Rahmens und der Schablone reicht. Auf diese Weise verschwenden Sie keine Tinte, die nur auf das Bild gehört und sonst nirgendwohin.

Hinweis*: Denken Sie daran, dass es beim Sieb eine Druck- und eine Rakelseite gibt. Die Rakelseite liegt im Rahmen, das ist die Seite, auf der Sie die Tinte mit der Rakel verteilen.*

3. Befestigen Sie das Sieb mit der Rakelseite nach oben an den Siebklemmen. Achten Sie darauf, dass es mittig über der Bodenplatte des Drucktisches ausgerichtet ist. Kleben Sie die Abstandhalter aus Pappe mit Klebeband dort auf die Bodenplatte, wo die unteren

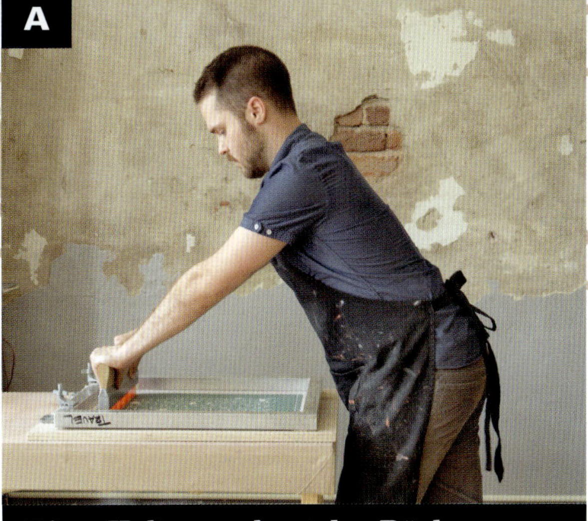

Diese Haltung schont den Rücken, wenn Sie die Arme ausstrecken und Druck ausüben.

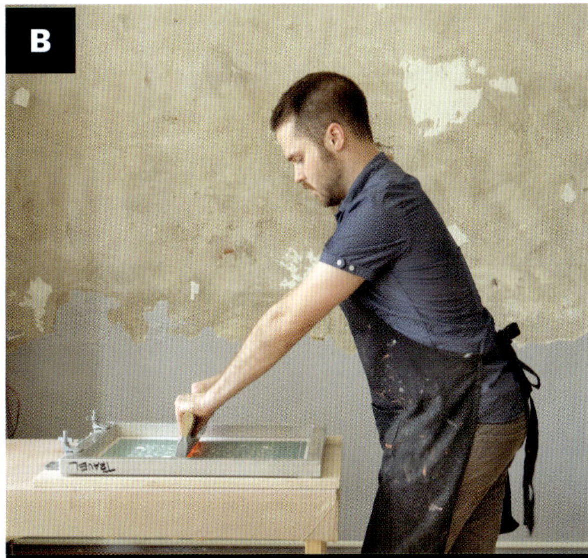

Beim Drucken die Rakel in einem Winkel zwischen 75 und 90 Grad aufsetzen.

C

Versuchen Sie, am Schluss nicht an den Rahmen zu stoßen.

Rahmenecken des Siebes aufkommen. Sie gleichen den Abstand zwischen Bodenplatte und Sieb aus, den die Klemmen am gegenüberliegenden Ende des Siebes erzeugen. So kann das Siebgewebe sofort vom Papier zurückspringen, nachdem Sie die Tinte durch das Sieb auf das Papier gedrückt haben.

4. Erinnern Sie sich, dass ich Ihnen geraten habe, lauter kleine Klebestreifen vorzubereiten (Seite 96)? Die brauchen Sie jetzt, um das Papier an den Ecken festzukleben und so zu verhindern, dass es am Sieb haftet.

5. Kleben Sie ein 45,7 cm langes Stück Abklebeband auf den Drucktisch. Kleben Sie zwei weitere, ebenso lange Stücke genau darauf. Die Ränder müssen bündig aufeinander liegen. Schneiden Sie diesen Streifen in drei 15,2 cm lange Stücke (Passermarken, Seite 124) und legen Sie sie beiseite.

6. Bauen Sie das folgende Zubehör griffbereit auf:

Einen Eimer mit klarem Wasser und einem Allzweckschwamm (weit genug entfernt, dass kein Wasser auf die Arbeitsfläche spritzt)

Fertig gemischte Tinte aus Unterglasurfarbe in einer Weithalsflasche und einen Löffel

Saubere Rakel und eine Ablage, die verhindert, dass sie mit Tinte am Blatt auf dem Tisch liegt

Zeitungspapierbögen, aufgestapelt und fertig zum Aufkleben

Heißluftpistole oder Fön, an eine Steckdose angeschlossen. Eine Heißluftpistole darf nur auf einer hitzebeständigen Unterlage liegen. Fassen Sie nicht an das heiße Metall!

Küchenrolle oder ein Geschirrhandtuch und einen Ventilator für kleinere Reinigungsarbeiten und zum Zwischentrocknen

Versuchen Sie, Ihre Arbeitsfläche so sauber wie möglich zu halten – auch wenn's schwierig ist!

AUSRICHTEN

Wenn Sie einen neuen Bogen Papier unter das Sieb legen, brauchen Sie Passermarken, um sicherzugehen, dass das Bild tatsächlich mittig auf dem Papier landet. Hier ist eine einfache Methode, wie Sie den Druck immer wieder an genau dieselbe Stelle bekommen. Sie brauchen:

- **Tragbarer Drucktisch mit Sieb**
- **Vorgeschnittenes Zeitungspapier, 45,7 x 30,5 cm**
- **Drei 15,5 cm lange Stücke aufeinander geschichtetes Klebeband (Seite 123)**

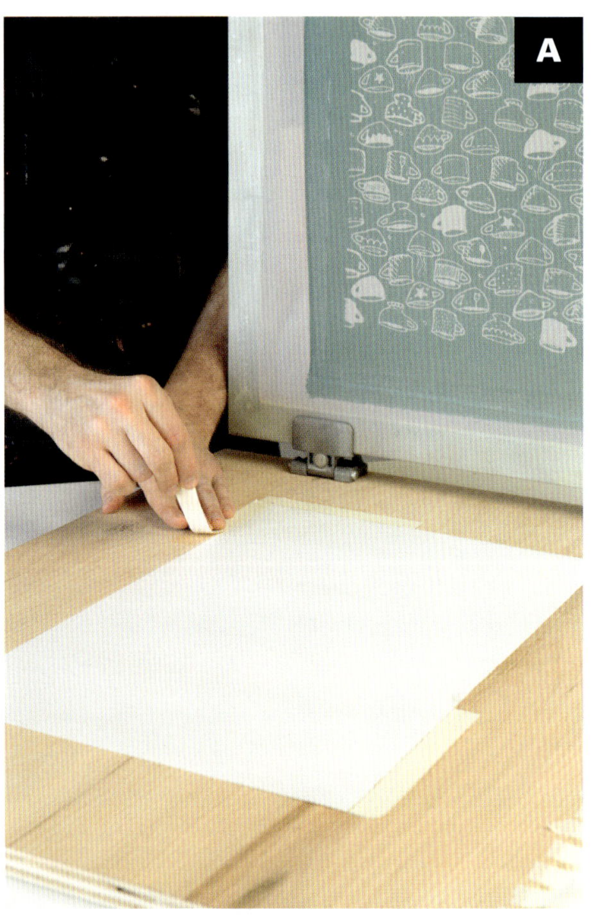
A

1. Kleben Sie das Sieb ab und befestigen Sie es druckbereit am Drucktisch. Klappen Sie das Sieb herunter und überlegen Sie, wo Sie das Papier für den Druck haben wollen.

2. Heben Sie das Sieb an, legen Sie das Papier darunter und klappen das Sieb vorsichtig herunter. Dabei drücken Sie sanft auf das Gewebe, um die Papierkanten darunter zu tasten. Meist können Sie das Papier durch die Emulsion hindurch sehen, sodass Sie eine Vorstellung haben, wo auf dem Papier der Druck erscheinen wird. Wenn das Papier nicht richtig liegt, heben Sie das Sieb langsam an, um keinen Sog zu erzeugen, und schieben Sie das Papier zurecht.

3. Wenn das Papier richtig liegt, nehmen Sie die drei 15,2 cm langen Stücke Abklebeband und kleben sie als Passermarken auf die Bodenplatte des Drucktisches. Sie müssen genau an den Papierrändern ausgerichtet sein. Am besten bilden Sie aus zwei Streifen einen rechten Winkel an der oberen linken Ecke, während der dritte Streifen am rechten unteren Rand anliegt. An diesen Markierungen erkennen Sie nun, wo das Papier beim Drucken liegt (Foto A).

4. Legen Sie das Papier beiseite und reiben Sie die Klebestreifen mit den Fingern fest auf die Bodenplatte.

FLUTEN, DRUCKEN, ANTROCKNEN

Der Augenblick der Wahrheit ist gekommen: Gleich siebdrucken Sie Ihr Bild – und das nicht nur einmal, sondern immer und immer wieder. Allerdings sollten Sie sich klarmachen, dass Sie für gute Ergebnisse jede Menge Übung brauchen. Es ist unvermeidlich, dass Sie anfangs ein paar unbrauchbare Drucke produzieren, daher halten Sie am besten fest, was funktioniert und was nicht.

Gut, beginnen wir also mit dem Drucken …

Außer dem Drucktisch mit dem eingespannten Sieb brauchen Sie:

- **Passermarken auf der Bodenplatte, an der Schablone im Sieb ausgerichtet**
- **Klebestreifen, griffbereit am Rand der Bodenplatte**
- **Zeitungspapierbögen, 45,7 x 30,5 cm**
- **Rakel**
- **Tinte aus Unterglasurfarbe**
- **Fön oder Heißluftpistole**
- **Eimer mit sauberem Wasser und Schwamm, für Tropfen und Spritzer**

1. Legen Sie einen Bogen Zeitungspapier an den Passermarken an. Das Papier wellt sich leicht, wenn es Feuchtigkeit absorbiert, daher kleben Sie eine Ecke mit Klebeband fest. Fahren Sie mit der Hand in die diagonale Ecke und kleben Sie sie fest. Fahren Sie mit der Hand von der Mitte aus zu den restlichen Ecken und kleben Sie sie fest. Alternative: Sichern Sie das Papier mit einem Hauch Sprühkleber (Atemschutzmaske, gute Belüftung!).

2. Klappen Sie das Sieb nach unten und geben Sie einen gleichmäßigen Streifen Tinte aus Unterglasurfarbe über dem Bild an den oberen Rand. Er muss etwas länger sein als die Breite des Bildes (Foto A). Zu viel Tinte endet in Schmiererei, zu wenig Tinte deckt das Bild nicht ab. Übung und Erfahrung sagen Ihnen, ob Sie zu viel oder zu wenig Tinte haben. Experimentieren Sie und erlauben Sie sich, Fehler zu machen.

3. Vor dem Druck fluten Sie das Sieb. Damit laden Sie das Sieb auf, die Fasern halten die Farbe fest, sodass Sie beim Druck das, was in den Fasern steckt, einfach nach unten auf das Papier drücken (Foto B). Zum Fluten heben Sie das Sieb mit einer Hand leicht von der Bodenplatte, setzen die Rakel mit der anderen Hand

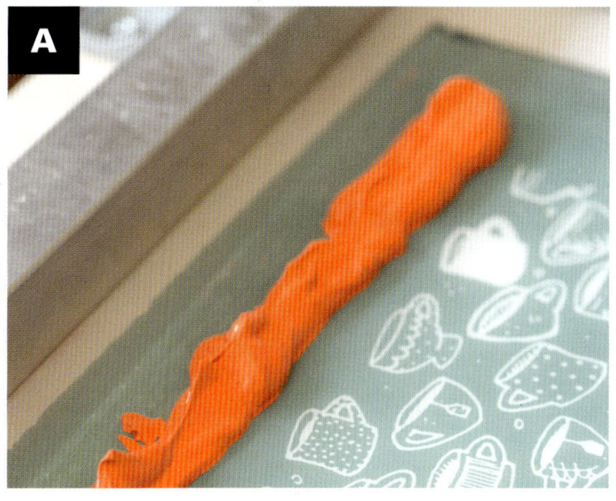

A

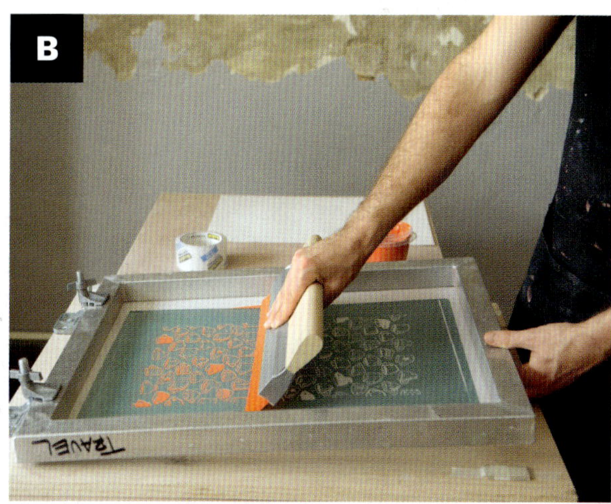

B

am oberen Rand an und ziehen die Tinte mit sanftem Druck zu sich hin. Das dauert weniger als eine Sekunde. Wenn Tinte im Bild ist, können Sie drucken (Foto C).

4. Legen Sie das Sieb auf das Papier. Setzen Sie die Rakel wieder am oberen Rand an und halten Sie sie mit beiden Händen in einem Winkel zwischen 75° und 90° (Foto D). Drücken Sie sie so fest auf, dass Rakel und Sieb die Bodenplatte berühren. Ziehen Sie die Rakel schnell zu sich, bis Ihre Ellenbogen am Körper liegen. Auch das braucht kaum eine Sekunde, für Druckanfänger vielleicht etwas länger.

5. Heben Sie nun das Sieb vorsichtig an. Achten Sie darauf, dass das Papier nicht am Sieb haftet. Das Papier sollte gleichmäßig bedruckt sein (Foto E). Prüfen Sie am ersten Druck, ob die Tinte zu dick oder zu dünn war (siehe Fehlersuche, Seite 128-129).

6. Wenn alles gut aussieht, nehmen Sie die überschüssige Tinte auf und fluten das Sieb erneut. Durch das Fluten werden die offenen Stellen im Sieb mit Tinte gefüllt, sodass sie nicht so schnell trocknen. Das Fluten hält das Gewebe feucht, die Druckzeit verlängert sich dadurch.

7. Für jeden Druck braucht man zwei bis drei Durchgänge, damit der Farbauftrag einheitlich und präzise ist. Damit jeder Durchgang glatt verläuft, entfernen Sie überschüssige Feuchtigkeit. Dazu klappen Sie das Sieb hoch und halten 5-10 Sekunden lang den Fön oder die Heißluftpistole auf das gedruckte Bild. Die heiße Luft oder die Heißluftpistole dürfen das Sieb nicht berühren, sonst schmilzt das Gewebe und das Sieb wird unbrauchbar.

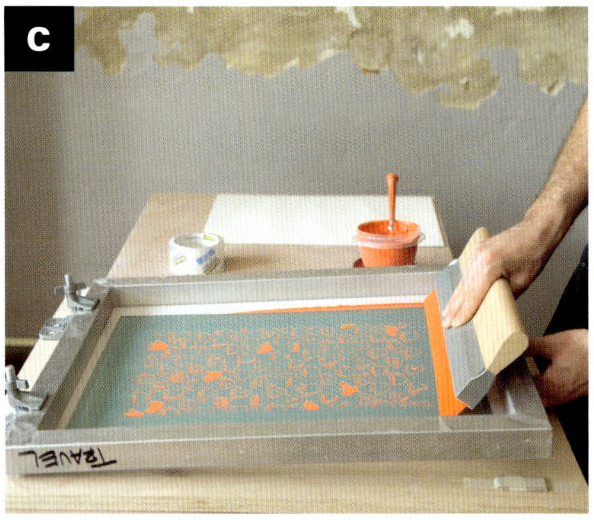

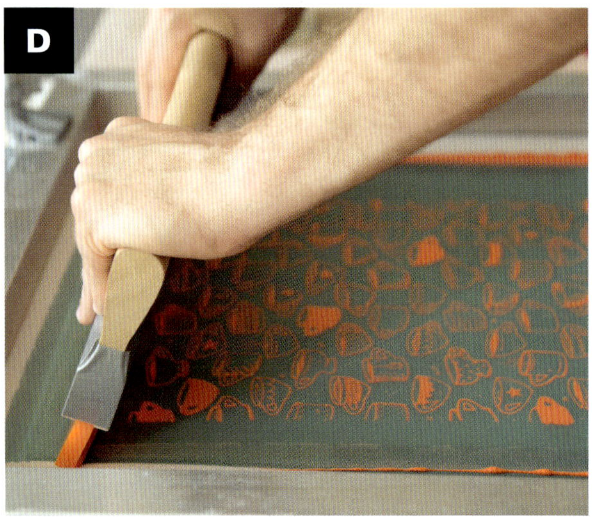

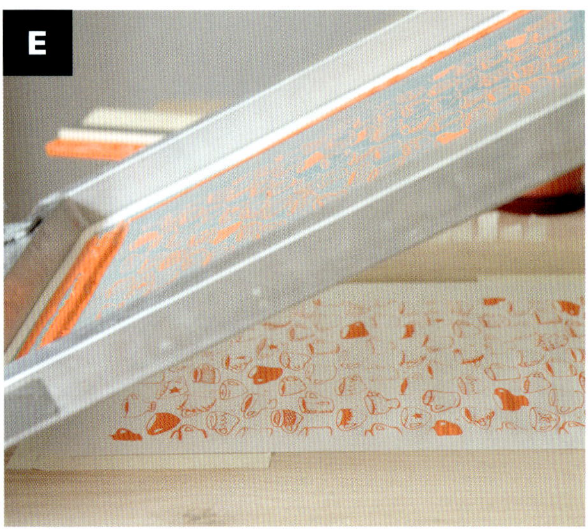

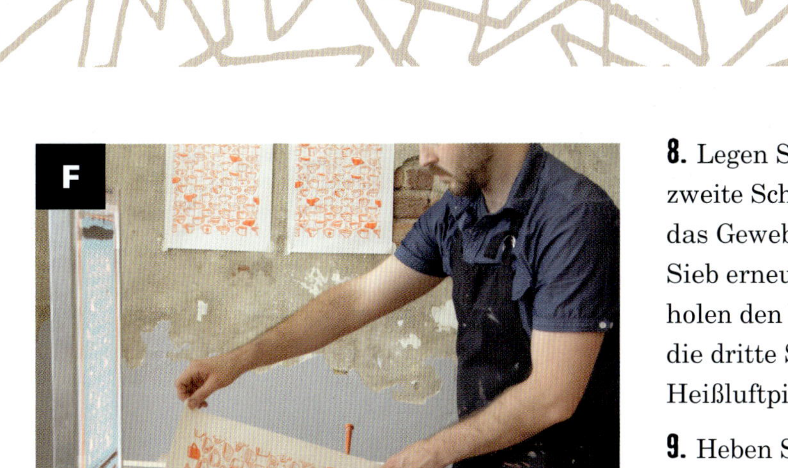

F

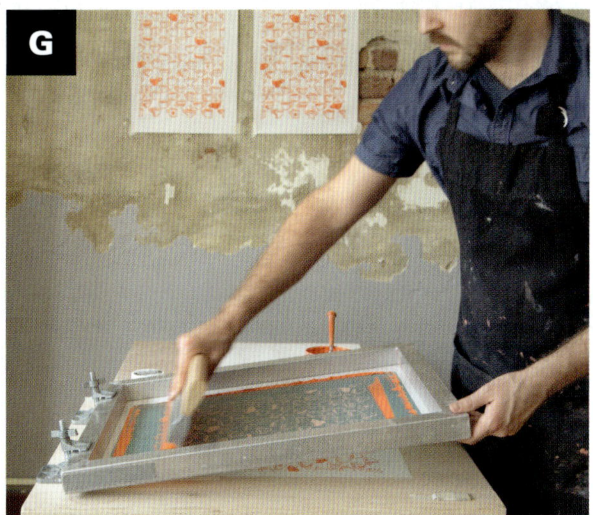

G

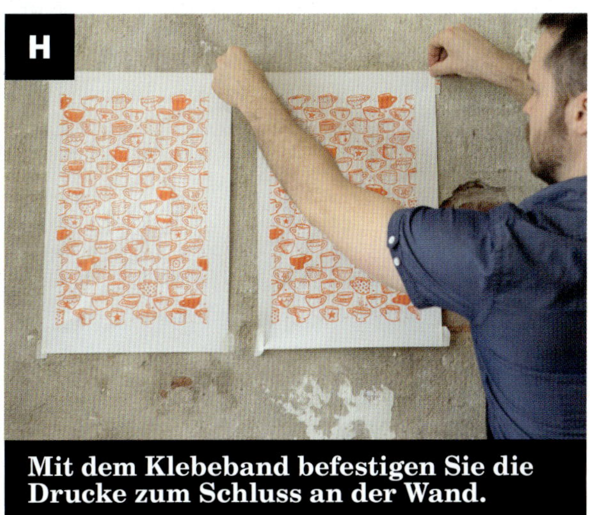

H

Mit dem Klebeband befestigen Sie die Drucke zum Schluss an der Wand.

8. Legen Sie das Sieb auf und drucken Sie die zweite Schicht. Prüfen Sie, ob die Tinte durch das Gewebe gedrungen ist, dann fluten Sie das Sieb erneut, trocknen das Bild an und wiederholen den Vorgang ein letztes Mal. Lassen Sie die dritte Schicht lufttrocknen, statt sie mit der Heißluftpistole zu trocknen.

9. Heben Sie das bedruckte Zeitungspapier mitsamt den Klebestreifen vorsichtig von der Bodenplatte und hängen Sie es zum Trocknen an die Wand (Foto F). Es kann sein, dass Sie zum Schluss zehn bis zwanzig Drucke haben (das bedeutet: zwischen 30 und 60 Durchgänge).

10. Wenn ich drucke, fange ich immer mit dem Fluten an, um die offenen Stellen im Sieb mit Tinte zu füllen. Ich arbeite also nach dem folgenden Rhythmus: erstes Fluten, drucken, fluten, antrocknen, drucken, fluten, antrocknen, drucken, fluten, erste Druckseite entfernen. Dann: drucken, fluten, antrocknen, drucken, fluten, antrocknen, drucken, fluten und die zweite Druckseite entfernen.

Hinweis: *Vor dem Antrocknen muss das Sieb geflutet werden (Foto G). Sonst verklumpt die Tinte und trocknet am Sieb, was die Qualität der Drucke beeinträchtigt.*

FEHLERSUCHE

Bei der Herstellung von Keramik gibt es so viele Dinge, die Probleme bereiten können, dass man manchmal einfach nur davonlaufen will. Für mich wird die Liste der potentiellen Schwierigkeiten durch das Drucken noch länger. Ganz wichtig dabei: weiteratmen und nicht frustriert aufgeben, wenn etwas schiefläuft. Es ist wie beim ersten Mal an der Töpferscheibe – man braucht Übung und ein gutes Auge. Also: Wenn es nicht klappt, kommt Ihnen vielleicht eine der nachfolgenden Problemsituationen bekannt vor.

Die Tinte druckt nicht auf das Papier (Foto A)

A. Sie üben nicht genug gleichmäßigen Druck beim Rakeln aus.

B. Sie beginnen mit kräftigem Druck, der zum Ende hin schwächer wird.

C. Sie üben mit einer Hand zu viel Druck aus, mit der anderen nicht, sodass eine Seite nicht genug Material bekommt.

D. Lichtempfindliche Emulsion überbelichtet oder nicht gut genug ausgespült. Nun bedeckt eine undurchlässige Schicht das Sieb, sodass nichts gedruckt werden kann.

Die Tinte trocknet zu schnell am Sieb (Foto B)

A. Die Unterglasurfarbe enthält kein Transparentmedium, das die Trockenzeit verlängert.

B. Leben Sie in einem trockenen Klima? Versuchen Sie, mit etwas Wasser die Trockenzeit zu verlängern. Wenn das nicht hilft, fügen Sie etwas Transparentmedium hinzu.

C. Die Zeit zwischen den Durchgängen ist zu lang. Üben Sie, jeden Durchgang in 2 Minuten oder weniger durchzuführen, damit die Tinte nicht auf dem Sieb trocknet. Keine langen Pausen zwischendurch: Wenn Sie mit dem Drucken anfangen, müssen Sie dranbleiben.

Das Bild druckt nicht deutlich

A. Sie üben nicht genug Druck mit der Rakel aus.

B. Sie beginnen mit kräftigem Druck, der zum Ende hin schwächer wird.

C. Sie üben mit einer Hand zu viel Druck aus, mit der anderen nicht, sodass eine Seite nicht genug Material bekommt.

D. Die Tinte fängt an, im Sieb zu verklumpen. Reinigen Sie das eingespannte Sieb mit einem feuchten Schwamm, trocknen Sie es mit einem Ventilator und versuchen Sie es erneut.

E. Die Emulsion hat eine feine Sperrschicht gebildet. Entschichten Sie das Sieb und fangen Sie noch einmal an.

Auf meinen Drucken sind Tropfen und Schatten

A. Die Tinte enthält zu viel Wasser und läuft durch das Sieb.

B. Halten Sie die Rakel in einem Winkel zwischen 75° und 90°? Beachten Sie, dass sich das Blatt biegt, wenn Sie die Tinte nach unten schieben. Bei falscher Rakelhaltung kann Tinte unter das Sieb gedrückt werden.

C. Sie fluten das Sieb zu langsam. Die Fasern saugen umso mehr Tinte auf, je langsamer Sie fluten. Überschüssige Feuchtigkeit und Tinte quillt am Rand hervor, wie bei einem zu dick belegten Sandwich. Zu viel Tinte sucht sich den Weg des geringsten Widerstands und läuft überall hin.

D. Sie rakeln zu langsam. Dadurch entsteht dieselbe Situation wie bei C.

Die Tinte läuft überall hin!

Das ist einfach: zu dünne Tinte oder zu viel Tinte auf dem Sieb. Manche Künstler stellen das Sieb zwischen den Drucken etwas schräg, damit die Tinte nicht im 90°-Winkel herunterläuft.

Die Ränder sind nicht bedruckt

Der Rand der Schablone ist vielleicht zu nah am Rahmen, wo das Gewebe nicht so sehr nachgibt wie in der Mitte und daher nicht so detailliert druckt. Die Folge könnte ein Riss im Gewebe sein!

Ein unbedruckter Streifen läuft durch mein Bild

Das könnte die Folge einer Scharte oder einer Delle – auch einer ganz kleinen – in der Rakel sein.

Mein Sieb hat einen Riss

Schade, aber so etwas passiert. Ich würde mit einem Riss im Gewebe nicht mehr drucken. Wenn es ein kleiner Riss am Rand ist, können Sie das Sieb als Testsieb für Belichtungen benutzen. Im Siebdruckhandel kann man ein Sieb neu bespannen lassen.

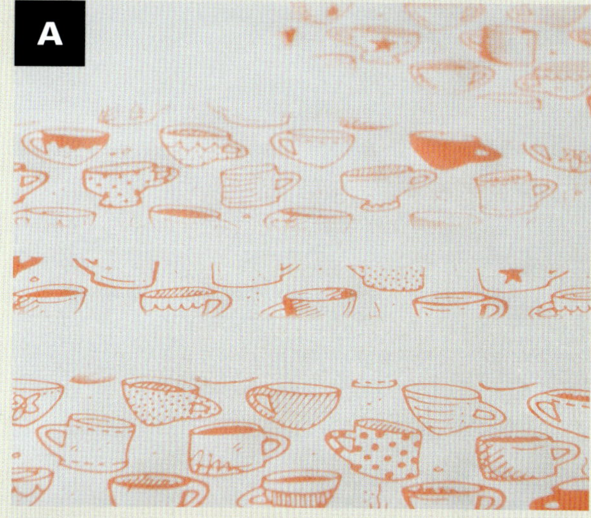

A

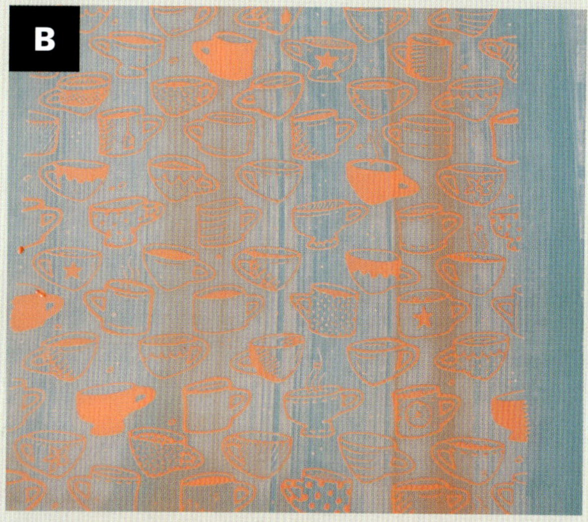

B

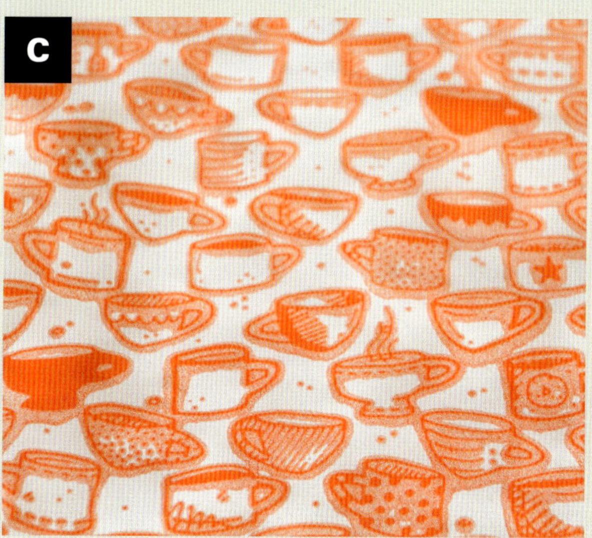

C

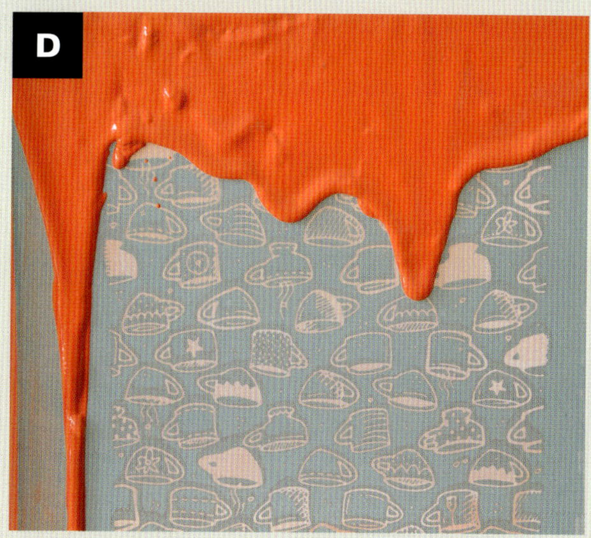

D

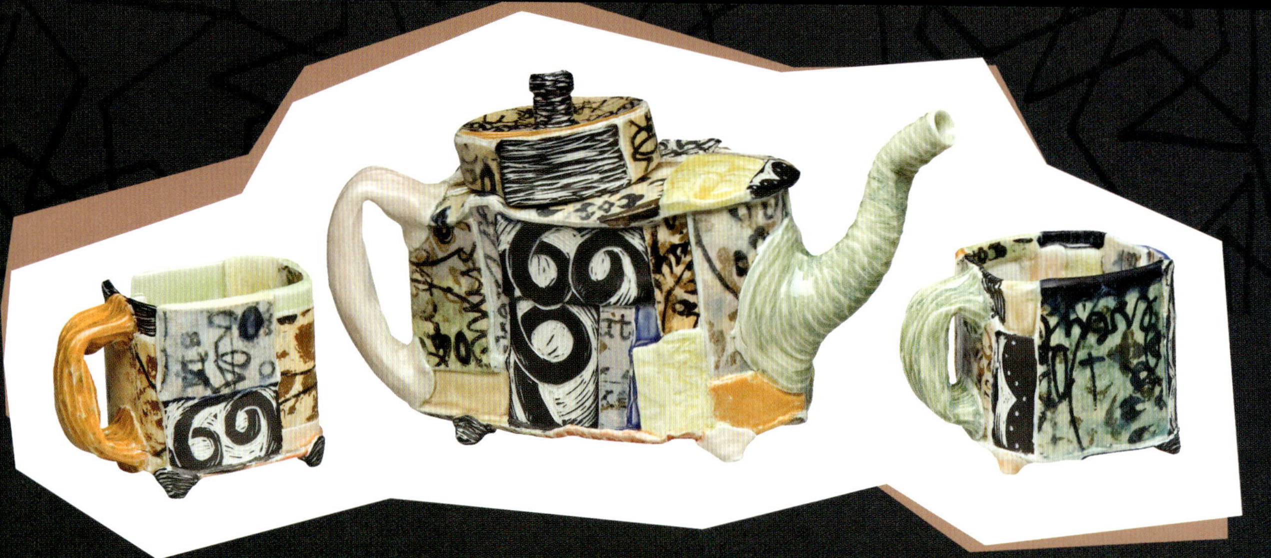

SUSAN FEAGIN

DECORATIVE TEAPOT WITH TWO CUPS (DEKORATIVE TEEKANNE MIT ZWEI BECHERN)

2011
Kanne: 16,5 x 29,2 x 11,4 cm
Becher: 8,3 x 8,9 x 11,4 cm
Porzellan, mittlerer Brennbereich, siebgedruckte farbige Engobe, Sgraffito-Technik, Oxidationsbrand bis Kegel 7
Foto: Walker Montgomery

WIE SIEBDRUCKEN SIE?

Zunächst scanne ich handgeschriebene Briefe im jpg-Format ein. Mit Photoshop kann ich die Schrift vergrößern oder ändern. Dann drucke ich das Bild auf eine Folie, die ich in einer Belichtungseinheit auf einem mit Emulsion beschichteten Rahmen belichte.

Außerdem schneide ich Schablonen aus Rubylith aus, einem lichtempfindlichen Maskierfilm, der früher im Graphikdesign benutzt wurde. Ich belichte die Schablonen in einer Belichtungseinheit direkt auf einem beschichteten Siebdruckrahmen. Sie sind sehr haltbar, ich kann sie auch nach Jahren wieder benutzen.

Manchmal drucke ich farbige Engobe oder Unterglasurfarbe durch den Rahmen direkt auf eine Tonplatte. Dadurch entsteht ein verwittert und verschmiert wirkendes Muster. Und ich drucke Muster übereinander. Ich siebdrucke Bilder und Schriften auf Zeitungspapier, lege das Zeitungspapier mit dem Muster nach unten auf den Ton und reibe darüber, sodass das Dekor auf den Ton übertragen wird.

WIE KAM ES, DASS SIE AUF/MIT TON DRUCKEN?

Vor Jahren riet mir ein Freund, ich sollte mir mal Siebdruck auf Ton ansehen. Damals machte ich Porzellan mit schwarzweißen Sgraffito-Mustern, die an Linoldruck oder Holzschnitte erinnerten, doch das war mir nicht markant genug. Außerdem dachte ich, dass die eingeritzten Muster einen schönen Kontrast zu den glatteren Druckbildern ergeben würden.

WELCHE THEMEN UND MOTIVE ERKUNDEN SIE?

Ich verwende viel Handgeschriebenes und einfache Schablonen in Blumenform. Die verblasste Nostalgie der Erinnerung, wie sie von alten Briefen und Tapetenfetzen ausgeht, gefällt mir.

MIT WELCHEN KERAMIKTINTEN DRUCKEN SIE?

Für Schwarz nehme ich die flüssige Unterglasurfarbe Lug-1 von Amaco, für Braun nehme ich Amacon Terracotta Velvet Unterglasurfarbe. Meine anderen Hintergrundfarben mische ich aus Ron Meyers Grundrezept für Engobe und verschiedenen Farbkörpern von Mason.

RON MEYERS ENGOBENREZEPT, VON SUSAN BEARBEITET (KEGEL 04–09)

EPK Kaolin	34 gr
OM4 Ball clay	20 gr
Custer Feldspat	27 gr
Flint	19 gr

Die Farben mische ich, z.B. aus 8 % 6020 pink mit 2 % 6540 blue grey von Mason. Oder Kupfer und 6404 vanadium von Mason. Was gerade passt.

CHARLIE CUMMINGS

PERPETUAL SUNSET I (NIE ENDENDER SONNENUNTERGANG)

2013
45,7 x 61 x 7,6 cm
Porcelain Canvas, Vierfarbdruck in Unterglasurfarbe, im Brennofen geschmolzenes Glas, lasergeschnittene Masken, Arduino, LED, lasergeschnittenes Holz, Farbe
Foto des Künstlers

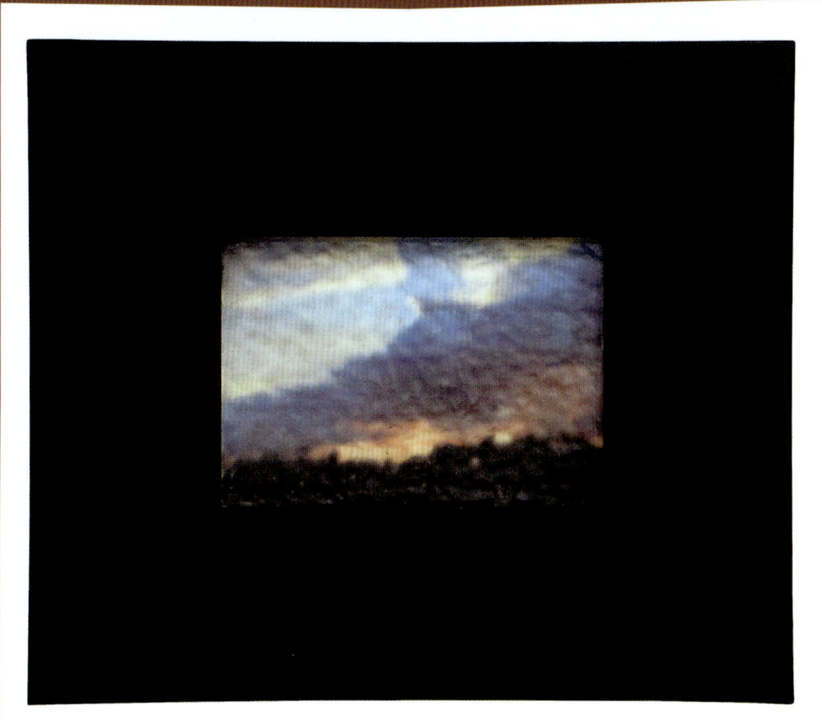

MEREDITH HOST

DOT DOT DASH PLATE & MUGS (PUNKT PUNKT STRICH, TELLER & BECHER)

Teller: 26,7 x 26,7 x 2,5 cm
Becher: 8,9 x 13,3 x 10,8 cm
Porzellan mit Abziehbildern
Foto der Künstlerin

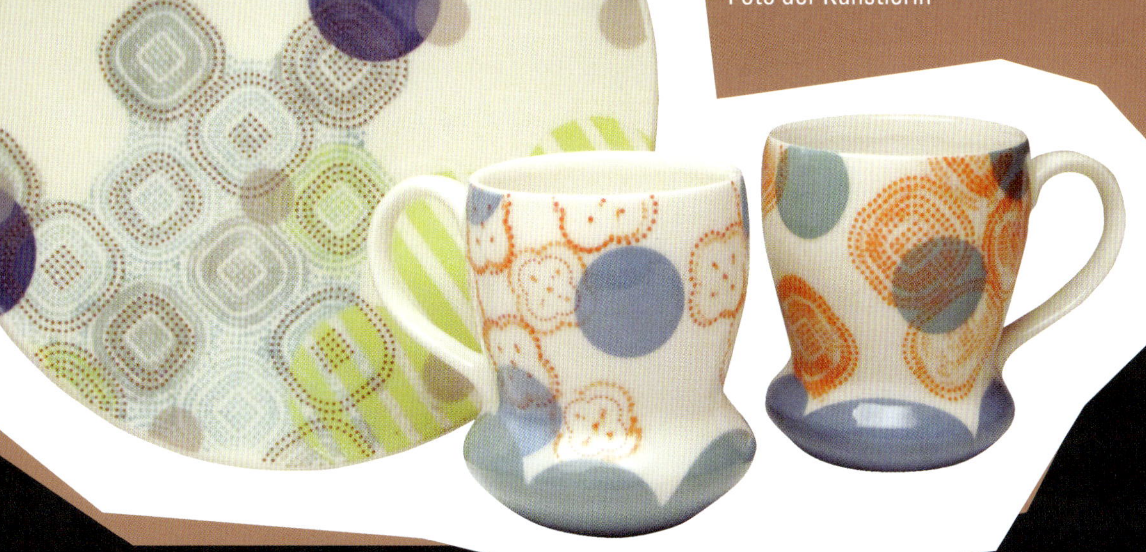

RICHARD SHAW

KEEPING BALANCE (GLEICHGEWICHT HALTEN)

2013
76,2 x 30,5 x 40,5 cm
Glasiertes Porzellan mit Aufglasurabziehbildern
Foto: Alice Shaw

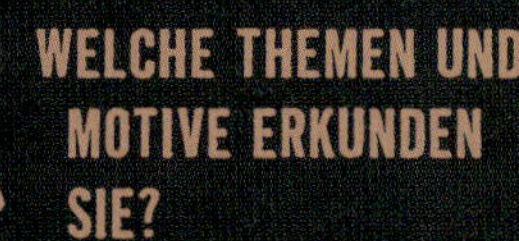

WAS HAT SIE DAZU GEBRACHT, MIT ABZIEHBILDERN UND SIEBDRUCK ZU ARBEITEN?

Aufglasurabziehbildern bin ich 1963 zum ersten Mal begegnet, bei Ron Nagle, meinem Dozenten am San Francisco Art Institute. Er stellte Muster und Fotos im Siebdruck her. James Melchert, ein anderer Dozent, begann 1965, handelsübliche Abziehbilder zu benutzen.

WAS HAT SIE INSPIRIERT, DIESE TECHNIKEN BIS HEUTE ANZUWENDEN?

Ich habe erst 1975 damit angefangen, doch als ich für ein Semester an der Alfred University war, habe ich mit Louis Marak zusammen die Möglichkeiten dieses Verfahrens erkundet. Als sich meine Arbeiten zu Illusionen von Realität entwickelten, wurden Aufglasurabziehbilder in Siebdruck immer wichtiger. Noch überzeugender wurden meine Stücke, als ich handelsübliche Bilder verwendete. 1975 bekam ich ein Stipendium, um das Verfahren weiter zu erforschen, und seitdem stelle ich Abziehbilder sowohl mit Aufglasur- als auch mit Unterglasurfarbe her und verwende sie in meinen Arbeiten.

WELCHE THEMEN UND MOTIVE ERKUNDEN SIE?

Meine Abziehbilder zeigen meist erkennbare Motive wie Zigarettenlogos, Bücher, Zeitungen und andere alltägliche Motive, die auf das entsprechende Objekt appliziert werden.

WELCHE ANDEREN KÜNSTLER INSPIRIEREN SIE?

Meist sind es von Hand auf Keramik gezeichnete Dekore, die mich inspirieren, z.B. Niderviller-Steingut, chinesisches Auftragsporzellan (Kanton) und asiatische, türkische und persische Keramik. Außerdem bewundere ich die Keramikstücke von Roy Lichtenstein und Howard Kottler.

DRUCKEN AUF KERAMIK WIRD IMMER BELIEBTER. WAS HALTEN SIE DAVON?

Die Einführung von Drucktechniken in der Keramikkunst hat die Bandbreite der Ausdrucksmöglichkeiten erweitert. Früher waren selbst Anklänge an industrielle Techniken verpönt, heute werden sie akzeptiert. Wenn man sie intelligent anwendet, können sie die moderne Keramik variantenreicher machen.

STORMIE BURNS

MAP PLATE (TELLER MIT LANDKARTE)

2014
17,8 x 17,8 x 3,2 cm
Porzellan, farbige Engoben, keramische Abziehbilder im Siebdruckverfahren, Papierschablonen, Auswaschtechnik, Mishima-Technik, Oxidation bei Kegel 8
Foto der Künstlerin

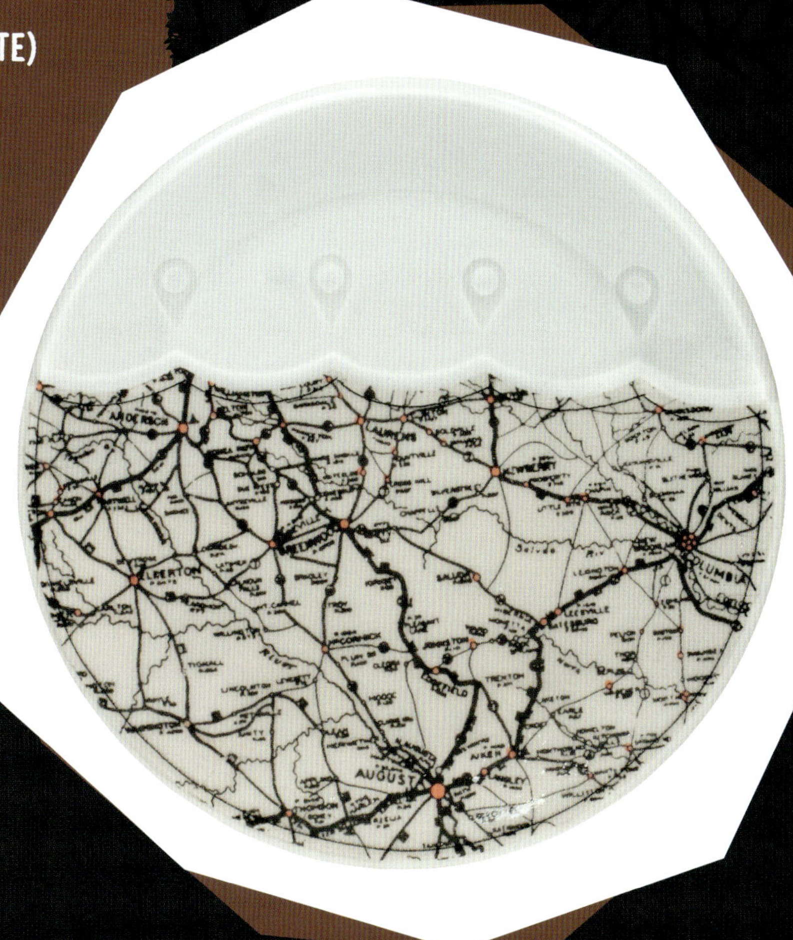

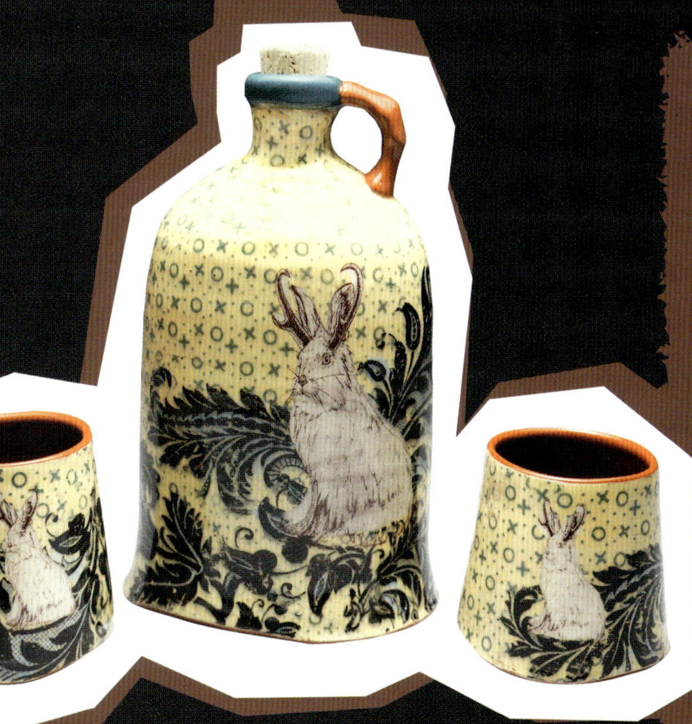

MARK & KELLY MCKIBBEN HARRO

JACKALOPE WHISKEY BOTTLE SET („HASENBOCK", WHISKEYFLASCHE UND -BECHER)

2014
24,1 x 30,5 x 7,6 cm
Irdenware, Engoben-Siebdruck, Eisenoxid-Abziehbilder von handgefertigten Bildern, Glasuren bei Kegel 04

JASON BIGE BURNETT

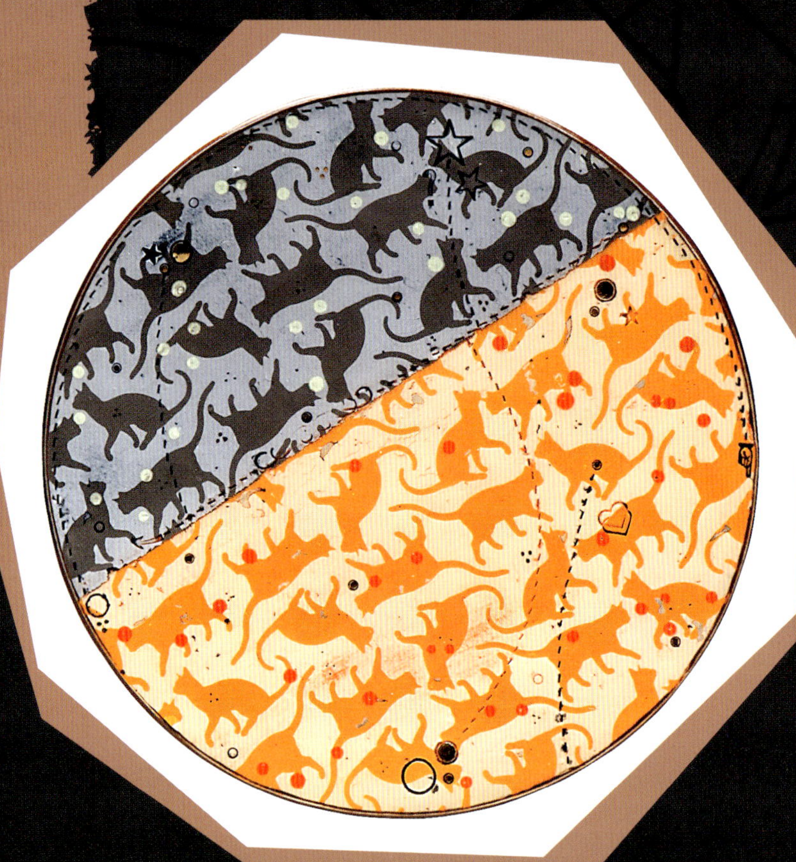

„FANCY FEAST" DINNER PLATE (SPEISETELLER „FANCY FEAST")

22,9 x 22,9 x 2,5 cm
Keramik, Engobe, Unterglasurfarbe, Glasur, Abziehbilder und Lüster.
Foto: Lindsay Rogers

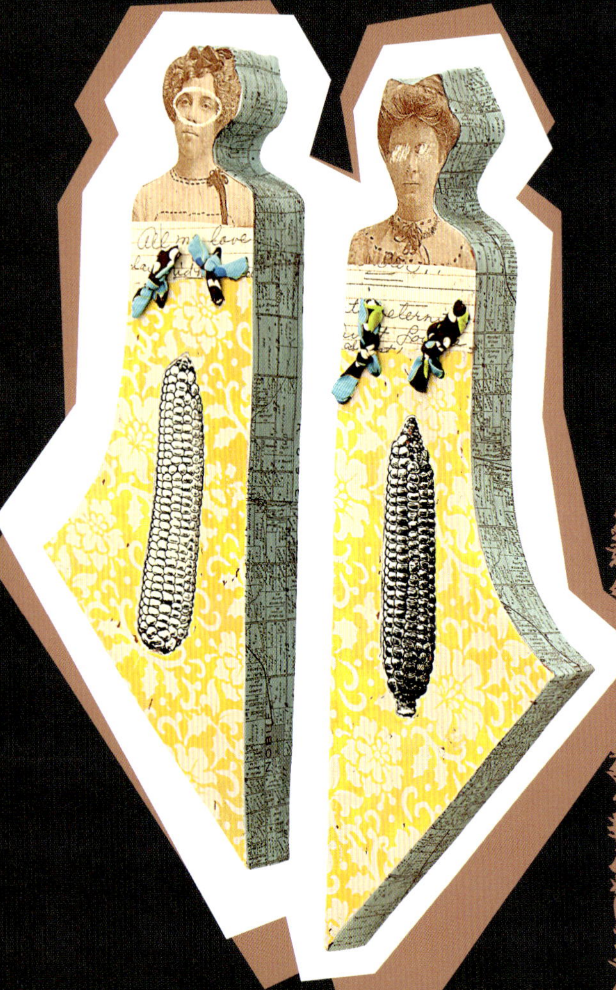

JULIE GUYOT

SISTERS (SCHWESTERN)

2012
33 x 33 x 3,8 cm
Rote Irdenware, siebgedruckte Engoben-Abziehbilder, Abziehbilder in Laserdruck, Stoff
Foto: Ansley Simmons

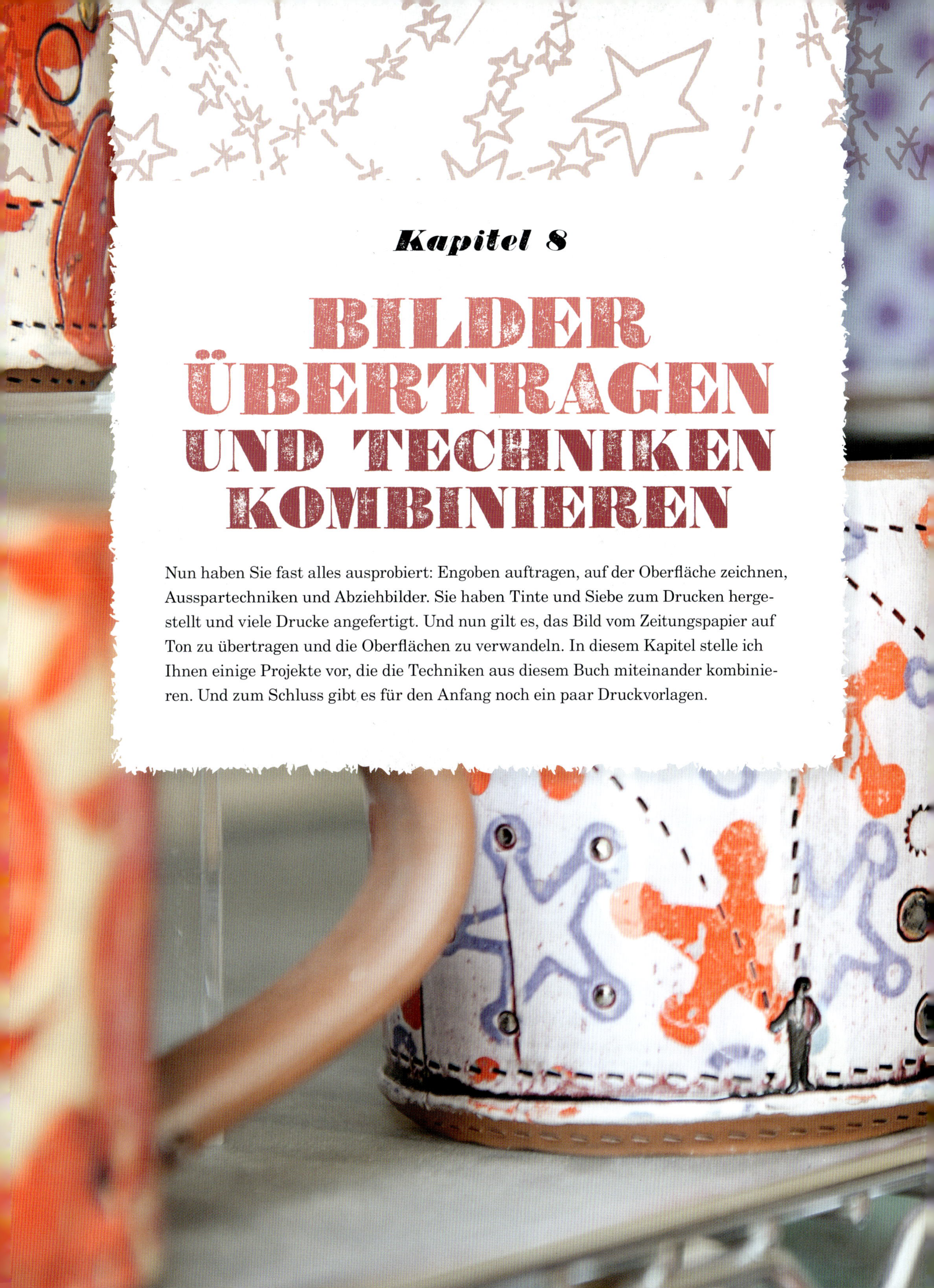

Kapitel 8

BILDER ÜBERTRAGEN UND TECHNIKEN KOMBINIEREN

Nun haben Sie fast alles ausprobiert: Engoben auftragen, auf der Oberfläche zeichnen, Ausspartechniken und Abziehbilder. Sie haben Tinte und Siebe zum Drucken hergestellt und viele Drucke angefertigt. Und nun gilt es, das Bild vom Zeitungspapier auf Ton zu übertragen und die Oberflächen zu verwandeln. In diesem Kapitel stelle ich Ihnen einige Projekte vor, die die Techniken aus diesem Buch miteinander kombinieren. Und zum Schluss gibt es für den Anfang noch ein paar Druckvorlagen.

DEN SIEBDRUCK ÜBERTRAGEN

Nun wird das Abziehbild, das Sie mit Siebdruck auf Zeitungspapier hergestellt haben, auf den Ton übertragen. Ich rate Ihnen: Nehmen Sie sich die Zeit, auf ein paar Fliesen zu experimentieren. Übertragen Sie den Druck schnell und langsam. Drucken Sie mit feuchtem Zeitungspapier auf feuchtem Ton oder warten Sie, bis eins von beiden fast knochentrocken ist. Sehen Sie noch einmal Kapitel 1 an, in dem wir mit Engoben und Zeitungspapier experimentiert haben. Gehen Sie wieder so vor, aber diesmal mit einem gedruckten Bild.

Sorgen Sie auch diesmal dafür, dass Sie alle Materialien zur Hand haben:

- **Bogen Zeitungspapier, mit Engobe siebgedruckt**
- **Nasse bis lederharte Tonfliesen, 15,2 x 15,2 cm**
- **Allzweckengobe in beliebigen Farben**
- **Skalpell**
- **Heißluftpistole/Fön**
- **Wasserzerstäuber**
- **Weiche und sehr weiche Gumminieren**
- **Schere**
- **Handroller mit Holzrolle (optional)**

Hinweis: *Die hier angegebenen Maße sind nur als Beispiele für die Übertragung von Bildern gedacht. Bitte passen Sie das Verfahren an Ihre Gegebenheiten an.*

1. Schneiden Sie ein 17,8 x 17,8 cm großes Quadrat aus dem siebgedruckten Zeitungspapier aus. Durch den breiten Rand können Sie das Papier greifen, ohne das Bild anzufassen.

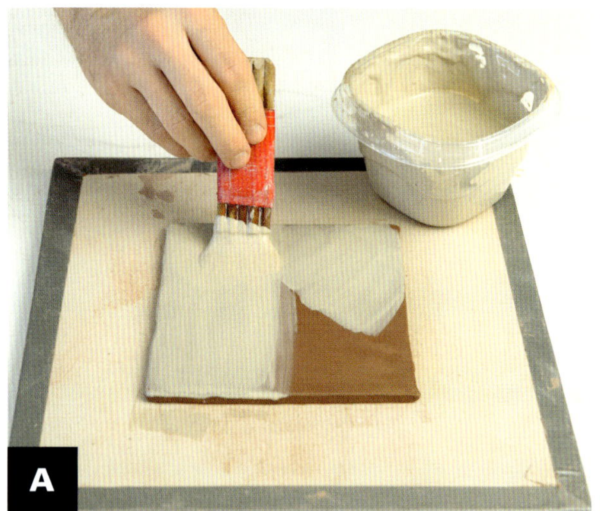
A

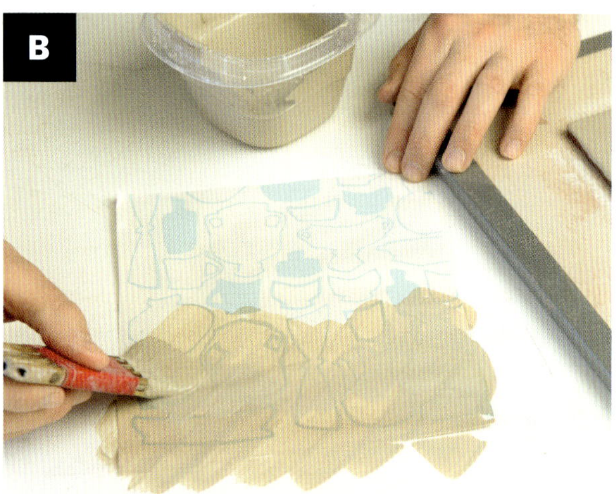
B

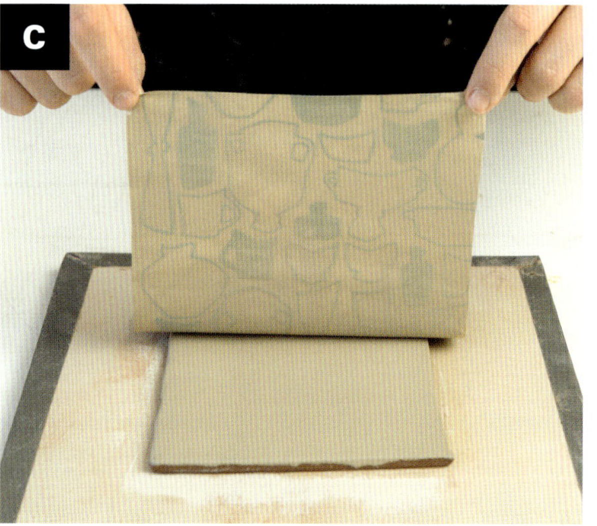
C

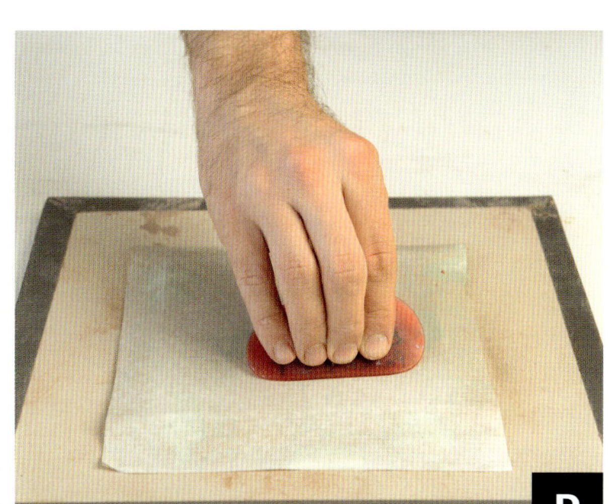

2. Tragen Sie mit dem Pinsel eine gleichmäßige Schicht Engobe auf der lederharten Fliese auf (Foto A). Lassen Sie die Engobe antrocknen, bis sie nur noch einen matten Glanz zeigt. Helfen Sie mit einer Heißluftpistole oder einem Fön nach, wenn Sie möchten.

3. Während die Engobe auf der Fliese trocknet, pinseln Sie ein oder zwei Schichten Engobe auf die bedruckte Seite (Foto B). Lassen Sie sie ebenfalls trocknen, bis der Glanz matter aussieht. Wenn die Engobe völlig trocknet, kann sie vom Papier abspringen.

4. Wenn die Fliese und der engobierte Druck matt schimmern, nehmen Sie das Zeitungspapier an den Ecken hoch und legen es vorsichtig mit der engobierten Seite auf die Engobe auf der Fliese (Foto C). Wenn das Zeitungspapier die Fliese berührt, dürfen Sie es nicht mehr verschieben.

5. Klopfen Sie sanft mit den Fingerspitzen auf das Zeitungspapier und warten Sie etwa eine Minute.

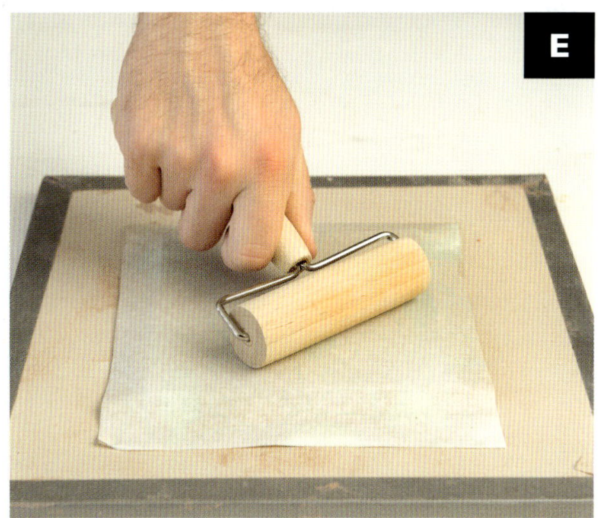

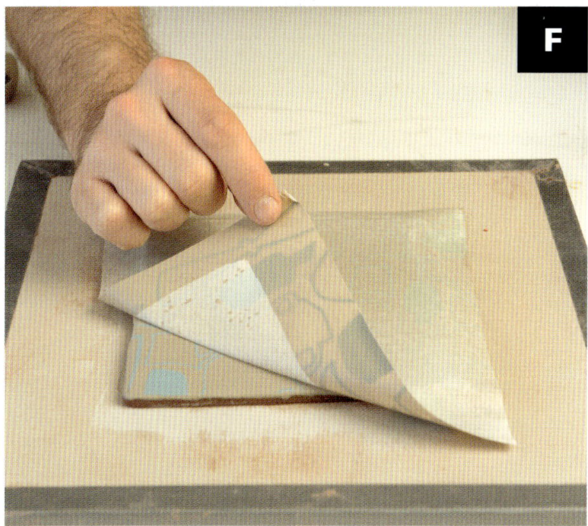

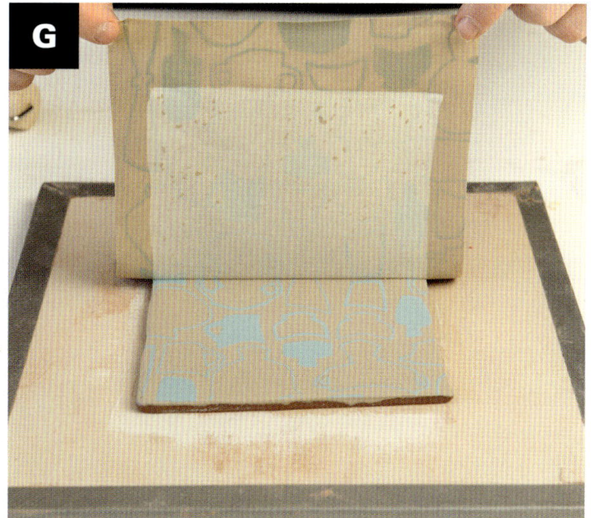

***Hinweis**: Feuchten Sie trockene Stellen auf der Rückseite des Zeitungspapiers mit Wasser aus einer Sprühflasche an.*

6. Massieren Sie das Zeitungspapier mit einer sehr weichen Gumminiere, um so möglichst viele Luftblasen auszutreiben (Foto D), dann lassen Sie es wieder ein, zwei Minuten ruhen.

7. Stechen Sie die restlichen Luftblasen mit der Skalpellspitze auf. Das Bild wird dabei nicht beeinträchtigt.

8. Halten Sie eine Heißluftpistole oder einen Fön ein paar Sekunden lang auf die Rückseite des Zeitungspapiers, bis sie halb-feucht ist.

9. Reiben Sie mit der weichen Gumminiere noch einmal über das Zeitungspapier oder nehmen Sie einen Handroller, der in diesem Stadium gleichzeitig das Bild in den Ton der Fliese drückt (Foto E).

10. Heben Sie vorsichtig eine Ecke an und prüfen Sie, ob sich das Bild vom Papier löst (Foto F). Wenn ja, ziehen Sie auch das restliche Papier an. Wenn nein, wiederholen Sie Schritt 9 und sehen Sie erneut nach. Wenn einige Stellen nicht haften, legen Sie das Papier wieder auf die Fliese und reiben nochmals darüber (Foto G).

Nun haben Sie das siebgedruckte Muster oder Motiv auf Ton! Die Frage ist nun, wie Sie dieses Verfahren anwenden. Bauen Sie eine Vase aus Tonplatten und schmücken Sie sie mit siebgedruckten Abziehbildern mit Unterglasurfarbe, verwenden Sie sie auf einer Platte, aus der Sie ein über- oder eingeformtes Gefäß machen, oder stellen Sie dekorative Fliesen her? Sie brauchen noch mehr Ideen? Dann ist vielleicht bei den nachfolgenden Projekten etwas für Sie dabei.

PROJEKTE: OBERFLÄCHENTECHNIKEN KOMBINIEREN

Wenn ich mir von Ihnen etwas wünschen dürfte, dann würde ich Sie bitten, bei Oberflächendekoren Grenzen auszutesten. Damit meine ich Ihre Bilder, Ihre gesamte Gestaltung und Ihre Dekortechniken. Versuchen Sie, mehrere der hier vorgestellten Verfahren zu kombinieren. Haben Sie keine Angst vor Fehlern, selbst wenn Sie Ihren experimentellen Oberflächen am Ende nichts abgewinnen können. Wenn Sie Ihre Kreativität entwickeln und weiterarbeiten, entstehen irgendwann hervorragende Stücke.

Was nun folgt, sind einige Beispiele für Techniken und Verfahren, die Ihnen einen Anstoß geben wollen. Probieren Sie bei jeder Methode unterschiedliche Kompositionen aus, verwenden Sie Ihre eigenen Muster, Farbmischungen, Bilder und Motive. Gute Techniken und kreative Visionen ergeben großartige Arbeiten!

***Hinweis**: Ich gestalte Platten und mache mit einer 20,3 cm großen Hydro-Bat™-Überform Teller daraus. Ich kann diese Überform mitsamt der Platte an meiner Drehscheibe befestigen, den Ton drehen und komprimieren und einen Fuß anfügen. Sie sind auch gut für Aufbautechniken geeignet.*

BLUMEN UND PUNKTE

Diese Übung kombiniert Ausspartechniken mit Papier und Engoben, Einfärbetechniken und Abziehbilder auf einer blumigen Oberfläche.

- **Eine Überform für Teller, 20,3 cm**
- **Tonplatte, groß genug für die Form (etwa 24,1–25,4 cm)**
- **Allzweckengobe in verschiedenen Farben**

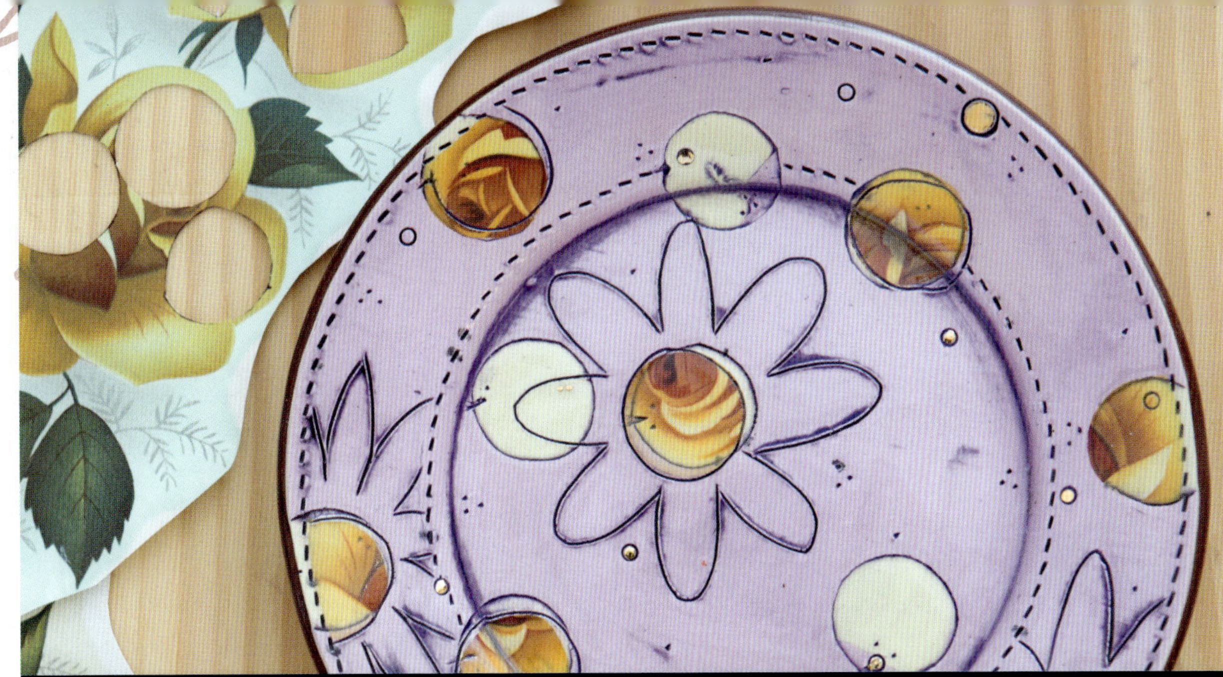

Eine schnelle und einfache Übung mit Dekorschichten. Experimentieren Sie mit verschiedenen Farben, Papierschablonen, Illustrationen und Abziehbildern.

- **Pinsel für Engoben**
- **Runde Aufkleber oder Kreise aus Zeitungspapier, 2,5 cm Durchmesser**
- **Heißluftpistole/Fön**
- **Surformhobel**
- **Werkzeuge zum Ritzen**
- **Skalpell**
- **Unterglasurfarbe zum Einfärben**
- **Fertig gedruckte Abziehbildern mit Blumenmotiven**
- **Selbstheilende Schneideunterlage**
- **Kosmetikschwämme**
- **Wasserkocher**
- **Reinigungsalkohol**

1. Bestreichen Sie die Tonplatte mit Engobe in der Farbe der einfarbigen Punkte. Lassen Sie sie lederhart werden.

2. Arrangieren Sie die Aufkleber/Kreise auf der engobierten Platte, entweder geordnet, wild durcheinander oder an einer Stelle zusammengeballt – wie Sie möchten.

3. Bestreichen Sie die gesamte Oberfläche mit Engobe in einer anderen Farbe.

4. Wenn die Engobe sich nicht mehr klebrig anfühlt, entfernen Sie alle Papierschablonen (Foto A) und legen die dekorierte Seite auf die Überform. Lassen Sie die Engobe lederhart werden (Foto B).

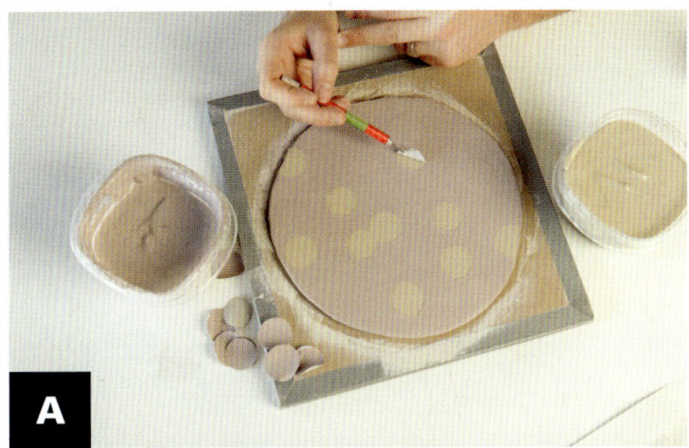

A

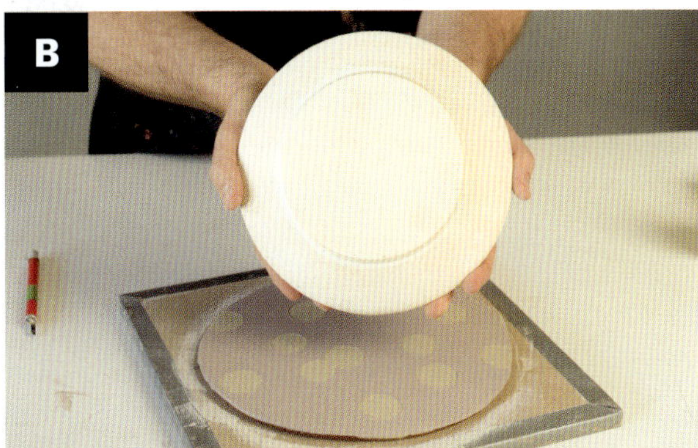

B

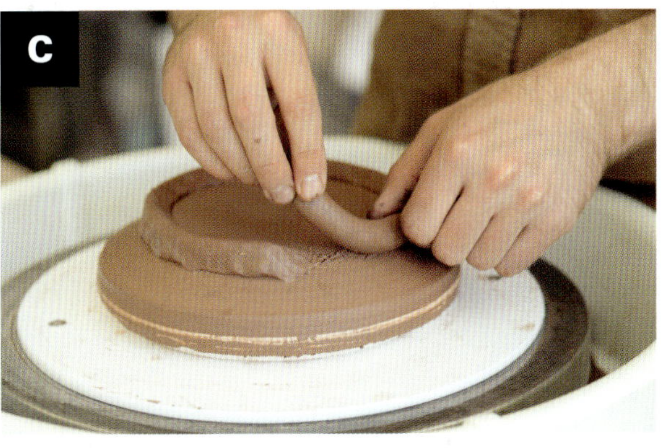

C

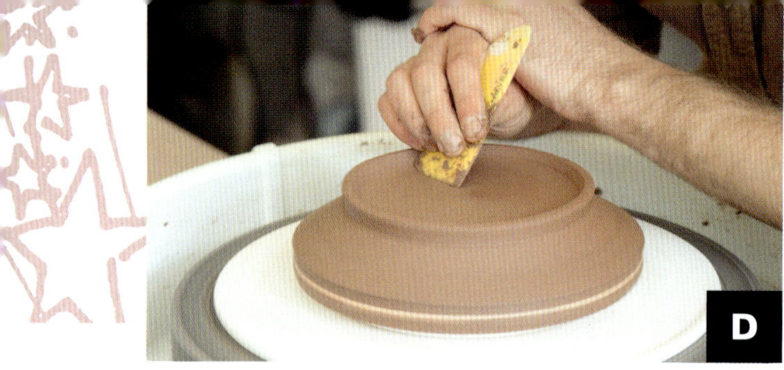

D

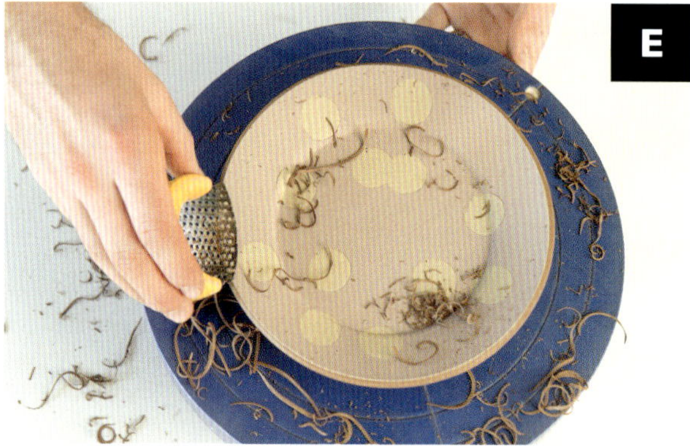

E

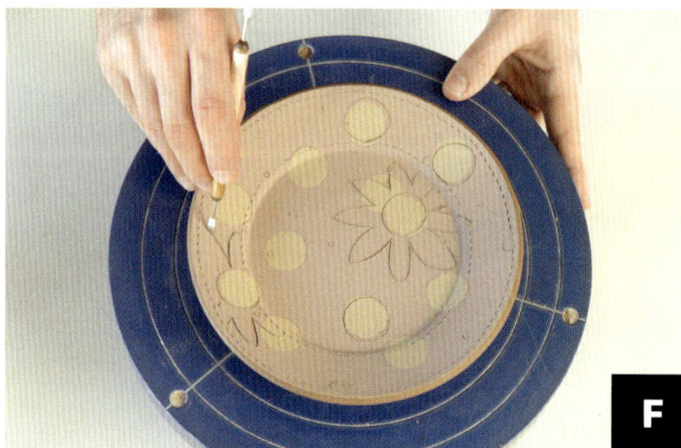

F

__Hinweis:__ Nehmen Sie die Heißluftpistole zu Hilfe, um die Aufkleber unter der Engobe zu finden, und heben Sie sie mit der Spitze des Skalpells an, um sie abzuziehen.

5. Drücken Sie den Ton auf die Form, setzen Sie einen Fuß an und lassen Sie den Teller auf der Form gut lederhart werden (Fotos C und D).

6. Nehmen Sie den Teller von der Form und säubern Sie den Rand mit dem Surformhobel (Foto E).

7. Ritzen Sie Linien um die Kreise und fügen Sie auch ein paar Blütenblätter hinzu (Foto F).

8. Schrühen Sie den Teller, färben Sie ihn ein und glasieren Sie ihn.

9. Schneiden Sie Kreise aus den Abziehbildern, die in die Punkte passen (Foto G). Arrangieren Sie sie nach Belieben und brennen Sie den Teller noch einmal.

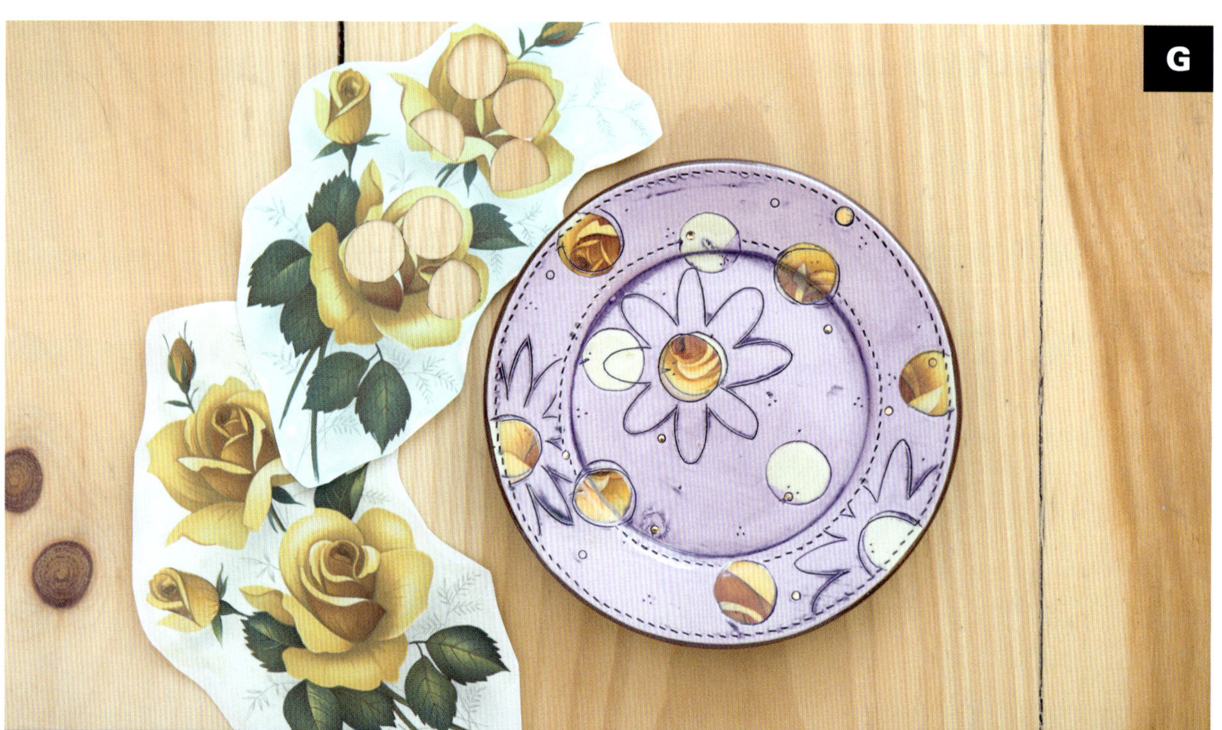

G

Der Kontrast zwischen handgezeichneten Kritzelmustern und handelsüblichen Abziehbildern zu einem gemeinsamen Thema kann interessant und witzig sein.

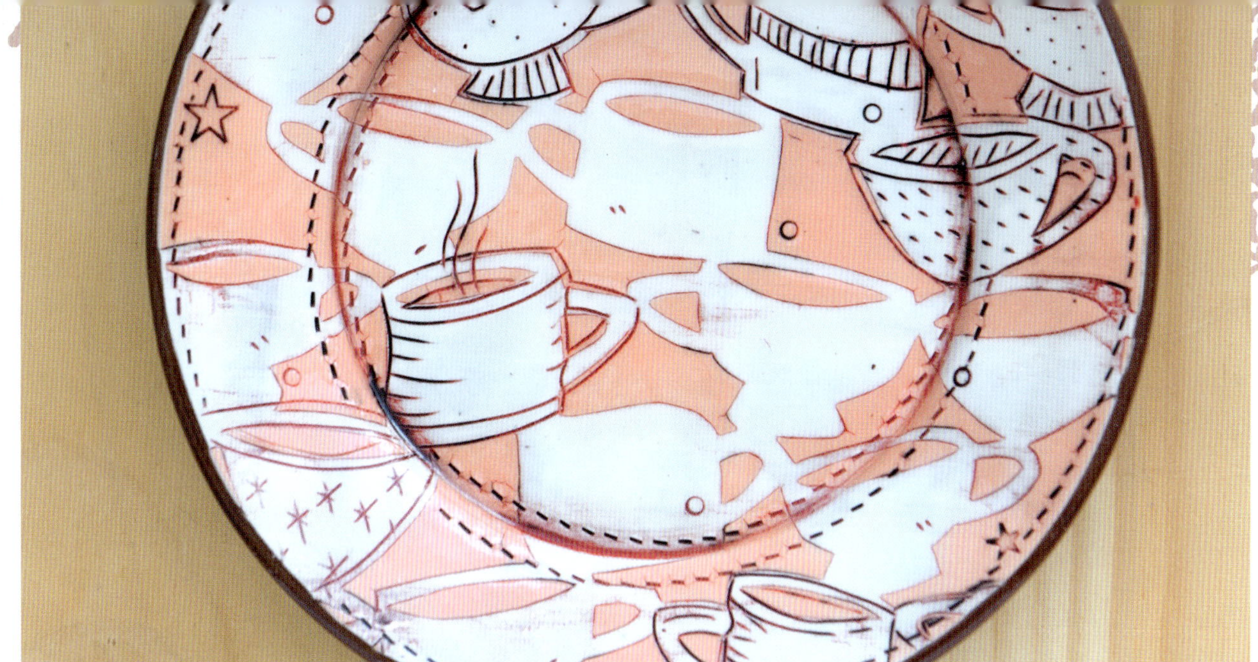

EIN VERDAMMT GUTER KAFFEE

Wie wär's mit dem perfekten Teller für Kirschkuchen? Der zu einem verdammt guten Kaffee passt, „so schwarz wie eine mondlose Nacht" (wie FBI Agent Dale Cooper aus der Serie Twin Peaks sagen würde)? Schneiden Sie ein Kaffeetassenmuster aus Tyvek®-Papier (Seite 21) aus, das als Maske dient, und folgen Sie der Anleitung.

- **Eine Überform für Teller, 20,3 cm**
- **Tonplatte, groß genug für die Form (etwa 24,1–25,4 cm)**
- **Allzweckengobe in verschiedenen Farben**
- **Pinsel für Engoben**
- **Zeitungspapier, ein Bogen**
- **Maske aus Tyvek®-Papier***
- **Heißluftpistole/Fön**
- **Handroller mit Holzrolle (optional)**
- **Surformhobel**
- **Werkzeuge zum Ritzen**
- **Unterglasurfarbe zum Einfärben**

1. Bestreichen Sie die Platte mit einer hellfarbigen Engobe für die Kaffeetassen. Lassen Sie sie trocknen, bis sie nicht mehr klebrig ist.

2. Legen Sie die Maske vorsichtig auf die engobierte Platte und decken Sie sie mit einem sauberen Bogen Zeitungspapier ab. Streichen Sie beides mit einer Gumminiere oder einem Handroller glatt. Ziehen Sie nur das Zeitungspapier ab, nicht die Maske.

3. Bestreichen Sie die gesamte Oberfläche der Platte mitsamt der Maske mit Engobe in einer anderen Farbe (Foto A). Lassen Sie sie trocknen, bis sie nicht mehr klebrig ist. Helfen Sie eventuell mit Heißluftpistole oder Fön nach (Foto B).

4. Ziehen Sie die Maske vorsichtig ab und legen Sie sie beiseite (Foto C).

Hinweis: *Die Engobe auf der Maske trocknet und blättert ab. Dann kann man sie wieder verwenden. Sie können sie auch flach ausgebreitet mit einem nassen Schwamm reinigen.*

5. Drücken Sie den Ton mit der gemusterten Seite auf die Form, setzen Sie einen Fuß an und lassen Sie den Teller auf der Form gut lederhart werden.

6. Nehmen Sie den Teller von der Form und säubern Sie den Rand mit dem Surformhobel.

7. Ritzen Sie um einige Tassen Linien in den Ton, verzieren Sie sie oder ritzen Sie weitere Details ein (Foto D).

8. Schrühen Sie den Teller, färben Sie ihn ein und glasieren Sie ihn.

** Die Maske aus Tyvek®-Papier* habe ich nach der Vorlage von Seite 154 vorbereitet. Sie war ursprünglich für Siebdruck gedacht, sie lässt sich auch als Schablone für Papiermasken verwenden. Die Zwischenräume sollten Sie mit einem Skalpell ausschneiden. Dabei müssen alle Elemente miteinander verbunden sein, um die Maske als Ganzes abziehen und wiederverwenden zu können.*

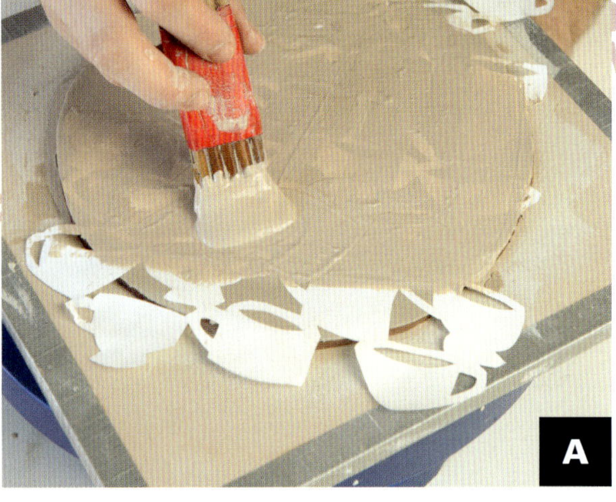

A

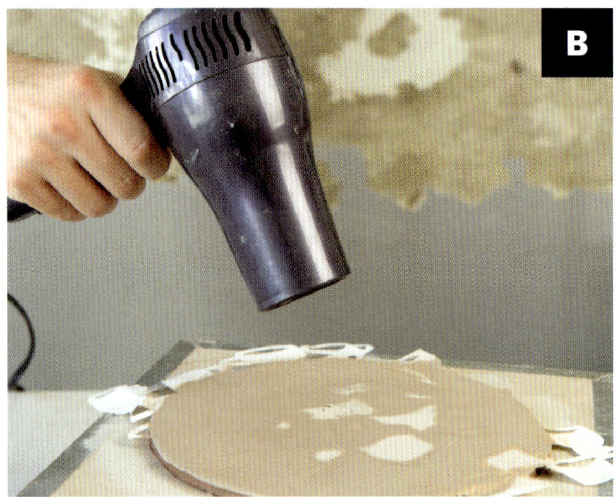

B

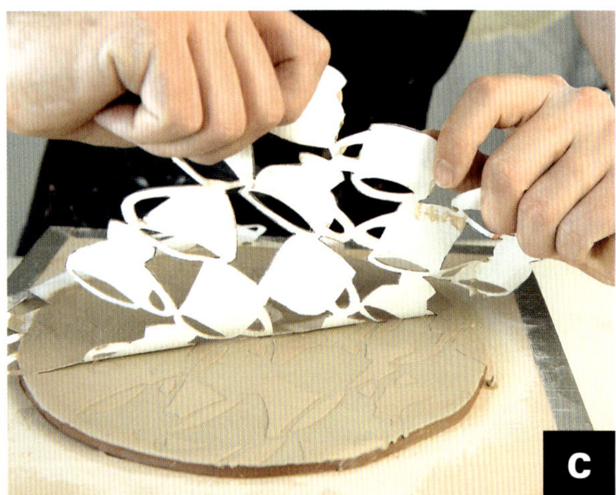

C

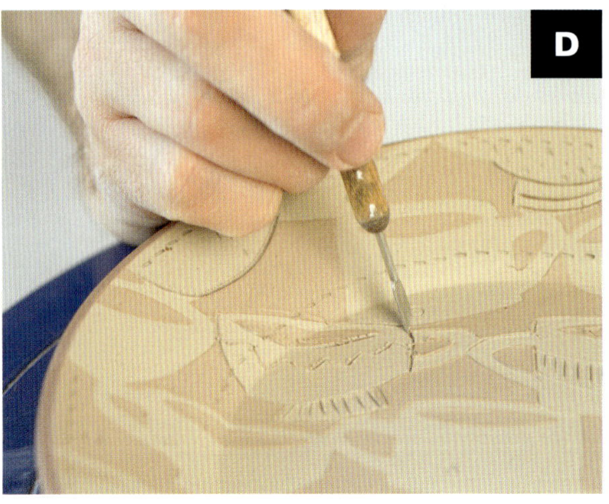

D

ORANGETÖNE

Hier sehen Sie, wie sich aufregende, lebhafte Oberflächen allein mit Glasur und selbst gestalteten und/oder gekauften Abziehbildern herstellen lassen.

- **Geschrühter Porzellanteller**
- **Bleistift**
- **Latex als Aussparmittel**
- **Unterschiedliche Glasuren**
- **Pinsel für Glasuren**
- **Schwammpinsel für Latex**
- **Skalpell**
- **Selbst gestaltete Abziehbilder**
- **Handelsübliche Abziehbilder**
- **Selbstheilende Schneideunterlage**
- **Kosmetikschwämme**
- **Wasserkocher**
- **Reinigungsalkohol**

1. Zeichnen Sie mit Bleistift eine Linie auf den Teller, wo zwei Glasuren aneinanderstoßen sollen.

2. Tragen Sie den Latex mit einem preiswerten Schwammpinsel auf der Seite der Linie auf, die erst später glasiert wird. So bekommen Sie eine saubere Kante. Lassen Sie den Latex trocknen.

3. Bestreichen Sie eine Seite der Tellerfläche mit einer Glasur, die nicht zu dunkel ist (ich habe ein dunkles Orange genommen). Es ist nicht schlimm, wenn Sie über die Linie malen, weil der Latex später abgezogen wird (Foto A, Seite 143).

4. Wenn die Glasur trocken ist, streichen Sie Latex auf die gerade glasierte Seite. Lassen Sie einen kleinen Streifen der ersten Glasur frei. Durch den Latex brauchen Sie nicht allzu präzise zu arbeiten, bekommen aber trotzdem

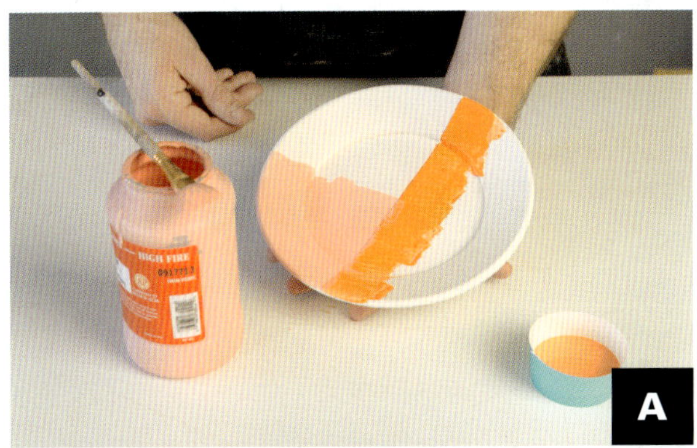

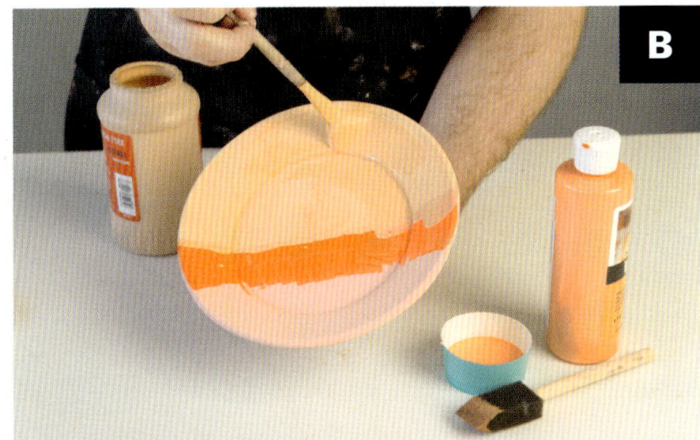

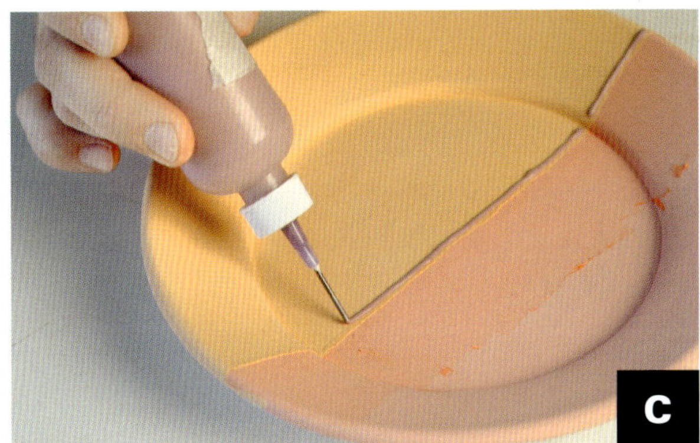

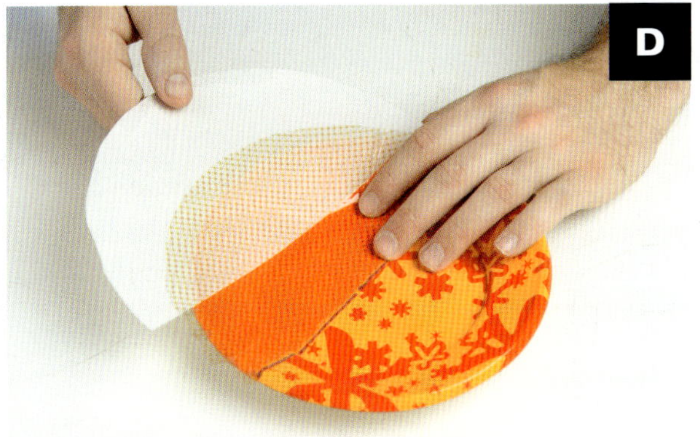

saubere Kanten. Von der zweiten Glasur wird ein wenig auf den feinen freibleibenden Streifen sickern.

5. Bemalen Sie den Rest des Tellers mit der zweiten Glasurfarbe (ich habe ein helleres Orange genommen, Foto B). Danach entfernen Sie den Latex.

6. Füllen Sie eine dritte Glasurfarbe (möglichst dunkler als die anderen) in ein Malhorn mit feiner Spitze und ziehen Sie die Linie nach, an der sich die ersten beiden Glasuren treffen (Foto C). Lassen Sie sie trocknen, dann brennen Sie den Teller (Glasurbrand).

7. Nun bringen Sie selbst gestaltete Abziehbilder auf die hellorange Glasur auf und brennen Sie nach Herstellerangaben. Die Farbe meiner selbst gestalteten Abziehbilder passt zu der dunkelorange Glasur. Die Brenntemperatur hängt vom Material der Abziehbilder ab.

8. Auf der dunkelorangen Glasur setze ich zusätzliche Highlights mit goldfarbenen Abziehbildern, als Gegengewicht zu der angrenzenden hellorangen Glasur. Ich brenne sie bei der entsprechenden Temperatur und – voilà! Fertig!

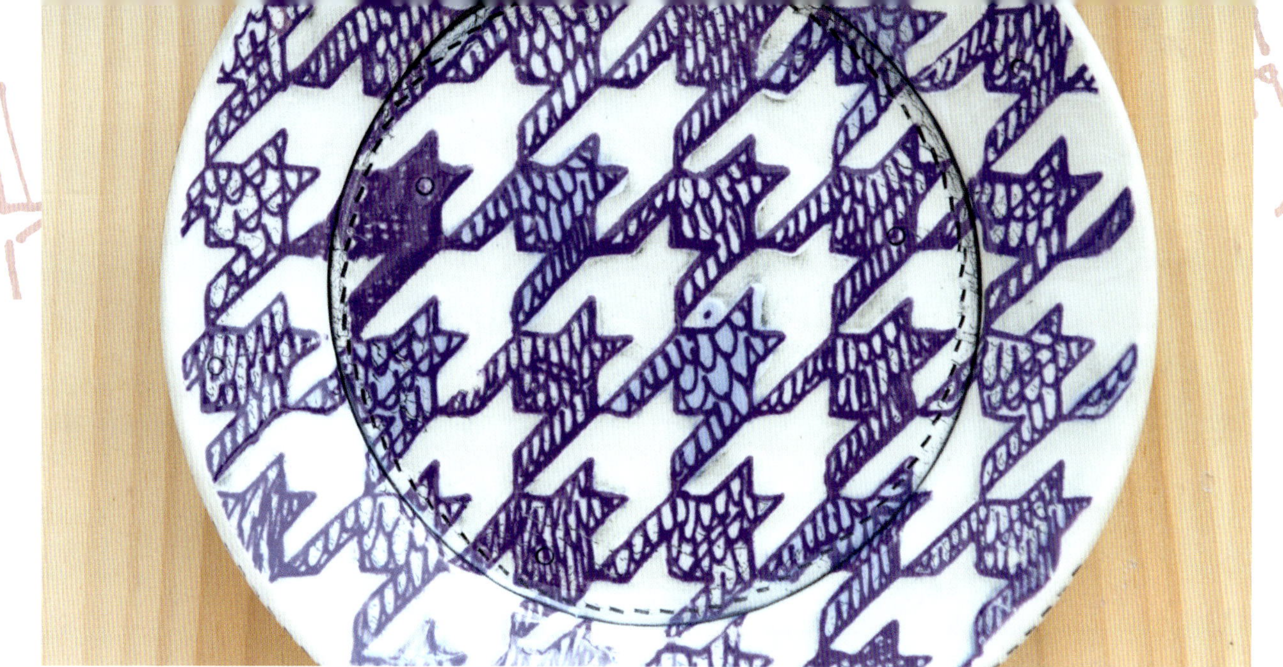

HAHNENTRITT-TELLER

Hier geht es nun um erhabene Muster und Motive. Ganz einfach! Für diese Übung nehmen wir die Hahnentritt-Vorlage (Seite 156), weißen Ton und Schellack als Aussparmittel.

- **Eine Überform für Teller, 20,3 cm**
- **Weiße Tonplatte, groß genug für die Form (etwa 24,1–25,4 cm)**
- **Abziehbild auf Zeitungspapier (Pepita-Vorlage)**
- **Weiße Allzweckengobe**
- **Allzweckengobe in verschiedenen Farben**
- **Pinsel für Engoben**
- **Weiche und sehr weiche Gumminieren**
- **Heißluftpistole/Fön**
- **Surformhobel**
- **Kleiner Schwamm und Wassereimer**
- **Schellack als Aussparmittel**
- **Selbst gestaltete oder handelsübliche Abziehbilder (optional)**

1. Das Hahnentrittmuster eignet sich gut für zusätzliche Farben. Machen Sie eine Monotypie aus diesem Abziehbild auf Zeitungspapier, indem Sie einige Flächen mit Engoben in verschiedenen Farben bemalen (Foto A). Lassen Sie sie diese Flächen matter werden, bevor Sie die ganze Oberfläche mit weißer Engobe einstreichen.

2. Während die Engoben auf dem Zeitungspapier trocknen, streichen Sie weiße Engobe auf die Tonplatte und lassen sie antrocknen, bis sie sich nicht mehr klebrig anfühlt.

3. Übertragen Sie das Muster auf die Platte. Lassen Sie es etwa 5 Minuten liegen, dann reiben Sie darüber und ziehen es ab (Foto B).

4. Legen Sie die gemusterte Seite auf die Überform, drücken Sie den Ton darauf, setzen Sie einen Fuß an und lassen Sie den Teller auf der Form lederhart werden.

5. Nehmen Sie den Teller von der Form und säubern Sie den Rand mit dem Surformhobel.

6. Wenn der Ton zwischen gut lederhart und trocken lederhart ist, bemalen Sie die Positivflächen des Musters mit Schellack (Foto C). Lassen Sie ihn trocknen.

7. Wischen Sie mit einem feuchten Schwamm über den Teller (Foto D). Der Schellack schützt das Muster, während die Negativräume nach und nach ausgewaschen werden, sodass sich das Muster erhaben anfühlt.

8. Lassen Sie den Teller trocknen, schrühen Sie und glasieren Sie ihn. Bei Bedarf färben Sie ihn ein und/oder versehen ihn mit Abziehbildern.

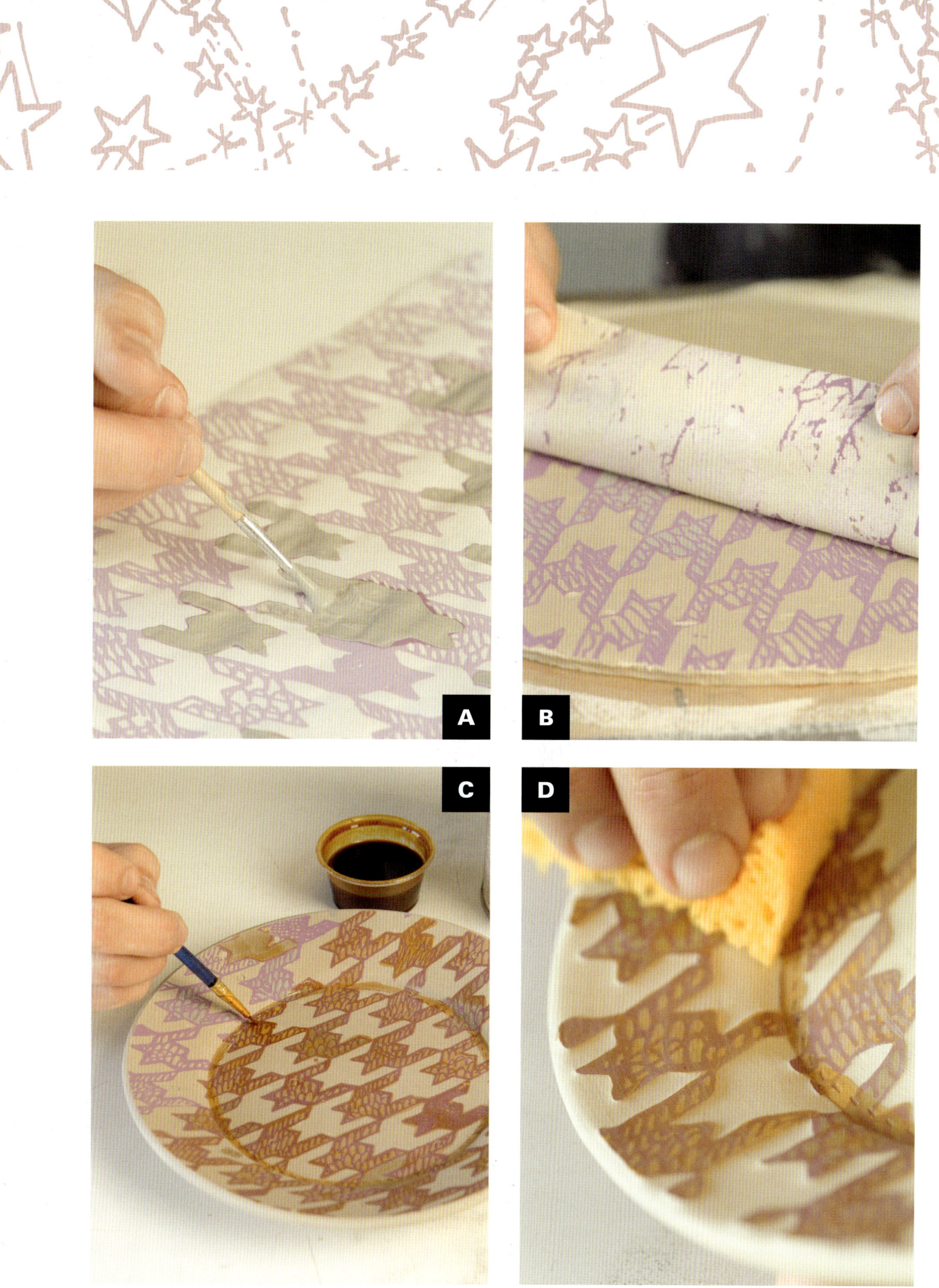
A
B
C
D

WIDMUNG

Ich widme dieses Buch Cherylanne Burnett und Sue Griffin, die mir die Augen für harte Arbeit und Hingabe geöffnet und mir gezeigt haben, dass wir das Leben und die, die wir lieben, schätzen sollten … immer und jeden Tag.

DANKSAGUNG

Zuallererst möchte ich meinem Mann, Michael Hale, danken. Ohne seine Liebe, Unterstützung und vor allem seine Geduld, wäre dieses Buch nie möglich gewesen. Dank auch an meine Redakteure: Thom O'Hearn dafür, dass er dieses Projekt erdacht und an mich geglaubt hat, Kevin Kopp für sein Adlerauge und dafür, dass er alles was ich schreibe, gut aussehen lässt, und John Foster dafür, dass er alles zu einem guten Ende gebracht hat. Ich danke euch allen.

Danke an AMACO, SpeedBall und The Ceramic Shop für Material und Zubehör sowie Highwater Clays für die Tone Earthen Red und Little Loafers. Ein besonderer Dank geht an Jeff Sandoe, Stephen Creech, Bud Martin, Kelley Balfe und Mark Leuders, die dieses Buch durch ihre unermüdliche Hilfe möglich gemacht haben, und an Brian McCarthy dafür, dass er mich auf eine ganz persönliche Odysee geschickt hat, über die ich sehr froh bin.

Tom Bartel, Mark Burns und Kathy King werde ich ewig dankbar sein. Sie sind nicht nur wuderbare Mentoren, sondern auch großartige Lehrer im Bereich der Keramik.

Ein großer und ganz besonderer Dank an Justin Rothshank, Israel Davis und Paul Andrew Wandless für euer Wissen in Sachen Abziehbilder, Druck und Ton und für all eure professionellen Ratschläge.

Dank an alle Künstler, die in diesem Buch mit ihren Werken und Einblicken in ihre Arbeitweise vertreten sind. Eure Arbeiten zeigen euer außergewöhnliches Talent!

Ein Gruß an all die Lehrer da draußen! Von allen Mentoren, die mir im Laufe der Jahre geholfen haben, möchte ich vor allem ihnen danken: Laurin Notheisen, Kristina Arnold, Mike Nichols, Brent Oglesbee, Jeff Jensen, Rachel Clark, Tom Spleth, Jerilyn Virden, Cristina Cordova, Courtney Martin, Charlie Cummings, Shawn Sheehy, Karen Green, Amy Tavern, Sarah Martin und Leslie Noell.

Dank auch an die Arrowmont School of Arts and Crafts für ein ganz besonderes einjähriges Aufenthaltsstipendium, mit dessen Hilfe dieses Buch Wirklichkeit werden konnte.

Dank an Daniel Lee Garver, meine Prinzessin und Lehrling. Die letzten beiden Jahre waren nur dank seiner harten Arbeit, seines Einsatzes und seiner erstaunlichen Frühstücksburritos möglich.

Und schließlich: Danke an meine unglaublichen Freunde, die mir in all den anstrengenden und übervollen Tagen und Wochen unermüdlich geholfen haben: Jerry Jackson, Dustin Farnsworth, Emily Riddle, Catherine Hart, Rachel Meginnes, Priscilla Vess, Bethany Grindstaff und Beth Schaible.

ÜBER DEN AUTOR

Jason Bige Burnett machte seinen Abschluss in den Fächern „Keramik" und „Drucken und Graphikdesign"an der Western Kentucky University. Danach setzte er seine Ausbildung an der renommierten Penland School of Crafts fort und verbrachte ein Jahr als Artist in Residence an der Arrowmont School of Arts and Craft in Gatlinburg, Tennessee. Er hat zahlreiche Workshops zum Thema „Keramische Oberflächengestaltung" geleitet, u.a. am Baltimore Clayworks, am MudFire, am Odyssey Center for Ceramic Arts und am Santa Fe Clay. Seine Werke sind auf internationalen Ausstellungen zu sehen und wurden bereits in zahlreichen Zeitschriften wie *Pottery Making Illustrated, Ceramics Monthly* (Nachwuchskünstler 2013), *American Craft, Carolina Home + Garden* und *WNC* vorgestellt. Außerdem ist er einer der Künstler, die in dem Bildband *500 Prints on Clay* gewürdigt werden. Zur Zeit lebt und arbeitet Jason als freischaffender Keramiker in Bakersville, North Carolina.

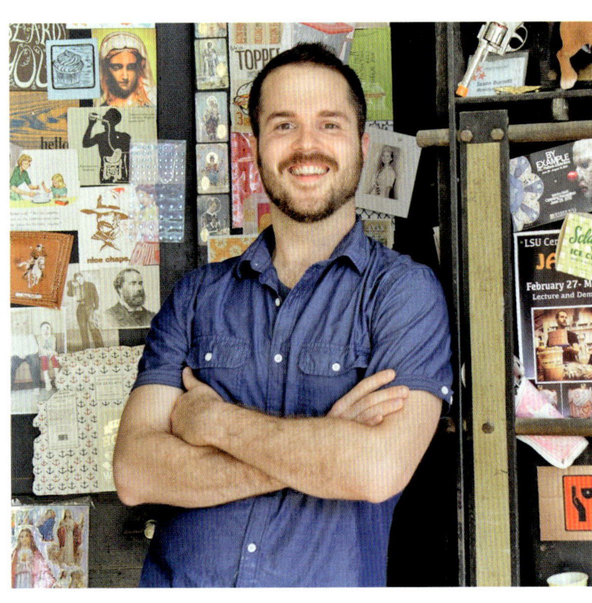

ANHANG

WEISSE ALLZWECKENGOBE

Brenntemperatur Kegel 04-10	
EPK – Kaolin	28%
OM4 Ball Clay	28%
Quarz	22%
Ferro-Fritte 3124	22%
Summe	100%
Zirkonsilikat hinzufügen	5% (für opak-weiße Oberflächen)

Engoben in Pastellfarben

Rosa-rot	2% Lobster Red (Mason Stain 6026)
Violett	8% Chrome Tin Violett (Mason Stain 6304)
Orange	4% Orange (Mason Stain 6024*)
Gelb	4% Zirconium Yellow (Mason Stain 6464)
Hellblau	4% Sky Blue (Mason Stain 6363)

** Bei Mason Stains ändern sich bisweilen die Zusammensetzungen und es werden Farben hinzugefügt oder aus dem Programm genommen. Informieren Sie sich unter masoncolor.com oder bei Ihrem Fachhändler.*

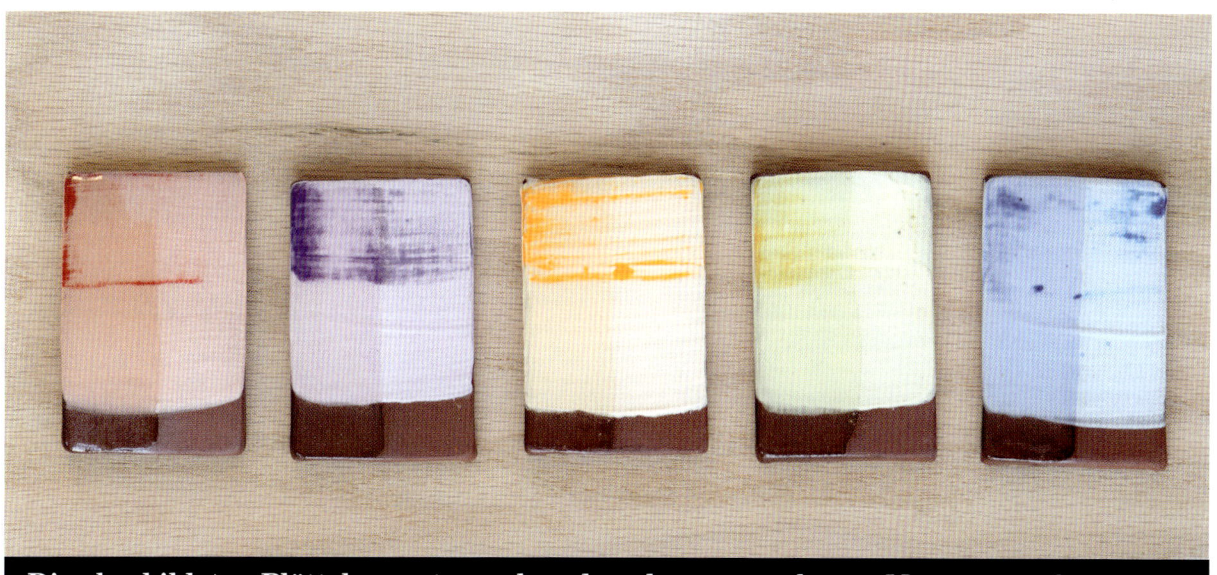

Die abgebildeten Plättchen entsprechen den oben angegebenen Mengenangaben, mit Farbkörpern (obere Hälfte des engobierten Bereichs) und klare Glasur (linke Plättchenhälfte).

BEZUGSQUELLEN

Hier sehen Sie einige Adressen für Töpferbedarf, Siebdruck und Abziehbilder, bei denen ich besonders gern einkaufe.

Anm. d. Verl.:

Im deutschsprachigen Raum sind die Materialien im entsprechenden Fachhandel erhältlich.

BÜCHER

Keramik – Formtechniken (Themen: Aufbautechnik; Drehen; Fliesen herstellen; Pinch-Technik)

Ceramic Studio: Hand Building by Shay Amber (Lark Crafts, 2012).

Ceramic Studio: Wheel Throwing by Emily Reason (Lark Crafts, 2012).

Making & Installing Handmade Tiles by Angelica Pozo.

Pinch Pottery: Functional, Modern Handbuilding by Susan Halls (Lark Crafts, 2014).

Keramik – Drucken (Themen: Drucken auf Keramik; Abziehbilder auf Keramik; Bildübertragung)

Bilder auf Keramik übertragen: Siebdruck, Reliefs Abziehbilder und Einzeldrucktechniken von Paul Andrew Wandless (Hanusch Verlag, 2009).

Ceramics and Print by Paul Scott (University of Pennsylvania Press, third edition, 2012).

Ceramic Transfer Printing by Dr. Kevin Petrie (American Ceramic Society, 2011).

Image Transfer on Clay: Screen, Relief, Decal & Monoprint Techniques by Paul Andrew Wandless (Lark Crafts, 2013).

Keramik – Oberflächen (Themen: Allgemeines zu keramischen Oberflächen; Glasuren entwickeln; Oberflächendekore für Keramik)

The Ceramic Surface by Matthias Ostermann (University of Pennsylvania Press, 2002).

Developing Glazes by Greg Daly (American Ceramic Society, 2013).

Surface Design for Ceramics by Maureen Mills (Lark Crafts, 2011).

Kreativität (Themen: Doodeln; Methoden, die kreative Blockade zu überwinden; Buchstaben und Schriften; die Umgebung als Inspirationsquelle)

Craft-a-Doodle: 75 Creative Exercises from 18 Artists by Jenny Doh (Lark Crafts, 2013).

Creative Block: Get Unstuck, Discover New Ideas. Advice & Projects from 50 Successful Artists by Danielle Krysa (Chronicle Books, 2014).

Little Book of Lettering by Emily Gregory (Chronicle Books, 2012).

Steal Like an Artist: 10 Things Nobody Told You About Being Creative by Austin Kleon (Workman Publishing Company, 2012).

Siebdruck

Printing on Fabric: Techniques with Screens, Stencils, Inks, and Dyes by Jen Swearington (Lark Crafts, 2013).

Print Liberation: The Screen Printing Primer by Jamie Dillon, Luren Jenison, and Nick Paparone (North Light Books, 2008).

WERKZEUGE & MATERIALIEN

AMACO
amaco.com
Hersteller der Velvet Unterglasurfarben, Liquid Underglazes (LUG, „Flüssige Unterglasurfarben“) und vieler anderer Glasuren, die in diesem Buch verwendet werden.

The Ceramic Shop
theceramicshop.com
Hersteller von Hydro-Bat™, Ausspármitteln wie Mr Mark's Wax On™, Wax Off™ und Wacky Wax™. Vertrieb von Stempeln, mit Unterglasurfarbe getränkten Stempelkissen, Glasurstiften, zahlreichen Materialien für die Übertragung von Dekoren, z.B. Transferpapiere und Abziehbilder sowie viele andere Dinge für die Oberflächengestaltung.

Highwater Clays
highwaterclays.com
Hersteller großartiger Tone, Online-Shop für Töpferbedarf. Die Projekte in diesem Buch wurden mit den Sorten Earthen Red und Little Loafers dieses Herstellers gefertigt.

ABZIEHBILDER UND MATERIALIEN

Bailey Decal
baileydecal.co.uk

Abziehbildpapier
decalpaper.com

FTH Studio International
fthinternational.com

Har-Bon Ceramics and Decals
harbon.com

Held of Harrogate
held.co.uk

Olympia Enterprises, Inc.
olympiadecals.com

Abziehbilder der Fa. Trinity
instardecals.com

ABZIEHBILDER NACH EIGENEN VORLAGEN

Art Decal Corp.
artdecalcorp.com

Digital Ceramics
digitalceramics.com

InPlainSight Art Studio
inplainsightart.com

J.T. McMaster & Son Silkscreen Printers (Siebdruckerbetrieb)
skolldecal.com

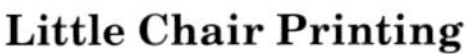

Little Chair Printing
littlechairprinting.com

Milestone Decal Art
milestonedecalart.com

Silk Screen Ceramic Decals
silkscreenceramicdecals.com

KÜNSTLERBEDARF

Dick Blick Art Materials
Multiple store locations
dickblick.com
(800) 723-2787

Jerry's Artarama
Multiple store locations
jerrysartarama.com
(800) 827-8478

DRUCKEN AUF TON

Workshops und Kurse, die an Wochenenden stattfinden oder eine, zwei oder acht Wochen dauern.

Anderson Ranch Arts Center
Snowmass Village, CO
andersonranch.org

Arrowmont School of Arts and Crafts
Gatlinburg, TN
arrowmont.org

Baltimore Clayworks
Baltimore, MD
baltimoreclayworks.org

Haystack Mountain School of Crafts
Deer Isle, ME
haystack-mtn.org

Ox-Bow School of Art
Saugatuck, MI
ox-bow.org

Penland School of Crafts
Penland, NC
penland.org

Santa Fe Clay
Santa Fe, NM
santafeclay.com

Touchstone Center for Crafts
Farmington, PA
touchstonecrafts.org

SIEBDRUCK: MATERIALIEN

G-M Graphics
Newaygo, MI
rhinotoughgraphics.com
(800) 530-9211

Ryonet
Vancouver, WA
Cerritos, CA
Harrison, AR
silkscreeningsupplies.com
(800) 314-6390

Victory Factory
Hollis, NY
victoryfactory.com
(800) 255-5335

WEBSITES

ARTAXIS
artaxis.org
Im Entstehen begriffenes Netzwerk zeitgenössischer Künstler.

Brian R. Jonescast
brianrjones.com/category/podcast
Gespräche mit Künstlern und professionellen Keramikern als Podcast.

Ceramic Arts Daily
ceramicartsdaily.org
Eine Online-Community für Töpfer, Keramikkünstler und alle, die sich für Keramik interessieren.

CeramicDecals.org
ceramicdecals.org
Eine Seite für Abziehbild-Enthusiasten.

CFILE Foundation
cfileonline.org
Eine Community für Kreative und Künstler in den Bereichen Ton, Keramik, Kunst, Design, Architektur.

Field Guide for Ceramic Artisans
juliagalloway.com/field-guide
Informationen für Schüler, Studenten und potentielle Berufsanfänger.

Linda Arbuckle
lindaarbuckle.com/arbuckle_handouts.html
Tipps und Informationen für Keramiker.

NCECA
nceca.net
Rührige Organisation, die sich für Keramik in Schulen und eine allgemeine Würdigung von Keramik einsetzt.

Rothshank Artworks (Justin Rothshank)
rothshank.com/justins-work/decal-resources
Informationen zu Abziehbildern, Brennen von Abziehbildern, Aufbringen auf Oberflächen und Bezugsquellen.

Tales of a Red Clay Rambler
carterpottery.blogspot.com
Gespräche mit Künstlern und professionellen Keramikern als Podcast.

KURZBIOGRAFIEN

Kurt Anderson (Seite 51)

Washingtonville, NY; kurtandersonpottery.com
Kurt Anderson stammt aus Santa Rosa, CA, und hat lange in den Mountain States gelebt. In seiner Arbeit versucht er, sich einen Reim auf seine visuelle Umgebung zu machen und gleichzeitig schöne Gebrauchskeramik herzustellen. Zurzeit lebt er im Bundesstaat New York. Wenn er nicht in seiner Werkstatt ist, macht er wahrscheinlich lange Spaziergänge mit seinem Hund Bootsie.

Lesley Baker (Seite 83)

Indianapolis, IN; lesleybaker.com
Nach Lehraufträgen an der UC, Berkeley, und dem California College of the Arts ist Lesley Baker nun Dozentin an der Herron School of Art and Design in Indianapolis. Im Jahr 2000 machte sie ihren Abschluss an der Rhode Island School of Design. Sie hat zahlreiche Künstlerstipendien erhalten, u.a. vom John Michael Kohler Arts Center, dem Guldagergaard International Ceramic Research Center in Dänemark und der Archie Bray Foundation. Ihre Arbeiten sind in vielen Publikationen zu sehen, z.B. *The Yixing Effect, The Best of 500 Ceramics* und der neuesten Ausgabe von *Ceramics and Print.*

Mary Barringer (Seite 18)

Shelburne Falls, MA
Mary Barringer machte ihren Abschluss im Fach Kunst am Bennington College, lernte bei Michael Frimkess, arbeitet seit 1973 als Keramikkünstlerin und macht sowohl Skulpturen als auch Gebrauchskeramik. Sie hat an zahlreichen internationalen Ausstellungen teilgenommen und u.a. an der Ohio University, der Boston Museum School und der Penland School of Crafts gelehrt. Neben ihrer Arbeit als Keramikerin hat sie sich mit der Geschichte der Keramik beschäftigt. Von 2004 bis 2014 war sie Herausgeberin der Zeitschrift *The Studio Potter*. Sie lebt im Westen von Massachusetts.

Tom Bartel (Seite 22)

Athens, OH; tombartel.net
Tom Bartel wuchs in Cleveland, OH, am Ufer des Eriesees auf. Inspiration für seine Arbeiten, vor allem für seine fragmentierten Figuren, findet er fast überall: von der Antike bis zur Popkultur. Er studierte an der Kent State University und der Indiana University in Bloomington. Zurzeit ist er der Leiter der Keramikabteilung der Ohio University in Athens, wo er auch als Dozent lehrt.

Nicholas Bivins (Seite 79)

Seattle, WA; nicholasbivins.com
Nicholas stammt ursprünglich aus der Gegend um California Bay. Sein Studium absolvierte er an der University of Washington und der Ohio University. Nach dem Studium arbeitete er im Rahmen eines Aufenthaltsstipendiums am Red Lodge Clay Center und für die Archie Bray Foundation, wo er das Matsutani-Stipendium erhielt. Zurzeit lebt er in Seattle, mit seiner Frau Nicole und dem Goldendoodle Darla.

Pattie Chalmers (Seite 86)

Carbondale, IL; pattiechalmers.com
Pattie Chalmers wuchs in Winnipeg in Kanada auf. Im Jahr 1994 schloss sie ihr Studium in Druckgraphik an der University of Manitoba ab und machte 2001 einen Abschluss in Keramik an der University of Minnesota. Sie hat an Ausstellungen in zweiundzwanzig Bundesstaaten und auf vier Kontinenten teilgenommen. Seit Beginn ihrer Dozententätigkeit an der Southern Illinois University (2006) hat sie Arbeiten in mehr als siebzig Ausstellungen gezeigt.

Israel Davis (Seite 119)

Grand Rapids, MI; israeldavis.com
Israel ist Dozent am Kendall College of Art and Design der Ferris State University in Grand Rapids, MI. Davor war er der Leiter der Keramikabteilung am dortigen Urban Institute for Contemporary Arts. Neben seiner Lehrtätigkeit hat Israel einen Holzbrandofen für Ceramica Artistica Prospettiva, entworfen und gebaut, eine Kooperative in Muggia, Italien, die Geschirr herstellt. Seine Arbeit erschien zuletzt in *500 Prints on Clay and Wood-fired Ceramics: 100 Contemporary Artists*.

Chandra DeBuse (Seite 69)

Kansas City, MO; chandrabuse.com
Chandra DeBuse arbeitet als Keramikkünstlerin und Lehrerin in der Nähe von Kansas City, MO. Sie stammt ursprünglich aus einer kleinen Stadt in Nebraska. Nach dem Studium der Psychologie entdeckte sie ihre Liebe zur Töpferei und begann ein weiteres Studium an der University of Florida, das sie im Jahr 2010 abschloss. Sie erhielt mehrere langfristige Aufenthaltsstipendien, u.a. am Armory Art Center (West Palm Beach, FL) und an der Arrowmount School of Arts and Crafts (Gatlinburg, TN).

David Eichelberger (Seite 39)

Penland, NC; eichelbergerclay.com/
David wuchs in Roanoke, VA, auf und begann während seines Studiums an der Virginia Tech in Blacksburg, VA, mit Ton zu arbeiten. Sein Interesse für Keramik führte ihn nach Santa Fe, NM, wo er bei der Santa Fe Clay Co. arbeitete, als Künstlerstipendiat am The EnergyXchange nach Penland, NC, nach Lincoln, NE, um seinen Studienabschluss zu machen, und wieder zurück nach Penland, wo er zurzeit ein Aufenthaltsstipendium an der Penland School of Craft hat. Zwischendurch hat David geheiratet und zwei Töchter bekommen.

Carole Epp (Seite 63)

Saskatoon, SK, Canada; caroleepp.com
Carole Epp ist eine kanadische Keramikerin, die in Saskatoon, SK, lebt und arbeitet. Ihr Studium der Keramik

schloss sie 2005 an der Australian National University ab und arbeitet seitdem als freie Künstlerin. Ihr Wunsch, ihre eigenen bösen Geister zu zeigen und gleichzeitig die soziale und politische Fehlfunktion der modernen Gesellschaft zu erkunden, spiegelt sich in ihrer figurativen Arbeit. Ihre Darstellungen stören die utopischen Bilder auf, die wir von uns machen, und stellen religiöse Ikonographie und Schlagzeilen, Popkultur und nostalischen Kitsch nebeneinander und stellen das traditionelle Genre der Sammelfiguren infrage.

Susan Feagin (Seite 130)

Penland, NC
Susan wurde in Burbank, CA, geboren, doch als sie elf war, zogen ihre Eltern mit ihr zurück in ihre Heimat Atlanta, GA. 1992 schloss sie ihr Designstudium an der University of North Carolina in Greenboro ab, 1998-99 hatte sie ein Stipendium an der Penland School of Crafts. Im Jahr 2006 machte sie ihren Abschluss in Keramik an der University of Florida. Zurzeit arbeitet sie im Fachbereich Keramik an der Penland School of Crafts, NC.

Jim Gottuso (Seite 28)

Louisville, KY; jimgottuso.wordpress.com
1977 zog Jim von New York nach Kentucky, wo er sein Studium in den Fächern Zeichnen und Keramik abschloss. Dann studierte er ein Jahr lang in Missoula, wechselte danach aber zur Southern Illinois University in Carbondale, IL, und machte einen Abschluss in Bildhauerei. Schließlich gründete er zwei Firmen: eine für 3D-Animationsfilme und eine für Webdesign. Jim war freiberuflich als Graphikdesigner und Möbeltischler tätig. Erst als er mit sechsundvierzig erfuhr, dass er Vater werden würde, beschloss er, sich ganz der Keramik zu widmen.

Meredith Host (Seite 99)

Kansas City, MO; meredithhost.com
Meredith Host wuchs in Detroit Rock City auf und machte zwei Studienabschlüsse in Keramik: einen am Kansas City Art Institute im Jahr 2001 und einen an der Ohio State University im Jahr 2008. Meredith hat zahlreiche Aufenthaltsstipendien erhalten, u.a. von der School for American Crafts am Rochester Institute of Technology in Rochester, NY, vom Watershed Center for the Ceramic Arts in Newcastle, ME, und von der Dresdner Porzellanmanufaktur in Deutschland. 2011 gehörte sie zu den vom NCECA und der Zeitschrift *Ceramic Monthly* ausgewählten Nachwuchskünstler/innen. Zurzeit lebt sie in Kansas City, MO, und arbeitet als Keramikkünstlerin.

Kathy King (Seite 38)

Boston, MA; kathykingart.com
Kathy King arbeitet als Keramikkünstlerin in Boston, MA. Daneben ist sie die Leiterin des Fachbereichs Keramik des Office for the Arts in Harvard. Sie hat an der University of Florida in Gainsville, FL, studiert, wo sie 1998 ihren Abschluss machte, und am Connecticut College in New London, CT. Dort schloss sie ihr Studium im Jahr 1990 ab. An mehr als sechzig Universitäten, Schulen und Kunstschulen in den USA hat sie Workshops und Vorträge über Bildsprache, Formen und Aussagekraft von Keramik gehalten.

Les Lawrence (Seite 120)

Carefree, AZ; leslawrence.com
Der gebürtige Texaner Les hatte schon als Kind eine künstlerische Ader und wollte immer wissen, wie Dinge hergestellt und zusammengesetzt wurden. Zunächst machte er eine Ausbildung als Werbegraphiker. Nachdem er in der Kreativabteilung eines großen Warenhauses mit Kleiderzeichnen beschäftigt war, drückte er erneut die Schulbank und studierte Bildhauerei, Malerei und Keramik. Außerdem lernte er, Brennöfen und Werkzeuge herzustellen. An der Arizona State University machte er seinen Masterabschluss in Keramik und wurde zum Leiter des Fachbereichs Keramik des Grossmont College nahe San Diego ernannt, wo er siebenunddreißig Jahre lang unterrichtete.

Forrest Lesch-Middelton (Seite 100)

Petaluma, CA; flmceramics.com
Als Keramiker gestaltet Forrest Gefäße und Fliesen. Sein beruflicher Hintergrund ist vielfältig: Er hat Kunst gelehrt, verwaltet und selbst hergestellt, was ihn zu einem vielseitigen und inspirierenden Mitglied der Gemeinschaft der Keramiker macht. In seinen Arbeiten, in denen er eine Reihe aktueller Themen anschneidet, vereint er historische Muster mit funktionalen Formen und wendet neue Techniken der Übertragung von Bildern auf gedrehten Gefäßen an. Er selbst nennt dieses Verfahren „volumetrische Bildübertragung“. Abbildungen seiner Werke finden sich in vielen Büchern und Zeitschriften, u.a. auf dem Titel von *Ceramics Monthly*. Seine Fliesen wurden im Rahmen des „Idea House 2014“ der Zeitschrift *Sunset* vorgestellt, außerdem in der *New York Times* und in den Zeitschriften *Architectural Digest*, *House Beautiful* und *Luxe*. 2013 wurde Forrest von *Ceramics Monthly* und *Ceramic Arts Daily* zum Künstler des Jahres gewählt.

Courtney Martin (Seite 67)

Bakersville, NC; courtneymartinpottery.com
Courtney Martin arbeitet als freie Keramikkünstlerin. Sie lebt in den Bergen, nahe der Penland School of Crafts im Westen von North Carolina. Ursprünglich stammt sie aus New York City. Ihre Liebe zur Keramik entdeckte sie während ihres Studiums an der University of New Mexico. Ihre in kräftigen Farben glasierten Gebrauchs- und Zierkeramik spiegeln in Form und Ornamentierung die Strenge und Unmittelbarkeit dieser Landschaft wider.

Lorna Meaden (Seite 50)

Durango, CO; lornameadenpottery.com
Lorna Meadon wuchs in La Grange auf, einer Vorstadt im Westen von Chigaco. Nach ihrem Studienabschluss im Jahr 1994 am Fort Lewis College, eröffnete sie eine Werkstatt in Durango, CO, wo sie die folgenden acht Jahre lang als

freie Keramikerin arbeitete. Im Juni 2005 machte sie ihren Master of Fine Arts in Keramik an der Ohio University. Aufenthaltsstipendien führten sie u.a. zur Archie Bay Foundation in Helena, MO, und ins Anderson Ranch Arts Center in Snowmass Village, CO.

Brooke Noble (Seite 54)

Bloomington, NY
Brooke hat an der Syracuse University und der Southern Illinois University in Edwardsville, IL, studiert und Aufenthaltsstipendien am Anderson Ranch Arts Center, CO, und den Blusee Studios in Saranac Lake, NY, erhalten. Außerdem unterrichtet sie gerne Kinder und Erwachsene in den Dörfern in den Adirondacks im Bereich des Saranac Lake und Lake Placid, NY. Sie reist durch die ganzen USA, um an Kunstschulen und akademischen Einrichtungen über ihre Arbeit zu berichten.

Kip O'Krongly (Seite 23)

Northfield, MN; kipokrongly.com
Kip stammt ursprünglich aus Anchorage, AL, und machte ihren Studienabschluss im Jahr 2001 am Carleton College. Sie ließ sich in verschiedenen Keramikwerkstätten in den USA weiter ausbilden, bevor sie 2009 nach Minnesota zurückkehrte. Dort war sie zunächst Fogelberg-Stipendiatin am Northern Clay Center, dann Materialtechnikerin und schließlich Stipendiatin des Anonymous Potter Studio. Zurzeit betreibt sie eine Werkstatt in Northfield, MN, und aktuell spiegelt ihre Arbeit ihr Interesse an Landwirtschaft, Energieverbrauch, Verkehr und Klimawandel.

Douglas Peltzman (Seite 26)

Dover Plains, NY; dougpeltzman.com
Doug ist freier Keramikkünstler und lebt im Hudson Valley bei New York. Nachdem er zunächst Malerei studiert hatte, machte er 2005 schließlich seinen Abschluss in Keramik an der State University of New York in New Paltz. 2010 folgte der Master of Fine Arts in Keramik an der Pennsylvania State University. Seine Arbeiten wurden in zahlreichen Büchern und Zeitschriften vorgestellt und finden sich in vielen Häusern und Küchen im ganzen Land.

Nick Ramey (Seite 64)

Baltimore, MD; nickrameyceramics.com
Nick hat Keramik an der Indiana University und der Southern Illinois University in Edwardsville studiert. Außerdem war er im Rahmen eines Auslandsstudiums in China und als Gasthörer an der West Virginia University. Zurzeit arbeitet Nick als Aufenthaltsstipendiat im Keramikzentrum Baltimore Clayworks. Dort unterrichtet er auch unterschiedliche Kurse im Fach Gebrauchskeramik.

Justin Rothshank (Seite 78)

Goshen, IN; rothshank.com
Justin ist freier Keramikkünstler und lebt und arbeitet in Goshen, IN. Er ist Mitbegründer des Union Project, eines kunsthandwerklichen Gemeinschaftszentrums in Pittsburgh, PA. Justin hat an vielen Schulen und Kunstzentren im ganzen Land Workshops geleitet, außerdem war er als Künstlerstipendiat an der Arrowmont School of Craft und am Keramikzentrum Baltimore Clayworks. Seine Arbeiten sind in mehr als zwei Dutzend Gallerien und Museumsshops in Amerika erhältlich. Außerdem hat er Beiträge in zahlreichen Büchern, Zeitschriften, auf Videos und Websites auf der ganzen Welt veröffentlicht.

Paul Scott (Seite 87)

Blencogo, Wigton, Cumbria, England; cumbrianblues.com
Paul ist Künstler, Autor, Kurator und Gärtner. Seine moderne Keramik mit ihren charakteristischen kunstvollen Abziehbildern findet sich in öffentlichen und privaten Sammlungen auf der ganzen Welt. Er ist der Autor des Titels *Ceramics and Print* (*Drucken auf Keramik*). Zurzeit lehrt er als Professor für Keramik an der Kunsthøgskolen i Oslo (KhiO), der Kunsthochschule von Oslo. Zwischen September 2012 und September 2014 hatte er ein Forschungsstipendium des MIRIAD (Manchester Institute for Research and Innovation in Art and Design) an der Manchester Metropolitan University inne.

Richard Shaw (Seite 132)

Fairfax, CA; richardshawart.com
Richard hat am San Francisco Art Institute und an der University of California in Davis studiert und machte 1968 seinen Abschluss. Von 1966 und 1987 unterrichtete er am San Franciso Art Institute, danach war er bis 2012 Professor an der University of California in Berkeley. Er erhielt zweimal ein Förderstipendium der staatlichen Stiftung National Endowment for the Arts. Eines davon galt der Erforschung und Entwicklung des Aufglasurverfahrens.

Josh Stover (Seite 45)

St. Petersburg, FL; joshstover.com
Josh hat Keramik an der University of Florida studiert. Als Fogelberg-Stipendiat war er ein Jahr lang „Artist in Residence“ am Northern Clay Center in Minneapolis, MN. Vor Kurzem hat er ein Aufenthaltsstipendium am Armory Art Center in West Palm Beach, FL, beendet.

Shoko Teruyama (Seite 40)

Marshall, NC; shokoteruyama.com
Shoko wuchs in Mishima in Japan auf. Sie studierte Pädagogik und arbeitete zwei Jahre lang als Grundschullehrerin, bevor sie 1997 in die USA übersiedelte, um an der University of Nebraska in Lincoln ein Kunststudium aufzunehmen. Sie machte ihren Master of Fine Arts an der Wichita State University in Kansas und erhielt dann ein dreijähriges Aufenthaltsstipendium an der Penland School of Crafts. Heute arbeitet sie als freie Keramikkünstlerin in Marshall, NC.

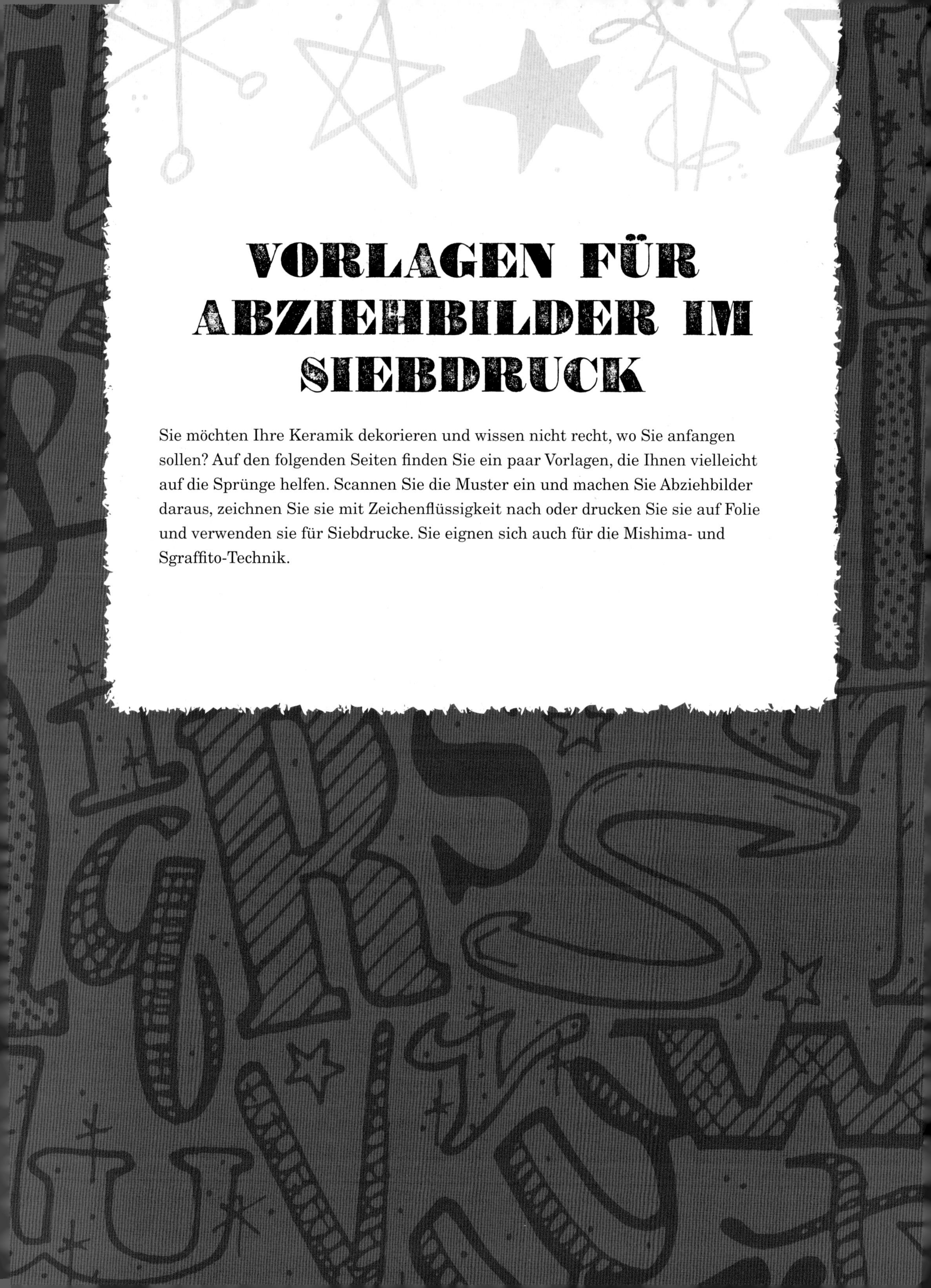

VORLAGEN FÜR ABZIEHBILDER IM SIEBDRUCK

Sie möchten Ihre Keramik dekorieren und wissen nicht recht, wo Sie anfangen sollen? Auf den folgenden Seiten finden Sie ein paar Vorlagen, die Ihnen vielleicht auf die Sprünge helfen. Scannen Sie die Muster ein und machen Sie Abziehbilder daraus, zeichnen Sie sie mit Zeichenflüssigkeit nach oder drucken Sie sie auf Folie und verwenden sie für Siebdrucke. Sie eignen sich auch für die Mishima- und Sgraffito-Technik.

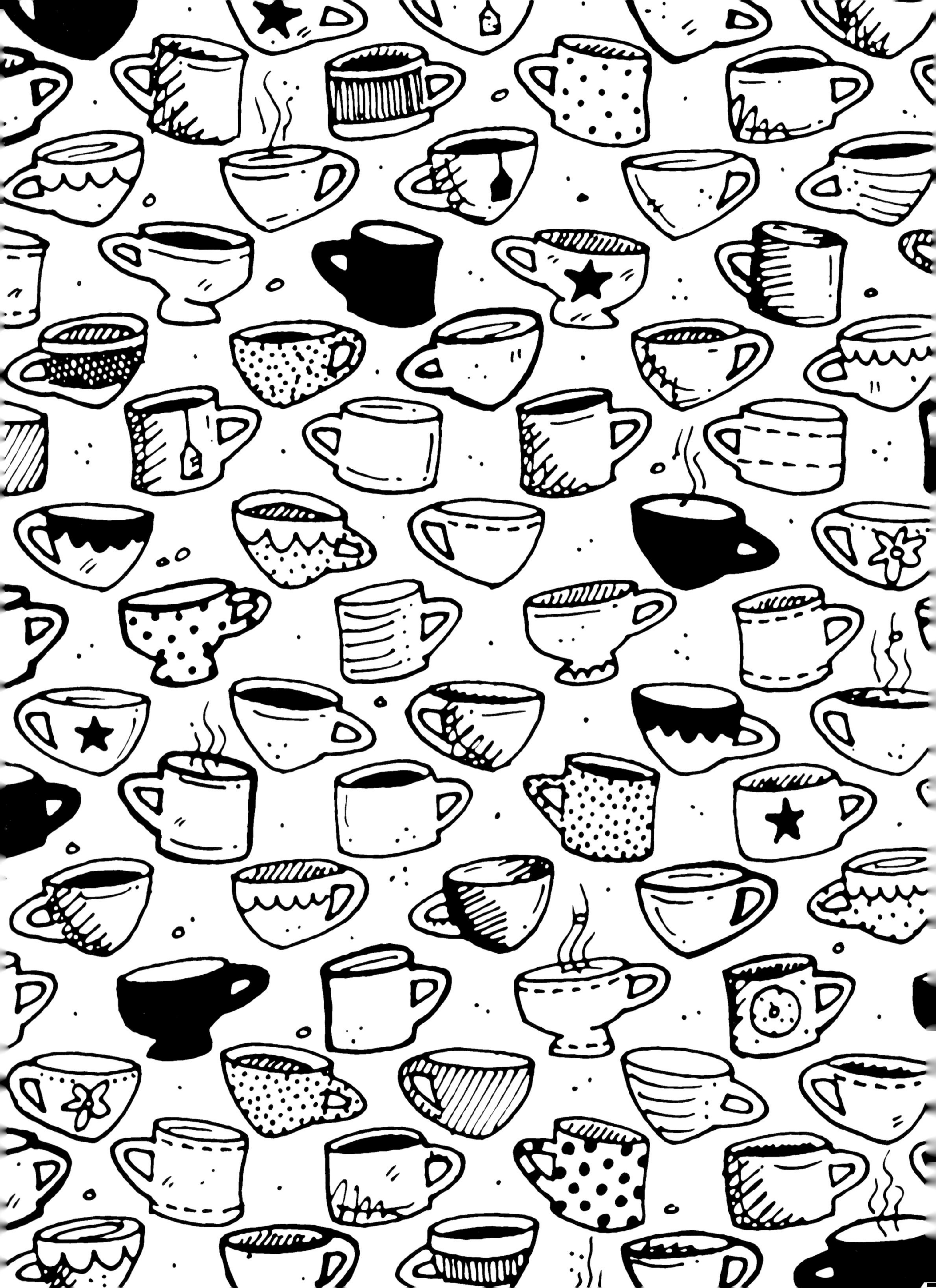

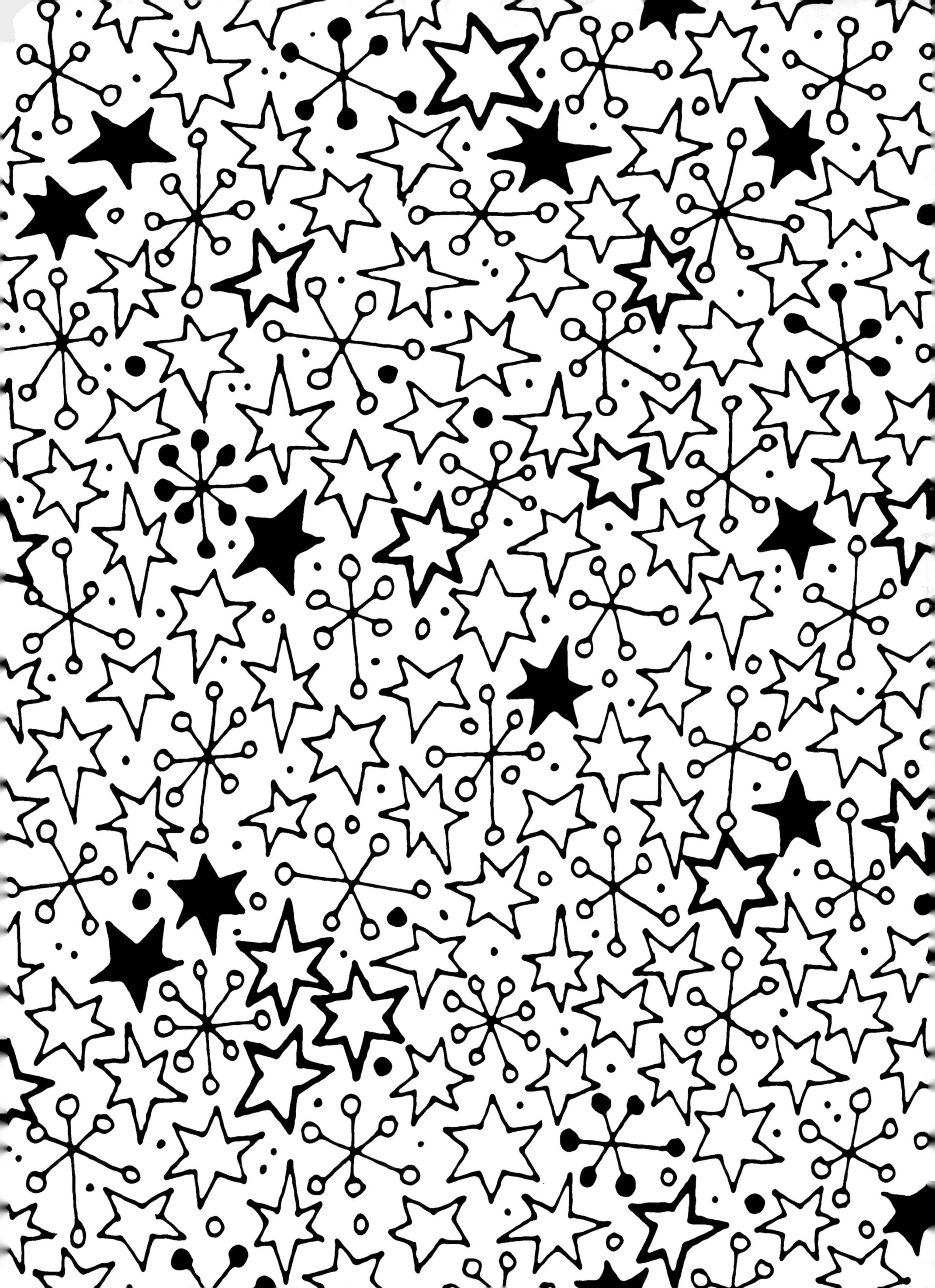

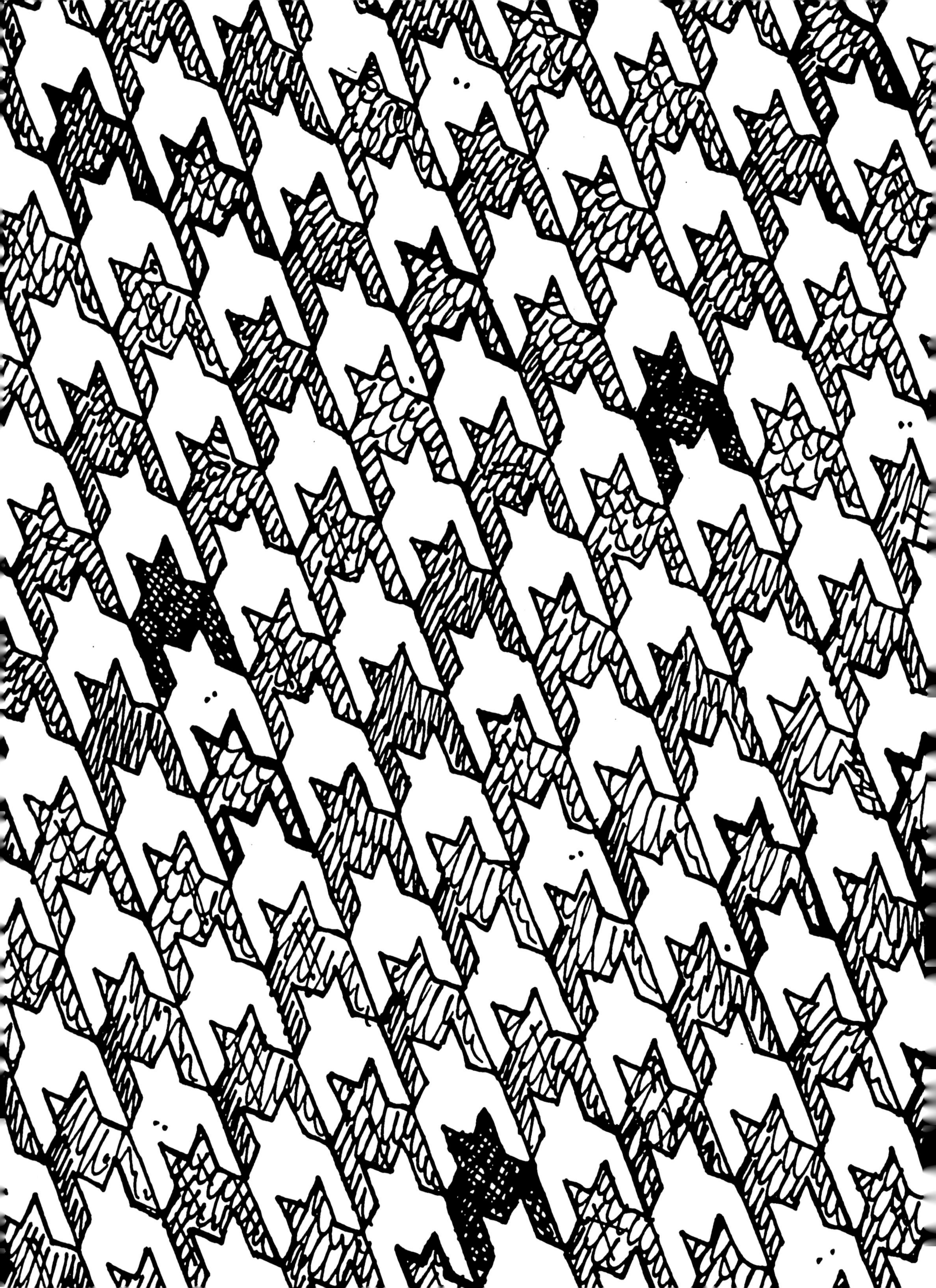

REGISTER

Hinweis: Die Titel der individuellen Beispiele sind *kursiv* gedruckt.